Het Ultieme Succes

Het Ultieme Succes

Verhandelingen over spiritualiteit

door

Swami Ramakrishnananda Puri

Mata Amritanandamayi Center, San Ramon
Californië, Verenigde Staten

Het Ultieme Succes
Verhandelingen over spiritualiteit
door Swami Ramakrishnananda Puri

Uitgegeven door:
Mata Amritanandamayi Center
P.O. Box 613
San Ramon, CA 94583
Verenigde Staten

———————— *Ultimate Success (Dutch)* ————————

Eerste druk door het MA Center: mei 2016

In Nederland:
www.amma.nl
info@amma.nl

In België:
www.vriendenvanamma.be

In India:
www.amritapuri.org
inform@amritapuri.org

Opdracht

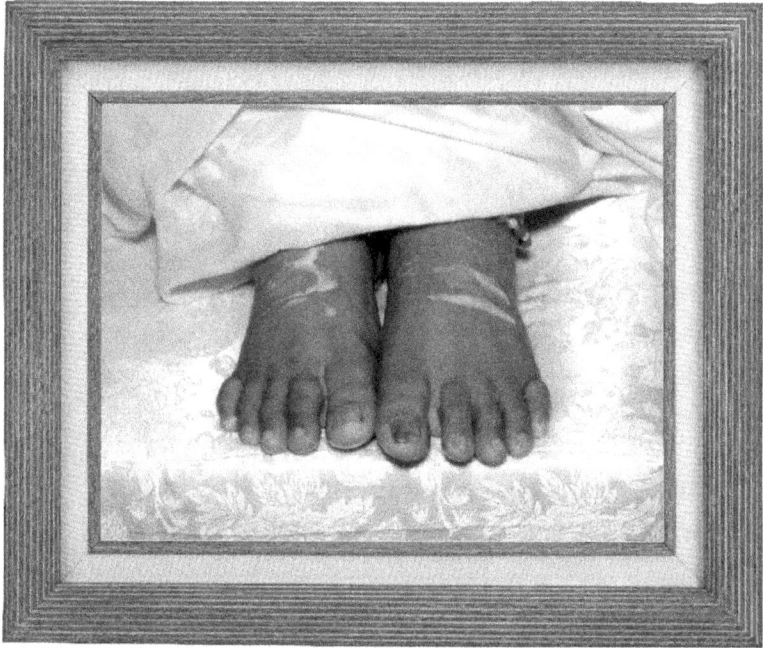

*Ik draag dit boek nederig op
aan de lotusvoeten van mijn geliefde Satguru,
Sri Mata Amritanandamayi Devi*

Inhoud

Voorwoord

yo dhruvam parityajya adhruvam parisevate
dhruvam tasya naṣyathi adhruvam naṣtameva hi

Hij die het Eeuwige opgeeft op zoek naar het
vergankelijke, verliest het Eeuwige,
noch blijft het vergankelijke bij hem.

—Oud Indiaas gezegde

In de moderne wereld zijn er talloze manieren om te genieten met de vijf zintuigen. Net zoals er een informatiesnelweg is, is er een 'snelweg voor de zintuigen'. Van de minst bevoorrechte tot de welvarendste mensen in de samenleving loopt iedereen alsmaar materiële genoegens achterna, omdat men gelooft dat het vervullen van verlangens de hoogste vorm van geluk vertegenwoordigt die de wereld te bieden heeft.

Toch twijfelen we er heimelijk allemaal aan of we onze verlangens en doelen wel echt kunnen verwezenlijken. We weten dat een miljardair geen lieve kinderen hoeft te hebben, dat een olympisch-goudwinnaar aan mentale stress kan lijden en dat het huwelijk van een filmster op de klippen kan lopen.

De waarheid is dat niets in de uiterlijke wereld blijvende tevredenheid kan verschaffen. Natuurlijk betekent dit niet dat mensen geen werelds geluk mogen nastreven, maar terwijl we genieten van de pleziertjes in de wereld, moeten we de ware aard ervan kunnen begrijpen en ook zoeken naar datgene wat ons blijvend geluk geeft.

De enige die al zijn verlangens heeft vervuld, is degene die de vereenzelviging met zijn lichaam, geest en intellect heeft getranscendeerd en zo zijn ware natuur, het Universele Zelf dat in alle wezens als zuiver bewustzijn aanwezig is, heeft gerealiseerd. Als we door directe persoonlijke ervaring hebben gerealiseerd dat er slechts één 'ik' is, begrijpen we dat er in de hele schepping niets meer te bereiken is en zijn we in staat om één te worden met de oceaan van gelukzaligheid, die onze ware aard en ons uiteindelijke thuis is.

Als we echter ons leven doorbrengen met het najagen van de tijdelijke zaken van de wereld, zullen we de eeuwigdurende gelukzaligheid van het Zelf mislopen en uiteindelijk zullen we het ook zonder die wereldse zaken moeten doen, op het moment van de dood of zelfs eerder. Amma is een levend voorbeeld van iemand die alles heeft verwezenlijkt wat er te verwezenlijken is. Vanuit ons huidige standpunt bezien kunnen wereldse zaken het ultieme geluk in ons leven lijken te brengen, maar voor Amma, die Haar eigen ware aard kent, stellen deze zaken niets voor. Zodra we de staat van Zelfrealisatie bereiken, kunnen we alles krijgen wat we maar willen, maar het is een toestand van zo'n volheid dat er geen ruimte is voor verlangens. We voelen niet dat we ook maar iets missen.

Omdat ik het geluk heb gehad de afgelopen 27 jaar in Amma's aanwezigheid te mogen leven, wil ik enkele ervaringen die ik met Haar heb gehad, en ook de lessen die ik in deze tijd geleerd heb, met de lezer delen. De hier gepresenteerde essays analyseren de mogelijke valkuilen op weg naar Zelfrealisatie en de oneindige zegeningen die we verkrijgen door de uiteindelijke overwinning op ons ego. Ze zijn zowel gebaseerd op de traditie van vedische wijsheid als op mijn eigen ervaringen met een *Satguru* (Echte Meester).

Een toegewijde vertelde me eens: "Amma is een puzzel, verpakt in een raadsel, en dat vervat in een mysterie." We weten niet alleen niet wie Amma is, maar we weten ook niet wie we zelf zijn. Daarentegen weet Amma uit eigen ervaring dat Zij en wij en de hele schepping één zijn. Daarom komen miljoenen mensen uit alle lagen van de bevolking, van ieder ras, van elke godsdienst en uit alle hoeken van de wereld Amma's zegen en liefde zoeken. Maar Amma wil niet dat wij in de duisternis blijven. Amma's grootste wens is dat al Haar kinderen, dat wil zeggen alle levende wezens, op een dag de hoogste gelukzaligheid van Zelfrealisatie verwezenlijken. Dat is het ultieme succes waarnaar we kunnen streven in ons leven. Amma is de Ultieme Leraar die ons naar Dat kan leiden. Moge Haar zegen en genade ons allen helpen dit ultieme succes te bereiken.

Swami Ramakrishnananda Puri
Amritapuri
27 september 2004

Amma's leven in het kort

"De door God gegeven talenten zijn een schat die zowel voor onszelf als voor de hele wereld bedoeld is. Deze rijkdom mag nooit misbruikt worden en voor onszelf en de wereld tot last worden. De grootste tragedie in het leven is niet de dood. De grootste tragedie is dat we ons grote potentieel, onze talenten en capaciteiten niet volledig benutten, ze tijdens ons leven laten verroesten. Als we de rijkdom die we verkrijgen uit de natuur gebruiken, vermindert die, maar wanneer we de rijkdom van onze innerlijke gaven gebruiken, wordt die groter."

Sri Mata Amritanandamayi
Moge overal vrede en geluk heersen
Toespraak tot het Parlement van Wereldreligies
Barcelona 2004

Amma werd in 1953 geboren in een arm vissersdorpje in Kerala, in het zuiden van India. Zelfs toen Sudhamani, zoals Ze toen heette, nog maar een klein kind was, was het duidelijk dat Ze uniek was. Zonder enige aansporing was Ze zeer spiritueel en de intensiteit van Haar mededogen was opmerkelijk. Omdat Ze anders was, werd Ze niet begrepen en slecht behandeld. Ze had een zeer moeilijke jeugd en heeft veel geleden.

Vanaf Haar vroege jeugd bracht Ze het merendeel van Haar tijd door met huishoudelijk werk. Een onderdeel van Haar taak was het vergaren van eten voor de koeien van het gezin. Ze doolde door de nabijgelegen dorpen om gras te plukken en bezocht huizen in de buurt om groenteschillen en restjes rijstgruwel voor de koeien te verzamelen. Op die momenten zag Ze veel dingen die Haar hart pijn deden. Ze zag dat sommige mensen honger-leden, terwijl anderen rijk genoeg waren om vele gezinnen eten te kunnen geven. Ze zag dat veel mensen ziek waren en veel pijn leden, terwijl ze helemaal geen pijnstillers konden kopen. En Ze merkte op dat veel ouderen werden genegeerd en wreed werden behandeld door hun eigen familie. Haar mededogen was zo groot dat de pijn van anderen ondraaglijk voor Haar was. Hoewel Ze nog maar een kind was, begon Ze na te denken over de vraag van het lijden. Ze vroeg zich af: "Waarom lijden mensen? Wat is de oorzaak van het lijden?" Ze voelde de aanwezigheid van God zo krachtig in zich, dat Ze wilde helpen en degenen die minder fortuinlijk dan zij waren, troost en kracht wilde schenken.

In veel opzichten was dit de tijd waarop Amma's missie begon. Ze deelde Haar eigen eten met degenen die honger hadden. Ze waste en kleedde de ouderen die door niemand verzorgd werden. Ze kreeg straf als Ze het eten en de eigendommen van Haar familie aan de armen gaf, maar Haar mededogen was zo groot dat niets Haar kon weerhouden.

De mensen begonnen op te merken dat er iets buitengewoons met Sudhamani aan de hand was: dat Ze volkomen onbaatzuchtig was, dat Ze ieder moment van Haar leven aan het zorgen voor anderen wijdde en dat Ze een liefde uitstraalde die onvoorwaardelijk en grenzeloos voor iedereen was.

Tegen de tijd dat Sudhamani begin twintig was, begon Ze door het in Haar ontwaakte universele moederschap iedereen die bij Haar kwam spontaan te omhelzen. Ze ervoer iedereen als Haar eigen kind en mensen van alle leeftijden begonnen Haar Amma (Moeder) te noemen. Honderden mensen kwamen elke dag om een paar ogenblikken in Haar aanwezigheid door te kunnen brengen.

Op die manier kreeg Amma's darshan[1] de vorm van een intieme, liefhebbende, moederlijke omhelzing. Amma luisterde naar de zorgen van de mensen die bij Haar kwamen, terwijl Ze hen troostte en streelde. Ze begon hen ook te onderwijzen over het echte doel van het leven. Amma's eerste monastieke leerlingen kwamen voorgoed bij Haar wonen in 1979. Zij waren het die Haar Mata Amritanandamayi (Moeder van Eeuwige Gelukzaligheid) noemden. Toen steeds meer jonge mannen en vrouwen zich door Amma's onbaatzuchtige mededogen geïnspireerd voelden en voor spirituele leiding naar Haar toe kwamen, werd er een ashram opgericht. Zo markeerde de bouw van een paar eenvoudige, van palmbladen gemaakte hutten naast Amma's ouderlijk huis in 1981 het begin van de Mata Amritanandamayi Math.

In 1987 begon Amma als reactie op de verzoeken van Haar kinderen vanuit de hele wereld met Haar eerste wereldtournee. Vandaag de dag wordt Amma zowel in India als daarbuiten als een van de meest vooraanstaande spirituele leiders van de wereld beschouwd. Het grootse deel van het jaar is Ze op reis in Haar geboorteland India, in Europa, de Verenigde Staten en Canada, Japan, Maleisië, Australië en andere landen. Amma's mededogen overschrijdt alle grenzen van nationaliteit, ras, kaste, geslacht, sociaal-economische status, geloofsovertuiging, religie en gezondheidstoestand. Overal waar Ze heen reist, begroet Ze iedereen die bij Haar komt met een moederlijke omhelzing en toont door Haar eigen voorbeeld dat onvoorwaardelijke acceptatie en liefde de basis vormen voor het dienen van anderen. In de afgelopen

---

[1] Het woord darshan betekent letterlijk 'zien'. Het wordt van oudsher gebruikt in de context van het ontmoeten van een heilige, het zien van een afbeelding van God of het hebben van een visioen van God. In dit boek verwijst darshan naar Amma's moederlijke omhelzing die ook een zegening is.

dertig jaar heeft Amma letterlijk meer dan 24 miljoen mensen omhelsd en gezegend.

Nu wonen er meer dan drieduizend mensen in Amma's ashram, waaronder monniken, gehuwde mensen en studenten. Nog eens duizenden mensen bezoeken iedere dag de ashram vanuit alle hoeken van de wereld. Geïnspireerd door Amma's voorbeeld van liefde, mededogen en belangeloos dienen wijden zowel ashrambewoners als bezoekers zich aan het dienen van de wereld. Door Amma's uitgebreide netwerk van charitatieve projecten bieden ze hulp aan degenen die onderdak, medische of opvoedkundige hulp of een opleiding nodig hebben, en bieden ook financiële en materiële ondersteuning. Talloze mensen over de hele wereld dragen bij aan deze liefdevolle inspanningen.

Een van de meest spectaculaire uitingen van dit liefdewerk is het *Amrita Institute of Medical Sciences and Research Centre*[2] (AIMS), een voortreffelijk non-profit, ultramodern ziekenhuis van 1200 bedden. AIMS is zowel gericht op uitstekende gezondheidszorg als op de verbetering van het welzijn van de gemeenschap door preventieve geneeskunde, medische opvoeding en onderzoek. Bij AIMS krijgen zelfs de allerarmsten de meest geavanceerde medische zorg door zeer bekwame dokters en verpleegkundigen in een atmosfeer van liefde en medeleven.

Zeer onlangs, in januari 2005, kwam Amma volop in het nieuws toen Ze aankondigde dat de ashram een miljard roepies (€ 18 miljoen) zou besteden aan het opnieuw bouwen van huizen in heel zuid India die door de rampzalige tsunami in december 2004 vernield waren. Sinds de tsunami heeft de ashram honderd procent van zijn middelen aan hupverlening uitgegeven: gratis voedsel, onderdak, medische hulp en emotionele ondersteuning.

Amma begon Haar eerste onderwijsinstelling in 1987, de Amrita Vidyalayam (basisschool) in Kodungallur, Kerala.

---

[2] Amrita Instituut voor Medische Wetenschappen en Researchcentrum

Sindsdien heeft de Mata Amritanandamayi Math meer dan zestig onderwijsinstellingen in heel India opgericht, waaronder technische hogescholen, computerinstituten en een medische faculteit. Al deze instituten bieden op normen en waarden gebaseerd onderwijs van de hoogste kwaliteit.

Tegenwoordig is Amma, die zelf zeer weinig formeel onderwijs heeft genoten, president van de Amrita Vishwa Vidyapitham, de jongste particuliere, door de regering van India erkende universiteit, waar men kan afstuderen in medicijnen, technische wetenschappen, management, journalistiek en kunsten en wetenschappen. Studenten kunnen hier de vereiste kennis voor een succesvolle professionele loopbaan opdoen maar ook leren hoe je een gelukkig en vredig leven kunt leiden.

Steeds meer wordt Amma om raad gevraagd, niet alleen door individuele mensen, maar ook door de wereldgemeenschap van landen en religies. In 2000 sprak Amma voor de Millennium Wereldvrede Topconferentie bij de Verenigde Naties in New York, in 2002 voor het Wereldomvattende Vredesinitiatief van Vrouwelijke Religieuze en Spirituele Leiders in het paleis van de Verenigde Naties in Genève, waar Haar de Gandhi-King Prijs voor Geweldloosheid in 2002 werd uitgereikt, en in 2004 voor het Parlement van Wereldreligies in Barcelona, waar Ze de belangrijkste rede uitsprak tijdens de plenaire slotsessie.

Maar misschien wel de grootste uitdrukking van Amma's liefde voor de wereld en de liefde van de wereld voor Haar was tot nu toe *Amritavarsham50: het Omhelzen van de Wereld voor Vrede en Harmonie*. Het evenement, dat aanvankelijk door Amma's toegewijden als viering van Haar 50ste verjaardag bedacht was, werd door Amma op Haar eigen nederige manier in een gebed en een actieplan voor vrede en geluk in de hele wereld getransformeerd. Meer dan 250.000 mensen per dag woonden de vier dagen durende festiviteiten bij. Hieronder waren de president en de plaatsvervangend premier van India, een voormalig senator uit de Verenigde Staten en veel andere politieke leiders, vooraanstaande vertegenwoordigers van de belangrijkste wereldgodsdiensten, belangrijke zakenmensen uit de hele wereld en natuurlijk Amma's toegewijden vanuit bijna elk land op aarde. In het centrum van Amritavarsham50 was vanzelfsprekend Amma, die hetzelfde deed wat Ze de afgelopen dertig jaar elke dag heeft gedaan: het persoonlijk omhelzen, troosten en zegenen van iedereen die bij Haar kwam.

Zoals Dr. Jane Goodall zei, toen ze Amma de Gandhi-King Prijs voor Geweldloosheid overhandigde: "Ze staat hier voor ons: Gods liefde in een menselijk lichaam."

Deel 1

Wat is Ultiem Succes?

Anderen kennen is intelligentie,

Jezelf kennen is ware wijsheid.

Anderen overwinnen is macht,

Jezelf overwinnen is ware kracht.

Als je beseft dat je genoeg hebt,

Ben je waarlijk rijk.

– Tao Te Ching

Hoofdstuk 1

Echt succesvol zijn

Iedereen wil succesvol zijn, maar ongeacht hoe succesvol iemand wordt, hij zal altijd meer willen. De manager van een afdeling wil directeur worden, de directeur wil voorzitter van de raad van bestuur worden, en de voorzitter van de raad van bestuur wil andere bedrijven opkopen. De miljonair wil miljardair worden. De senator wil tot vice-president en uiteindelijk tot president worden gekozen. Zelfs als hij president is geworden, zal hij meer willen.

In deze context herinner ik me een voorval toen Amma een ontmoeting had met de vice-president van een bepaald land. In die tijd was hij bijna vijfenzeventig jaar en zijn gezondheid ging achteruit. Omdat hij zich van de laagste positie in zijn politieke partij had opgewerkt, beschouwde iedereen in het land hem als zeer succesvol. Hij bekende aan Amma dat hij als laatste ambitie had: president van het land worden. Hij voelde dat zijn leven dan pas een succes zou zijn.

Niemand vindt zijn huidige situatie volledig succesvol. Daarom zijn er zoveel seminars om succesvol te worden. Voor degenen die al succesvol zijn, zijn er seminars om nog succesvoller te worden. Er zijn zelfs seminars om succesvol te zijn in het doorgeven aan anderen hoe ze succesvol kunnen worden. Succes wordt gewoonlijk omschreven als iets anders of iets meer bereiken dan we reeds bereikt hebben. Daarom streven we er voortdurend naar om iets te verkrijgen of bereiken.

Sommige mensen streven naar geld, terwijl anderen op macht of roem uit zijn. En natuurlijk zijn er mensen die hun leven gewijd hebben aan het bereiken van nobele doelen. Maar als we succes definiëren als het bereiken van een doel buiten ons zelf, zullen we ons nooit echt succesvol voelen. Ten eerste kunnen we de capaciteiten om dat doel te bereiken missen. Als we die wel hebben, krijgen we wellicht niet de juiste kans. Zelfs als zich een gunstige gelegenheid voordoet, kunnen we veel obstakels tegenkomen. Bovendien veranderen onze doelen in de loop der tijd en door ervaring. Tegen de tijd dat we een doel hebben bereikt, hebben we misschien al weer een nieuwe definitie van wat succes inhoudt. Uiteindelijk zullen we anderen altijd succesvoller vinden dan onszelf.

Vanuit een spiritueel oogpunt bekeken bezit iedereen echter dezelfde innerlijke rijkdom en hetzelfde vermogen om te slagen. Mensen met bepaalde lichamelijke gebreken kunnen nooit succes behalen als atleet. Iemand die stom is, kan nooit als zanger succes hebben. Een arme man zonder ervaring in zaken doen zal nooit slagen als ondernemer. Een veroordeelde misdadiger zal nooit bij de overheid kunnen werken. Toch hebben al deze mensen dezelfde spirituele rijkdom en hetzelfde vermogen om dit te realiseren en echt succesvol te zijn.

Dus wat is echt succes? Volgens de oude Indiase levenswijze die bekend staat als *Sanatana Dharma*[1], is er één succes waarvan men zegt '*Yal labdva naparam labham*', wat betekent: 'Na dat bereikt te hebben, is er niets anders om te bereiken'. Het succes waarnaar hier verwezen wordt is Zelfrealisatie. Het realiseren van het Zelf betekent dat men ervaart dat het Ware Zelf en God een en hetzelfde zijn. Deze realisatie is echt succes. Alle andere vormen van succes en prestatie zullen door de dood weggegrist

---

[1] Sanatana Dharma is de oorspronkelijke benaming voor het hindoeïsme. Het betekent 'eeuwige manier van leven'.

worden. Aan de andere kant zal kennis van het Zelf uit eigen ervaring onberoerd blijven, zelfs door de dood. Zoals elektriciteit niet wordt aangetast als een gloeilamp doorbrandt, beïnvloedt de dood van het lichaam op geen enkele wijze het *Atman*, dat een nieuw fysiek lichaam aanneemt en doorgaat met het opdoen van nieuwe levenservaringen. Voor iemand die het Zelf heeft gerealiseerd, is de dood net zomin beangstigend als het vervangen van versleten kleding door nieuwe. Als we 'ik' zeggen, verwijzen we naar ons fysieke lichaam en onze persoonlijkheid, of ons ego. We kennen het Atman niet, dat ons ware Zelf, onze essentie is. Het Atman brengt het lichaam tot leven. Net zoals een voertuig alleen rijdt als er brandstof in zit, functioneert het fysieke lichaam door de aanwezigheid van het Atman. Het Universele Zelf, dat in alle wezens aanwezig is, wordt ook wel het Allerhoogste Bewustzijn, God of simpelweg Waarheid genoemd. In een wereld van eindeloos veranderende namen en vormen, is alleen het Atman onveranderlijk. Het is de grondslag van de hele schepping.

Iemand die kennis heeft van het Atman is altijd tevreden. Volledig gevestigd in het Atman, of het Zelf, ziet zo iemand alleen zijn eigen Zelf overal en in iedereen. Als zodanig zal hij zich nooit meer of minder succesvol voelen dan iemand anders. Als er geen tweede individu is, met wie moet je je dan vergelijken? Wat is er te bereiken?

Er was eens een koning die gevorderd in jaren was en nog steeds geen kinderen had om hem op te volgen. Het was een oud gebruik van dat koninkrijk dat als de koning aan het einde van zijn leven geen kinderen had, een van de koninklijke olifanten met een bloemenkrans om zijn slurf het land werd in gestuurd. Degene bij wie de olifant de bloemenkrans omhing, zou uitgeroepen worden tot troonopvolger.

21

Toen duidelijk werd dat de koning zonder kinderen zou sterven, gaf hij het bevel om een olifant het paleis uit te sturen met een bloemenkrans om zijn slurf, zoals het gebruik was. De olifant hing de bloemenkrans om de nek van de eerste persoon die hij tegenkwam, wat een bedelaar was die langs de kant van de weg stond. In doodsangst voor de nabijheid van de enorme olifant zette de bedelaar het op een lopen en rende voor zijn leven. De ministers van de koning die het tafereel aanzagen, achtervolgden de bedelaar en kregen hem uiteindelijk te pakken. Ze legden de verbijsterde bedelaar uit dat hij de volgende koning zou zijn en begeleidden hem terug naar het paleis.

Na een paar jaar overleed de koning en de voormalige bedelaar werd tot koning gekroond. Ofschoon de ministers hem van alle mogelijke luxe voorzagen, bewaarde hij zijn oude versleten kleren, bedelnap en wandelstok in een gouden kast in zijn slaapkamer. Toen hij verscheidene jaren koning was, kreeg hij het idee om één dag terug te gaan naar zijn oude leven om te zien hoe het zou zijn. Diep in de nacht opende hij de gouden kast en deed zijn oude lompen aan, pakte zijn bedelnap en wandelstok en verliet in het geheim het paleis.

Gekleed als de bedelaar die hij eens was, ging de koning om aalmoezen bedelen. In de loop van de dag ontmoette hij mensen die mededogen toonden en hem een paar muntjes gaven, terwijl anderen ruw tegen hem uitvoeren en hem met minachting behandelden. De koning was verrast dat hij onaangedaan bleef door de manier waarop de mensen hem behandelden. Toen hij een echte bedelaar was, was hij zo gelukkig als mensen hem munten gaven, en als ze hem beledigden of bespotten, werd hij ziedend van ingehouden woede. Als ze hem nu geld gaven, was hij niet opgetogen en als ze hem uitscholden, raakte hij niet overstuur.

Omdat de koning wist dat hij in werkelijkheid de heerser over het land was, maakte het hem niets uit hoe anderen hem behandelden. Op dezelfde wijze, worden *Mahatma's* (Grote Zielen) niet geraakt door complimenten of verwijten omdat ze weten dat ze één met God zijn. Amma is het volmaakte voorbeeld van iemand die dit ultieme succes heeft verwezenlijkt. Ze heeft het niet nodig en verlangt er ook niet naar om iets te bereiken of om iets anders te worden. Ze is altijd tevreden in Haar eigen Zelf. Daarom kan Ze zoveel geven. Zelfs toen Ze pas vier of vijf jaar oud was, een leeftijd waarop gewone kinderen alleen maar aan hun eigen speelgoed en spelletjes denken, hielp Amma de armen al door hun voedsel en kleren uit Haar eigen huis te geven. Denk er eens aan wat wij deden toen we zo oud waren. Ik liep in ieder geval in vuile luiers rond en veroorzaakte problemen voor mijn moeder. Maar reeds op deze jonge leeftijd nam Amma de zorg op zich voor de oudere en zieke mensen die door hun eigen familieleden verwaarloosd werden.

Amma's leven laat ons ook zien dat het ideaal van een menselijk leven bereikt kan worden, ongeacht wat we bezitten of wat we missen vanuit een materieel standpunt bezien. We hoeven niet in een koninklijke familie geboren te worden zoals Krishna, Rama of Boeddha. Amma begon in elk opzicht met niets. Ze werd geboren in een arm gezin in een afgelegen, onderontwikkeld dorp. De meesten onder ons zijn daarentegen veel fortuinlijker vanuit een materieel standpunt gezien. Onze materiële zegeningen kunnen ons een tijdje tevreden houden – dat is één reden waarom we geen brandend verlangen naar Zelfrealisatie hebben – maar deze tevredenheid kan ieder moment verloren gaan, omdat hij niet van binnenuit komt, net zoals de afwezigheid van symptomen niet per se betekent dat we vrij van ziekte zijn. Aan de andere kant zal de tevredenheid die we verkrijgen door ons Ware Zelf te realiseren, nooit verloren gaan onder welke omstandigheden dan ook.

Zelfs vandaag de dag is Amma voor Haar geluk en welzijn niet afhankelijk van anderen; het komt van binnenuit.

Enkele jaren geleden, toen Amma in New Delhi was, werd er een ontmoeting geregeld met de toenmalige president van India. Het jaarlijkse festival in Amma's plaatselijke Brahmasthanam-tempel was in volle gang. Amma's darshan begon iedere dag rond twaalf uur en ging door tot diep in de nacht met een onderbreking van slechts twee of drie uur. Tijdens dit hectische programma werd er een afspraak gemaakt met de president om negen uur 's morgens. De avond voor de afspraak belde de secretaris van de president de plaatselijke organisatoren op en informeerde hen dat de president de afspraak moest verzetten naar het middaguur. Hij vroeg of Amma dan kon komen.

Toen dit nieuws aan Amma werd doorgegeven, zei Ze dat het onmogelijk was. Duizenden van Haar kinderen in New Delhi stonden te wachten om Haar darshan te krijgen. Hoe kon Ze hen laten wachten? Op instructie van Amma werd de afspraak afgezegd.

Hoeveel van ons zouden een afspraak met de president van ons land voorbij laten gaan? Het zou zo'n eer zijn en zo'n kans op publiciteit en netwerken dat iemand dat voor geen goud zou willen missen. Door dit voorval toonde Amma aan dat Ze geen erkenning van wie dan ook nodig heeft.

Mensen uit alle lagen van de bevolking die binnen hun vakgebied als succesvol worden beschouwd, komen toch naar Amma voor Haar leiding en zegen. Ondanks hun zogenaamde succes, zoeken ze toch iets meer. Hun wereldse succes heeft hun niet geboden wat ze echt willen: welzijn en vrede. Zolang we verlangen naar iets anders of iets meer dan we al hebben, kunnen we niet als echt succesvol worden beschouwd. Alleen als we ons Ware Zelf, dat alwetend, almachtig en alomtegenwoordig is, realiseren, zullen we ons echt compleet en succesvol voelen.

Als een moeder iets kostbaars in haar bezit heeft, wil ze dat ongetwijfeld met haar kinderen delen. Ze wil dit niet voor zichzelf houden. Als we voedsel in overvloed hebben en naar hartelust gegeten hebben, wat doen we dan met het overgebleven voedsel? Natuurlijk geven we dat aan anderen. Dat is nu precies wat Amma doet. Zij is altijd vol, tevreden in Haar eigen Zelf. Alles wat Ze doet, ontstaat uit deze volheid, terwijl onze handelingen voortkomen uit het gevoel dat we iets tekortkomen. Amma weet dat we in werkelijkheid niets tekortkomen. We hoeven geen rijkdom, macht of beroemdheid te verwerven om succesvol te zijn. Als we de onwetendheid over ons Ware Zelf kunnen verwijderen, dan zullen we, ongeacht onze situatie of omstandigheden in het leven, totale tevredenheid en gelukzaligheid ervaren.

Hoofdstuk 2

Wat is echt werkelijk?

Als we naar de golven van de oceaan kijken, dan zien we zoveel verscheidenheid: kleine golven, grote golven, vriendelijke golven en dreigende golven. Door onze beperkte waarneming zien we elke golf als een aparte entiteit. Als Mahatma's naar de oceaan kijken, zien ze de verschillen tussen de individuele golven niet, zelfs niet het verschil tussen de golven en de oceaan zelf. Dit komt doordat de oceaan en de golven in essentie één zijn, ze zijn beide hetzelfde water. Evenzo zegt Amma: "Er is geen verschil tussen de Schepper en de schepping. Zoals er geen verschil is tussen goud en sieraden die van goud gemaakt zijn – want goud is de grondstof van alle soorten juwelen die van goud zijn gemaakt – is er geen verschil tussen God de Schepper en de geschapen wereld. Zij zijn in essentie een en hetzelfde, zuiver bewustzijn."

Onze waarneming van de realiteit is slechts betrekkelijk. Vanuit ons gezichtspunt kunnen we van heerlijk eten zeggen dat het 'werkelijk goddelijk' is. Of we kunnen zeggen: "Dat ijs was hemels!" In werkelijkheid weten we niet wat goddelijk of hemels betekent.

Er was eens een slak die in elkaar geslagen werd door twee schildpadden. De politie verscheen ter plaatse en vroeg de arme slak, die helemaal bont en blauw was: "Heb je de schildpadden die je een aframmeling hebben gegeven, goed kunnen zien?" De slak antwoordde: "Hoe kon dat nu, het gebeurde allemaal zo snel!"

Voor ons gevoel beweegt een schildpad heel langzaam, maar vanuit het oogpunt van een slak beweegt een schildpad met de snelheid van de bliksem. Ons huidige perspectief is net zo beperkt. We moeten het niet als de absolute waarheid aannemen. Er is een verhaal over een grote wijze die Ashtavakra heette. In het Sanskriet betekent *ashta vakra* 'acht bochten'. Hij werd zo genoemd omdat zijn lichaam op acht plaatsen was kromgegroeid. Ondanks zijn misvormde lichaam werd Ashtavakra op jonge leeftijd een groot geleerde. Zijn vader was ook een groot geleerde.

Op een dag nodigde de koning alle grote geleerden van het land uit om naar zijn paleis te komen en over de geschriften te debatteren. De winnaar van het debat zou duizend koeien die met goud en juwelen bedekte hoorns hadden, winnen.

Het debat begon 's morgens en duurde de hele dag. Toen het avond werd, ontving Ashtavakra een bericht dat zijn vader bijna alle geleerden die meededen had verslagen, maar dat hij nu op het punt stond om het debat te verliezen. Toen de twaalf jaar oude Ashtavakra dit nieuws hoorde, ging hij direct naar het hof om te zien of hij zijn vader kon helpen.

Ashtavakra kwam juist aan het hof, toen het debat zijn hoogtepunt bereikte. Op dat moment leek zijn vaders nederlaag bijna zeker. Toen de geleerden en de koning Ashtavakra het hof zagen betreden, barstte iedereen behalve zijn vader in lachen uit om zijn misvormde lichaam en de onbeholpen wijze waarop hij liep. Ashtavakra begon eveneens te bulderen van het lachen. Iedereen aan het hof was verrast, inclusief de koning. De koning vroeg: "Mijn beste jongen, waarom lach je zo, terwijl iedereen je uitlacht?"

"Ik lach omdat deze vergadering van schoenmakers over de Waarheid debatteert," antwoordde Ashtavakra kalm.

Omdat de koning wist dat hij geleerden met de beste reputatie in het land had uitgenodigd, vroeg hij: "Wat bedoel je?"

Ashtavakra legde uit: "Ze lachen omdat ze mijn misvormde lichaam zien. Ze zien mij niet, ze beoordelen me slechts naar mijn buitenkant. Daaruit kan ik afleiden dat het leerbewerkers en schoenmakers zijn. Mijn lichaam is misvormd, maar ik niet. Kijk onder het oppervlak. Mijn Echte Zelf is niet gebogen, het is recht en zuiver."

Het hele hof was verbijsterd toen ze Ashtavakra's antwoord hoorden. De koning wist dat Ashtavakra gelijk had. Het debat was een schertsvertoning geweest. Zij die over de Waarheid debatteerden, konden de Waarheid niet zien. Hij voelde zich schuldig dat hij ook om Ashtavakra's uiterlijk had gelachen. Hij kende de prijs toe aan de jonge Ashtavakra en het hof ging uiteen. Die nacht lag de koning wakker en dacht na over Ashtavakra's uitspraak.

De volgende morgen passeerde het rijtuig van de koning onderweg Ashtavakra. De koning stapte onmiddellijk uit en viel aan Ashtavakra's voeten, terwijl hij vroeg om hem naar spirituele verlichting te leiden. De avond ervoor had de koning Ashtavakra aangesproken als een jongen. De volgende dag begreep hij de grootheid van Ashtavakra en sprak hij hem aan als Guru[2].

Hoewel er veel geleerden aan zijn hof waren, besefte de koning dat ze alleen de betrekkelijke waarheid konden zien. Ze konden alleen Ashtavakra's lichaam zien, terwijl de wijze Ashtavakra in ieder van hen het Allerhoogste Zelf kon zien, wat de Absolute Waarheid is.

Het verslag van de dialoog die zich ontspon tussen de koning (Janaka) en Ashtavakra wordt de *Ashtavakra Gita* genoemd. De Meester Ashtavakra zegt hierin:

---

[2] De laatste jaren wordt het woord Guru losjes gebruikt. Het kan simpelweg de betekenis hebben van een leraar die zeer goed is in zijn vak. In dit boek wordt het woord Guru gebruikt volgens de traditionele definitie: iemand die gevestigd is in Brahman of de Allerhoogste Waarheid en die anderen naar de ervaring van Dat leidt.

sukhe duḥkhe nare-naryām sampatsu ca vipatsu ca
viṣēṣō'naiva dhīrasya sarvatra samadarṣinaḥ

Voor de wijze die alles als gelijk beschouwt, is er geen
verschil tussen vreugde en pijn, man en vrouw, succes
en mislukking.

(17.15).

Als we weten wat goud is, kunnen we alle gouden sieraden als verschillende vormen van goud zien. Als we ons Echte Zelf kennen,
zullen we op vergelijkbare wijze alles in de schepping als verschillende verschijningsvormen van ons Zelf zien. Ons probleem is dat
we alles proberen te begrijpen, behalve ons Echte Zelf.

Mahatma's als Amma zien hetzelfde Atman overal. Zij maken
geen onderscheid tussen vriend en vijand, rijk en arm, of tussen
degenen die aardig voor hen zijn en degenen die wreed voor hen
zijn.

Onlangs kwam er een man met een verschrikkelijke huid-
ziekte voor Amma's darshan tijdens een programma in Madras.
Zijn verschijning was zo weerzinwekkend dat iedereen hem ruim
baan gaf toen hij langsliep. Toen degenen die de stroom mensen
in goede banen moesten leiden zijn lichamelijke conditie zagen,
kregen ze medelijden met hem en stonden hem toe om direct
naar Amma te gaan zonder in de rij te hoeven wachten. Amma
was totaal niet van Haar stuk gebracht door zijn uiterlijk. Terwijl
Ze hem in Haar armen nam en hem liefdevol streelde alsof hij
Haar eigen zoon was, vroeg Ze hem naar zijn gezondheid en zijn
woonsituatie. In tranen vertelde hij dat hij nergens naar toe kon.
Hij had jaren getracht om hulp te krijgen van diverse regerings-
instanties, maar zonder resultaat. Nadat Amma naar de ellende
van de zieke man had geluisterd, ontbood Ze de *brahmachari*
(celibataire leerling) die de leiding had over Haar ashram in
Madras, en vroeg hem onmiddellijk een huis voor deze man te

bouwen in het kader van het gratis-wonen project van de ashram. Toen nodigde Ze de zieke man uit om naast Haar te komen zitten, midden tussen de plaatselijke hoogwaardigheidsbekleders die voor Amma's darshan waren gekomen. Toen hij naast Amma zat, stroomden de tranen van de man onophoudelijk, maar het waren tranen van vreugde geworden. Deze man die zijn hele leven was beschimpt en genegeerd, begreep dat hij in Amma's ogen net zo belangrijk was als de hoogwaardigheidsbekleders.

Nadat Amma op een dag vele uren darshan had gegeven, vroeg ik Haar: "Waarom ziet U er niet vermoeid uit, zelfs nadat u vele duizenden mensen hebt omhelsd? Hoe kunt u dit dag na dag blijven doen?" Amma merkte terloops op: "Ik doe niets." Toen Amma dit zei, herinnerde ik me een zin uit een bhajan (devotioneel lied) genaamd 'Amme Bhagavati' die Ze vele jaren geleden had geschreven. Deze luidt als volgt:

tan onnum cheyyadhe sarvam chaithidunna
dina dayalo thozhunnen ninne

Zonder iets te doen, doet U alles.
O Belichaming van Vriendelijkheid,
ik buig voor U neer.

Toen Amma mijn vraag beantwoordde, sprak Ze van het niveau van het Atman. Toen Ze 'ik' zei, verwees Ze niet naar Haar lichaam, maar naar het Atman of Echte Zelf.

Er is een interessant vers in de *Bhagavad Gita* dat luidt:

karmaṇy akarma yaḥ paśyed akarmaṇi ca karma yaḥ
sa buddhimān manuṣyeṣu sa yuktaḥ kṛtsna-karma-kṛt

Hij die niet-handelen herkent in handelen
en handelen in niet-handelen is een wijs mens.

Die persoon is een yogi en een waar uitvoerder van
alle handelingen. (4.18)

Hoewel Amma zeer actief is, weet Ze dat Haar Echte Zelf helemaal niets doet. Dit is niet-handelen in handelen zien. Maar bij ons blijven er gedachten in onze geest opkomen, zelfs als we stil zitten. Zelfs om stil te zitten moeten we ons bewust inspannen; die inspanning is een handeling. Oppervlakkig gezien lijkt het dat we geen activiteiten ontplooien, maar we zijn nog steeds actief op andere niveaus. Dit is handelen in niet-handelen. Zo zien de Mahatma's niet-handelen in hun handelen en handelen in ons niet-handelen.

In de Tao Te Ching wordt er over de Meester gezegd:

Dingen ontstaan en ze laat ze komen,
Dingen verdwijnen en ze laat ze gaan.
Ze heeft, maar bezit niet,
Handelt, maar verwacht niets.
Als haar werk is gedaan, vergeet ze het.
Daarom duurt het voor eeuwig.

Hoofdstuk 3

Keuzes en bewustzijn

Amma vertelt een verhaal: Een man uit India bezocht zijn zoon die een baan had gekregen in de Verenigde Staten en daar woonde. Toen hij bij het huis van zijn zoon aankwam, werd hij liefdevol en met respect door de vrouw van zijn zoon ontvangen. Ze vroeg haar schoonvader of hij een kopje thee wilde. De man zei dat hij dat wel wilde. Voordat zijn schoondochter naar de keuken ging om thee te zetten, vroeg ze: "Wat voor thee wilt u? We hebben zwarte thee, groene thee, rooibosthee, kamille, citroen, munt en Chinese buskruitthee."

"Geef me maar een kop gewone thee," zei de man uit India schouderophalend. Hij had nog nooit gehoord van al deze verschillende theesoorten. Zijn schoondochter ging weg om thee te zetten. Een paar ogenblikken later kwam ze weer de woonkamer in gerend. "Ik vergat u nog te vragen of u melk in uw thee wilt?"

"Ja, alstublieft," antwoordde hij. "Okay, zei ze. "Wat voor melk wilt u? We hebben volle melk, melk met 2 procent vet, magere melk, sojamelk, rijstemelk en melkpoeder."

"Gewone melk is goed." De schoonvader begon zijn geduld te verliezen. Hij wist niet dat een kop thee zo gecompliceerd kon zijn. Zij schoondochter ging weer weg. Maar ze was nog maar amper de deur uit of ze kwam terug en vroeg: "O, ik vergat bijna te vragen of u suiker gebruikt?"

"Natuurlijk," zei de schoonvader.

"Okay, ik breng het zo. Maar wat voor soort suiker wilt u hebben? We hebben kristalsuiker, rietsuiker, basterdsuiker, natrena, canderel en sacharine."

Bij deze laatste vraag verloor de schoonvader zijn geduld. "O God! Moet ik zoveel vragen beantwoorden alleen maar om een kop thee te krijgen? In godsnaam, ik wil geen thee meer. Kun je me alsjeblieft een glas water geven?"

De vrouw van zijn zoon verloor haar enthousiasme niet. Ze glimlachte terwijl ze zei: "Okay, wat voor water wilt u hebben: mineraalwater, water met koolzuur, water met vitamine of tonic?" De schoonvader kon er niet meer tegen. Hij stond op, rende langs zijn schoondochter de keuken in en dronk een glas water uit de kraan.

In de wereld van vandaag hebben we zoveel keuzes, zelfs als het gaat om het drinken van een kop thee. Hetzelfde geldt voor bijna alles in ons leven. We kunnen dokter of ingenieur, technicus of softwarespecialist of zelfs monnik worden. We kunnen een huis kopen met één slaapkamer, een huis met vier slaapkamers of een klein appartement. We kunnen een sportwagen kopen, een bestelauto of een motorfiets. Maar als we in een crisis terechtkomen of onze inspanningen geen resultaat hebben, komen we erachter dat de enige keuze die we hebben is verdrietig te zijn.

In werkelijkheid hebben we zelfs in dit soort situaties veel keuzes. Als we een pijnlijke ervaring hebben, kunnen we ervoor kiezen te denken dat we iets van ons negatieve prarabdha[3] hebben

---

[3] Prarabdha verwijst naar alle ervaringen dat we in dit leven mee moeten maken als gevolg van de resultaten van onze daden in het verleden. In het Westen wordt prarabdha gewoonlijk karma genoemd. De letterlijke betekenis van het Sanskriet woord 'karma' is 'handelen' zoals in karma yoga, of het pad van handelen. Om verwarring te voorkomen en trouw te blijven aan het Sanskriet, wordt in dit boek het woord prarabdha gebruikt daar waar men het woord 'karma' zou verwachten; het woord 'karma' zal alleen worden gebruikt in zijn letterlijke betekenis.

uitgewerkt of dat we een waardevolle les krijgen over de aard van de wereld. We kunnen de situatie ook als Gods wil beschouwen. Elk van deze houdingen zal ons helpen gelijkmoedig pijnlijke ervaringen te accepteren. Door de geestelijke conditionering die we hebben verkregen door onze ervaringen in het verleden, kunnen de meesten van ons echter niet positief denken als we met een moeilijke situatie worden geconfronteerd. We moeten onze automatische of mechanische manier van denken en reageren te boven komen. Onze geest moet getraind worden om bewust te handelen en te reageren. We moeten bewustzijn ontwikkelen.

Niemand wil verdrietig zijn, maar allemaal raken we zo nu en dan in de put. Niemand wil boos worden, maar allemaal verliezen we onze beheersing wel eens. Dit betekent dat er een kloof is tussen wat we zouden willen zijn en wat we zijn. Door bewustzijn te ontwikkelen en door te leren antwoorden in plaats van in de aanval te gaan, kunnen we deze kloof dichten.

Door de mechanische aard van onze geest maken we vaak fouten. We zijn niet in staat om onze eigen woorden en daden of de woorden en daden van anderen op hun juiste waarde te schatten. Als iemand ons een compliment geeft, denken we dat hij een aardig mens is. Als dezelfde persoon ons later bekritiseert, zullen we van streek raken of boos op hem worden. Op het moment dat we ergens mee geconfronteerd worden, stoppen we niet om ons af te vragen of het nodig is om boos te reageren. Het ene moment zijn we kalm en het volgende moment als er iemand tegen ons begint te schreeuwen, zullen we onmiddellijk terugschreeuwen. Pas later betreuren we het dat we kwaad geworden zijn.

Als we onze geest trainen om bewust te handelen en te spreken, ontdekken we dat we andere opties hebben dan uit kwaadheid of frustratie te reageren, zelfs als het leven ons niet brengt wat we ervan verwachten. Als we ons bijvoorbeeld bewust worden van de eerste tekenen van boosheid in ons, weten we dat we op het punt staan boos te worden. Dan kunnen we kiezen: we kunnen een irriterende situatie ontlopen of als we blijven, kunnen we beslissen hoeveel boosheid we zullen tonen. In zulke situaties moeten we ons de spreuk herinneren 'wie een kuil graaft voor een ander, valt er zelf in'.

Als we naar Amma's leven kijken, dan zien we dat in situaties waarin de meesten van ons alle hoop zouden hebben opgegeven, Amma's bewustzijn Haar de mogelijkheid bood om anders te reageren. Toen Haar ouders Haar geen liefde schonken, dacht Amma in plaats van medelijden met Zichzelf te voelen: "Waarom zou ik erop uit zijn om liefde te ontvangen? Laat Mij in plaats daarvan liefde aan anderen geven." Toen Haar familieleden en buren Haar beledigden en bekritiseerden, richtte Amma Haar geest op God in plaats van te piekeren over de manier waarop Ze werd behandeld.

Spiritualiteit is de techniek om ons bewustzijn te verruimen. Meditatie, recitatie, het volgen van spirituele principes in ons dagelijks leven, dit zal ons allemaal helpen om ons bewustzijn te verruimen. Als we een ruimer bewustzijn kunnen ontwikkelen, kunnen we de obstakels overkomen die ons ervan weerhouden ons Echte Zelf te realiseren.

Hoofdstuk 4

Toewijding aan dharma

En belangrijk begrip in de oosterse spiritualiteit is dharma. Het woord dharma heeft een diepe en omvangrijke betekenis. Simpel gezegd betekent het zowel rechtvaardigheid als plicht. Het betekent ook juist handelen op het juiste moment en op de juiste plaats.

Om ons leven af te stemmen op dharma moeten we een grondig begrip van de aard van het leven en van mensen hebben. In een bedreigende situatie of een crisis zullen veel mensen dharma verzaken of hun waarden bijstellen. Hoewel zich veel van zulke situaties in Amma's leven voordeden, kunnen we zien dat Ze nooit zelfs maar een centimeter is afgeweken van het pad van dharma.

Ik herinner me iets wat onlangs is gebeurd en waaruit Amma's toewijding aan dharma blijkt. Toen er in maart 2002 tussen verschillende bevolkingsgroepen in Gujarat onlusten uitbraken, was Amma in Mumbai. Op het programma stond een bezoek aan het door een aardbeving getroffen gebied Bhuj in west Gujarat. Hier zou Amma de drie dorpen die door de ashram waren herbouwd inaugureren. Maar om daar te komen zou Ze moeten reizen door gebieden waar onlusten waren uitgebroken. Hoewel de mensen wisten dat het een belangrijke gebeurtenis was, probeerden velen Amma ervan te weerhouden te gaan. Veel leden van het gezelschap gingen naar Amma, de een na de ander, en smeekten Haar om niet te gaan, sommigen omdat ze zelf bang waren en anderen uit bezorgdheid om Amma. Ze zeiden dat zowel Zij als het hele gezelschap risico's zou lopen, of Ze nu met de trein of de bus zou reizen. Omdat Amma een gast van de regering was, verschaften ambtenaren van de veiligheidsdienst up-to-date informatie over de risico's die er waren. Ook zij raadden Amma af om de reis te maken. Amma werd ook verteld dat de leden van het kabinet en de gouverneur die aan de plechtigheid deel zouden nemen, om dezelfde reden misschien niet aanwezig zouden zijn.

Uiteindelijk maakte Amma een eind aan al deze verzoeken en eisen door mee te delen: "Ik heb besloten te gaan, wat er ook gebeurt, en degenen die vrezen voor hun leven, hoeven niet te mee te gaan." Na deze uitspraak besloten zelfs mensen die niet van plan waren te gaan, Haar te vergezellen.

Het programma was een geweldig succes en er waren geen uitbarstingen van geweld. Later verklaarde Amma dat de duizenden mensen die in het kader van het huizenproject een huis zouden krijgen, er al lange tijd vol verlangen op gewacht hadden Amma te ontmoeten. Omdat ze alles hadden verloren, hadden ze niet genoeg geld om Amma elders op te komen zoeken. Ze wilden ook heel graag dat Amma hun huizen zegende voordat ze erin trokken. Om die redenen was Amma er zo op gebrand om hen te bezoeken.

Amma zegt altijd dat we het menselijk leven hebben verkregen door de verdienste van de goede daden die we in onze vorige levens hebben verricht. Natuurlijk kunnen we niet kiezen waar of wanneer we geboren zullen worden, of we mooi of lelijk en kort of lang zullen zijn, of wie onze ouders zullen zijn. We kunnen er echter voor kiezen om een goed mens te zijn. Het is aan ons ervoor te zorgen dat de zegen die God ons heeft gegeven, geen vloek voor ons en voor de wereld wordt. Daarom moeten we een goed leven leiden.

We hebben allemaal veel verantwoordelijkheden, moeilijkheden en verplichtingen in ons leven. We hebben een enorm emotionele en spirituele kracht nodig om een juist leven te leiden.

Er zijn veel situaties waarin we kunnen worden verleid om dharma op te geven en onze waarden te verkwanselen. Als we niet juist handelen (adharma), lijkt het misschien op dat moment van pas te komen, maar uiteindelijk zal het ongetwijfeld onplezierige gevolgen voor onszelf en voor anderen hebben.

Aan de andere kant vormt een leven volgens dharma en juiste waarden een stevige basis voor een rijk leven dat de moeite waard is. Niet alleen is zo'n leven erg heilzaam voor de wereld, maar het kan ons ook helpen geschikt te worden om Gods genade te ontvangen, wat de belangrijkste factor is voor het verkrijgen van materieel en spiritueel succes.

39

Hoofdstuk 5

Verlicht handelen

Soms doen we in ons leven wat goed is en soms doen we wat verkeerd is. Als we het goede doen, zijn we daar vanzelfsprekend trots op en strijken we de verdienste van onze goede daden op. Als we het verkeerde doen, zijn we geneigd om anderen de schuld te geven. Als we samenwerken met anderen, een beslissing nemen of welke daad dan ook verrichten, nemen we gewoonlijk alleen kennis van de oppervlakkige feiten en informatie die voorhanden is. Dus zelfs als dat wat we doen op dat moment juist lijkt, kan het uiteindelijk toch wel eens niet goed uitpakken.

Maar er is een ander soort handelen dat voorbij goed en fout gaat, en dat handelen leidt altijd tot het hoogste goed. Deze vorm van handelen wordt verlicht handelen genoemd. Alleen een verlichte ziel is in staat tot zulk handelen. Als een *Satguru* met mensen omgaat, kent hij hun meest subtiele *vasanas* (neigingen), prarabdha en andere eigenschappen. Aangezien wij alleen de fysieke daden van iemand kunnen waarnemen, kunnen wij niet eens zeker zijn van wat hij op dat moment denkt of voelt. Een Satguru is zich volledig bewust van het verleden, het heden en de toekomst van iedereen die hij ontmoet. Dit bewustzijn stelt de Meester in staat op een wijze te handelen die altijd tot het best mogelijke resultaat voor die persoon zal leiden.

Ik herinner me een incident dat vele jaren geleden in de ashram plaatsvond. Op een dag liep een dronkaard de ashram binnen en begon om niets ruzie te maken met de brahmachari's.

Toen we hem probeerden te kalmeren en hem uit de ashram leidden, begon hij ons uit te schelden. Ondanks onze oprechte inspanningen werd de dronkaard niet rustig, maar werd zelfs nog onhandelbaarder. Daarom besloten we hem aan de politie over te dragen. Voordat we deze laatste maatregel namen, gingen we naar Amma om de situatie uit te leggen. Nadat Ze naar onze verklaring had geluisterd, liep Ze naar de plaats waar de man stond. Tegen die tijd had de man verscheidene keren overgegeven en was nog maar half bij bewustzijn. Er hing een vieze geur van braaksel en alcohol om hem heen. Terwijl Amma met mededogen in Haar ogen naar hem keek, riep Ze hem liefdevol toe: "O mijn zoon, wat is er met je gebeurd? Voel je je okay?" De man keek op naar Amma met een nietszeggende blik en mompelde een paar woorden. Hij was niet in staat om te antwoorden.

Enkele toeschouwers vroegen zich af: "Waarom besteedt Amma Haar kostbare tijd aan deze dronkelap? Deze man verdient een goed pak slaag." Iemand zei zelfs tegen Amma: "Gaat U alstublieft naar Uw kamer Amma. We zullen wel voor deze man zorgen."

Amma besteedde er geen aandacht aan. Ze waste het gezicht van de dronkaard en veegde al het braaksel van zijn kleren, hoewel hij zich een beetje verzette. Ze nam de slang van een nabijgelegen kraan en goot water over zijn hoofd om hem te ontnuchteren. Toen nam Ze hem mee naar een kamer vlakbij en legde hem op een mat.

De volgende morgen was de man nuchter en was zijn stemming behoorlijk veranderd. Toen hij zich realiseerde met hoeveel liefde Amma voor hem had gezorgd, was hij diep ontroerd door Haar mededogen en huilde hij dikke tranen van berouw. Die avond ging hij naar huis. Een paar weken later kwam hij terug met zijn vrouw. Tijdens hun darshan zei zijn vrouw door haar tranen heen tegen Amma: "Amma, U hebt hem volledig veranderd.

Vanwege zijn gedrag stonden mijn kinderen en ik op het punt om zelfmoord te plegen. Zijn drankverslaving bracht ons in de schulden en hij kwam iedere dag dronken thuis en gaf ons slaag. Nu is hij helemaal opgehouden met drinken en heeft hij zelfs een goede baan gevonden. Dankzij Uw genade is niet alleen mijn echtgenoot maar ons hele gezin gered!"

Als de brahmachari's de man aan de politie hadden uitgeleverd, wat op dat moment een juiste handelwijze leek, zou hij niet alleen naar de gevangenis zijn gegaan en nog meer hebben geleden, maar zou zijn gezin het meest hebben geleden. Ze hadden misschien zelfs een eind aan hun leven gemaakt. Zo zou de 'juiste' handelwijze vanuit ons standpunt bezien eenvoudig tot de dood van verscheidene mensen hebben geleid.

Soms kunnen onze zogenaamde 'juiste' handelingen vergeleken worden met een aap die probeert om een vis uit de viskom te pakken om hem van de verdrinkingsdood te redden. Evenzo kunnen wij de dingen alleen maar vanuit ons eigen begripsniveau zien en niet begrijpen wat uiteindelijk het beste is.

Aan de andere kant zag Amma vanuit Haar diepe intuïtie de beste oplossing voor de situatie met de dronken man. Zij nam niet alleen die specifieke situatie in ogenschouw, maar ook zijn toekomst, de toekomst van zijn gezin en de reeks van gevolgen die zou kunnen ontstaan uit de door de brahmachari's geplande gedragslijn. Een verlichte handelwijze kan zelfs verkeerd lijken op dat moment. Later komen we er pas achter dat het de volmaakte handelwijze in die situatie was.

Toen Amma ongeveer vijf jaar geleden in Bonn was, overhandigde een toegewijde in de vragenlijn me zijn vraag voor Amma. In het briefje stond dat hij veel financiële problemen had, inclusief schulden, en dat hij zelfs zijn baan had verloren. Hij vroeg Amma's hulp om deze problemen op te lossen, zodat hij zijn vrouw en twee kleine jongens kon onderhouden. Zijn tweede verzoek was dat hij er een dochter bij wilde.

"Wat een idioot," dacht ik bij mezelf. "Hoe kan hij in godsnaam voor nog een kind zorgen, als hij al twee kinderen en een vrouw heeft die hij niet eens fatsoenlijk te eten kan geven? Het is duidelijk dat hij er niet een kind bij moet krijgen. Wat voor nut heeft het om zijn brief voor Amma te vertalen? We hebben geen Spirituele Meester zoals Amma nodig om zijn domheid te bevestigen. Dat kan ik zelf wel!" Terwijl ik zo dacht, begon ik hem mijn visie op zijn situatie te geven.

Toen ik zo bezig was, voelde ik iemand op mijn schouder tikken. Mensen proberen vaak onze aandacht te trekken als we voor Amma aan het vertalen zijn. Ik reageerde niet op deze vraag om aandacht, omdat ik nog niet klaar was om deze man verlichting te brengen. Toen werd het tikken krachtiger en sneller. Ik dacht: "Wie heeft er zo'n schaamteloze brutaliteit om een senior swami te onderbreken?" Toen ik me omdraaide, zag ik tot mijn grote verlegenheid dat het Amma was!

Ze vroeg: "Wat is het probleem?"

"O niets hoor, Amma. Ik was bezig zijn vraag te beantwoorden."

"Aan wie stelde hij de vraag?" vroeg Amma.

"Wel, de vraag was voor Amma, maar... uh..."

"Maar wat? Waarom beantwoord jij de vraag dan?"

Ik begon klungelig naar een antwoord te zoeken. "Wel, weet U, ik, uh, ik was juist, uh, U weet wel... O, geen speciale reden Amma. Het was toch een domme vraag."

Ik denk niet dat mijn antwoord veel indruk maakte op Amma. Ze vroeg me de vraag aan Haar voor te lezen en gaf toen zonder enige aarzeling antwoord: "Vertel hem dat Amma een *sankalpa* (goddelijk besluit) zal nemen dat hij een dochtertje zal krijgen." Hoewel ik zo mijn twijfels en bedenkingen had of dit het juiste antwoord was dat ik hem moest geven, vertaalde ik Amma's antwoord uit vrees dat ik mijn vertaalbaantje kwijt zou raken. Hij was gelukkig, maar ik was ongelukkig. Ik bleef twijfelen over het antwoord dat Amma had gegeven, dus vroeg ik er Haar later naar. Amma zei: "Het verdriet in zijn hart dat hij geen dochter heeft, is groter dan het verdriet en de pijn die hij voelt over zijn financiële moeilijkheden. Als hij geen dochter krijgt, zal hij depressief worden en zich misschien zelfs van het leven beroven."

De volgende twee jaar werd Amma's programma niet in Bonn maar ergens anders gehouden en kwam deze man niet. Het derde jaar echter keerden we terug naar de oude hal en kwam de man, deze keer met een klein meisje in zijn armen. Hij zag er zo stralend uit en toen hij voor darshan kwam, legde hij uit dat Amma's liefdevolle en geruststellende antwoord hem een hart onder de riem gestoken had. Hij was uit het moeras van zorgen tevoorschijn gekomen met een heldere geest en had een goede baan gevonden waarmee hij veel van zijn schulden had af kunnen betalen. De geboorte van zijn prachtige dochter had bijgedragen aan zijn blijdschap.

Amma wist dat het grootste obstakel in het leven van deze volgeling zijn diepe verlangen naar een dochter was, en toen daarvoor was gezorgd, losten alle problemen zich in de loop van de tijd op. Door alleen maar naar de naakte feiten te kijken zou iedereen vermoedelijk tot dezelfde conclusie als ik zijn gekomen over zijn wijsheid om nog een kind te krijgen. Amma kon echter de diepere lagen in zijn geest zien en gaf hem een antwoord voor zijn ultieme bestwil.

Steeds wanneer Amma uitspraken over de toekomst doet, komen ze uit, hoe onwaarschijnlijk ze op dat moment ook lijken. Een paar weken nadat ik Amma voor de eerste keer ontmoet had, bezocht ik Haar in het huis van een toegewijde met een van mijn vrienden. We kwamen nogal laat aan en Amma had de *puja* (aanbidding) al verricht. Toen we binnenkwamen, zagen we volgelingen rondom Amma zitten eten. Mijn vriend stond op enige afstand en weigerde dichtbij Amma te komen. Hij vond dat Amma had moeten wachten met eten tot hij was gekomen, omdat hij Haar had geïnformeerd dat hij zou komen. Amma riep hem twee of drie keer om Haar *prasad*[4] te ontvangen, maar hij bleef weigeren. Amma zei hem: "Zoon, je zult zulke gelegenheden met Amma niet lang meer krijgen. Over een paar jaar komen mensen vanuit de hele wereld naar Amma toe en dan zullen zulke gelegenheden zeer zeldzaam zijn." Toen mijn vriend ten slotte instemde en naar Amma ging, zag hij dat alle toegewijden al begonnen waren met eten, maar dat Amma Haar eten nog niet had aangeraakt. Ze had zelfs borden met eten voor ieder van ons apart gezet. Toen mijn vriend dit zag, betreurde hij zijn vergissing en vroeg Amma om vergeving. Een paar jaar later zag hij dat Amma's worden werden bewaarheid.

De geschriften zeggen dat er een gezag uitgaat van de woorden en handelingen van een Spiritueel Meester dat ons intellectuele begrip ver te boven gaat. Daarom zal elk oordeel dat we over hen en hun daden vellen, onjuist zijn.

Het volgende verhaal illustreert dit: "Er waren eens twee blinde olifanten die het er niet over eens konden worden hoe mensen eruit zagen. Ze besloten om hier achter te komen door iemand met hun voeten te betasten. De eerste olifant betastte een mens met zijn enorme voet, en zei: "Mensen zijn plat." De andere olifant stemde daarmee in nadat hij op dezelfde manier een ander mens had 'aangeraakt', en het probleem was opgelost. Zoals olifanten de subtiliteit missen om een mens met hun voeten

---

[4] Elk voorwerp dat de Guru heeft gezegend, wordt prasad genoemd. Ook wordt alles wat aan de Guru of God wordt geofferd, heilig en daardoor prasad.

te betasten, is onze geest niet subtiel genoeg om de reikwijdte van de daden van een Meester te overzien.

Alle daden van een Echte Meester zijn verlicht, zoals ieder voorwerp dat van sandelhout is gemaakt, de geur van de sandelhoutboom bij zich draagt. Dat komt doordat Meesters zijn gevestigd op het niveau van Allerhoogste Kennis. Daarom zal alles wat ze doen voor ieders bestwil zijn. Hoewel we hen misschien niet begrijpen, moeten we openstaan voor hun advies en leiding.

In de *Bhagavad Gita* beschrijft Heer Krishna de Allerhoogste Kennis als het meest begerenswaardige wat een mens kan verwerven:

rāja-vidyā rāja-guhyaṁ pavitram idam uttamam
pratyakṣāvagamaṁ dharmyaṁ su-sukhaṁ kartum
avyayam

*Dit is de hoogste kennis, de koning onder de
geheimen. Hoogst zuiverend, kan het direct worden
ervaren en geeft het eeuwigdurende resultaten. Het
is ook zeer eenvoudig te beoefenen en in overeenstemming met dharma* (9.2)

Iemand die de Allerhoogste Kennis bezit, identificeert zich altijd met de Waarheid of Brahman. Onder geen enkele omstandigheid zal hij lijden aan welke identiteitscrisis dan ook of zal hij worden meegesleept door emoties of gehechtheid. Amma is volledig geïdentificeerd met de Allerhoogste Waarheid, de onuitputtelijke bron van energie en gelukzaligheid. Daarom kan Ze zoveel uren zitten en toch fris blijven terwijl Ze zoveel kracht uitstraalt. Hoewel mensen vanuit de hele wereld de afgelopen dertig jaar met dezelfde problemen naar Haar toe gekomen zijn, verveelt het Haar nooit naar hen te luisteren, hen op hun gemak te stellen, ze raad te geven en ze te troosten.

De Allerhoogste Waarheid is zeer kostbaar. Het is even kostbaar om bij iemand te zijn die de belichaming van deze Waarheid is. Laten we ons hiervan bewust zijn en laten we dankbaar zijn voor de gezegende gelegenheid om in de aanwezigheid van een Groot Meester als Amma te zijn.

Hoofdstuk 6

De grootheid van nederigheid

Amma zegt: "Hoe krachtig een cycloon ook is, hij kan niets doen tegen een grassprietje, terwijl de grote bomen die hun kruin hoog houden, ontworteld worden." Ook zegt Ze: "Als we de last van het ego met ons meedragen, kan de wind van Gods genade ons niet optillen."

Hieruit kunnen we afleiden dat nederigheid zeer belangrijk is. Als we een houding van nederigheid hebben, zal goddelijke genade naar ons toe stromen. Maar nederigheid is een zeer zeldzame eigenschap in onze moderne maatschappij. Als we iets geweldigs gedaan hebben, hoe vaak praten we er dan nog over met onze vrienden? Het eerste waar we over praten is hoe geweldig we zelf zijn. Sommige mensen scheppen er zelfs over op hoe nederig ze zijn.

Als we willen weten wat echte nederigheid inhoudt, hoeven we niet verder te kijken dan Amma. Ofschoon Ze zoveel verwezenlijkt heeft en door miljoenen wordt aanbeden, zegt Amma nooit: "Ik ben geweldig." Uit nederigheid zegt Ze zelfs: "Ik weet niets, ik ben maar een gekke meid." Ze schept nooit op over Haar grootheid. Dat is echte grootheid.

Zoals jullie misschien weten, heeft Amma persoonlijk zeventien tempels ingewijd, zowel in India als daarbuiten. Elke keer als Ze een nieuwe tempel inwijdt, verzamelt zich een grote menigte toegewijden om getuige te zijn van die plechtige gelegenheid.

Als onderdeel van de inwijdingsceremonie installeert Amma het beeld met vier gezichten dat het hart van de tempel vormt. Bij de inwijding van de allereerste Brahmasthanam-tempel kwam Amma vlak voordat Ze het godenbeeld installeerde, naar buiten door elk van de vier deuren. Met gevouwen handen vroeg Ze om de zegen van alle aanwezige volgelingen. Toen we dit zagen, barstten velen van ons in tranen uit. Hier was iemand die miljoenen mensen gezegend had en toch zo nederig was om onze zegen te vragen. Natuurlijk had Ze onze zegen niet nodig. Ze vroeg alleen onze zegen om ons te herinneren aan het belang van nederigheid. In de Tao Te Ching wordt gezegd:

> *De Meester staat boven de mensen,*
> *En niemand voelt zich onderdrukt.*
> *Zij gaat voor de mensen uit,*
> *En niemand voelt zich gemanipuleerd.*
> *De hele wereld is Haar dankbaar.*
> *Omdat ze met niemand wedijvert,*
> *Kan niemand met Haar wedijveren.*

Toen Yolanda King, de dochter van Martin Luther King jr. en zelf ook een voorvechtster van vrede, sprak tijdens Amritavarsham50, de viering van Amma's 50ste verjaardag, zei ze: "Wat ik zo enorm waardeer in Amma is dat Ze niet alleen praat, maar doet wat Ze zegt." Zoals mevrouw King zo prachtig verwoordde, brengt Amma datgene wat Ze zegt altijd in de praktijk.

Tijdens Amma's Noord-Indiatournee in 2004 eindigde Haar avondprogramma in Durgapur om halfzeven 's ochtends. Tegen tienen had iedereen een bad genomen en gerust en wachtte vlakbij de bussen totdat Amma uit Haar kamer zou komen, zodat ze verder konden gaan naar het laatste programma van de tournee in Calcutta. Verschillende brahmachari's stonden bij Amma's auto. Omdat ze tijdens het programma het meestal te druk hadden om naar Amma te gaan, was dit een van de weinige kansen om Haar te zien. Toen ze daar stonden, kwam er een jongeman naar een brahmachari toe en begon vragen te stellen over Amma. Hij was de vorige dag niet naar Amma's darshan gegaan, omdat de lange rij hem afschrok. Hij vroeg juist wat Amma zo speciaal maakte en waarom zoveel mensen Haar wilden ontmoeten om Haar zegen te ontvangen, toen Amma Haar kamer uitkwam. De jongeman snelde naar Amma toe. Ze hield hem stevig vast en kuste hem. Ze gaf darshan aan nog een paar andere volgelingen die vlakbij stonden en stapte toen in de gereedstaande auto.

Ver ging Ze echter niet. De auto reed maar een paar honderd meter tot aan de plaats waar de vorige avond meer dan vijftienduizend mensen gratis te eten hadden gekregen. Het programma was gehouden in een van Amma's Amrita Vidyalayam basisscholen op het grote terrein waar de kinderen sporten en gymles krijgen. Normaal was dit terrein netjes opgeruimd, maar nu was het een enorme rotzooi. Aan elkaar genaaide teakbladeren die als borden hadden gediend en vol etensresten zaten, lagen overal verspreid. De vuilnisbakken waren tot aan de rand toe vol. Een grote jute zak met rotte aardappelen lag ernaast.

Amma's auto parkeerde naast het gebied waar men gegeten had. Amma stapte uit de auto en begon gekleed in een stralend witte sari de rommel zelf op te ruimen. Alle brahmachari's en toegewijden renden erheen en probeerden Amma er vanaf te brengen. Per slot van rekening had Ze de vorige avond harder gewerkt dan iedereen bij elkaar en voor de volgende morgen was alweer een ander programma gepland. Ze wist dat Ze op weg naar Calcutta zou moeten stoppen om tijd door te brengen met degenen die met Haar meereisden en 's avonds zou Ze de organisatoren van het programma en de plaatselijke hoogwaardigheidsbekleders moeten ontvangen. Waarom zou Ze dan ook nog eens deze rommel op moeten ruimen?

Zij die het hardst protesteerden waren de volgelingen die verantwoordelijk waren geweest voor het opdienen van het eten de avond tevoren en de jongeman die Amma zojuist voor de eerste keer had ontmoet. Degene die verantwoordelijk was voor het opdienen, smeekte Amma om vergiffenis en zei: "Amma, doe dit alstublieft niet. Ik weet dat ik het terrein gisterenavond had moeten opruimen. Gaat U alstublieft verder, Amma, en laat mij het terrein op ruimen."

"Amma verwijt je niets," stelde Zij hem gerust. "Als Amma vertrekt, zullen alle deze brahmachari's en volgelingen ook vertrekken. Zolang Amma hier is, heb je een leger van helpers om het terrein op te ruimen. Daarom besloot Amma te blijven om te helpen bij het opruimen. Op deze manier zal het werk snel klaar zijn."

Amma ging verder naar de zak met rotte aardappelen en zei: "Wat erg dat er zoveel voedsel is verrot, terwijl er zoveel mensen zijn die zich nog geen handvol eten kunnen veroorloven om hun honger te stillen. Toen vroeg Ze om een kruiwagen. Ze zei: "Niemand van jullie mag deze aardappelen aanraken. Ze zijn zo verrot dat je er een ernstige infectie van kunt krijgen. Je moet beschermende handschoenen dragen om zulke dingen aan te pakken. Maar toen de kruiwagen gebracht werd, stopte Amma tot ontsteltenis van alle aanwezigen met Haar blote handen de rotte aardappelen in de kruiwagen. De jongeman die Amma pas had ontmoet, stond vlak naast Haar en probeerde Haar fysiek ervan te weerhouden de klus te doen. Hij protesteerde: "Amma, U bent de Guru. U hoort zulke klussen niet te doen. Alstublieft, laat mij het doen."

Amma stond erop dat Ze in Haar eentje de rotte aardappelen zou wegwerken. Intussen liepen alle swami's, brahmachari's en volgelingen over het terrein om de teakbladeren en etensresten op te pakken. Amma maakte ruimte in de vuilnisbakken door het vuilnis te sorteren en al het plastic eruit te halen. Er zaten veel lege plastic melkzakken tussen het organische afval. Amma maakte hier een aparte hoop van en zei dat ze schoongemaakt en verkocht konden worden, zodat het geld gebruikt kon worden om de armen eten te geven. Tegen deze tijd was Haar aanvankelijk helderwitte sari vuil van het groene en bruine afval en stonk naar rot voedsel. Niettemin glimlachte Ze stralend als altijd. Binnen twintig minuten was het terrein, dat eerst een rampgebied leek, weer bijna helemaal schoon. Uiteindelijk ging Amma terug naar Haar auto en instrueerde iedereen behalve de brahmachari's om in de bussen te stappen en te vertrekken. Ze vroeg de brahmachari's achter te blijven om er zeker van te zijn dat het achtergebleven vuil afgevoerd zou worden en het terrein schoon geveegd zou worden.

Nadat Amma was vertrokken, vertelde de jongeman die zojuist voor de eerste keer Amma's darshan had gehad: "Ik had een guru verwacht die op een gouden stoel zit en advies geeft. Zelfs in mijn stoutste dromen zou ik nooit bedacht hebben dat ik Amma verrot voedsel zou zien opruimen. Er zijn zoveel mensen die in de sloppen van Calcutta en vele andere plaatsen in deze staat (West Bengalen) wonen. Als de mensen Amma's voorbeeld zouden volgen om voor anderen te werken in plaats van te proberen om anderen voor hen te laten werken, zou er vermoedelijk in het hele land geen armoede meer zijn. Ik heb zoveel politici loze beloften horen maken. Nu heb ik iemand ontmoet die werkelijk zinvolle actie onderneemt." Het leek erop dat de vraag van de jongeman 'Wat maakt Amma zo speciaal?' was beantwoord.

De jongen had een guru verwacht. Wat hij had aangetroffen was een Satguru. Een Echte Meester onderwijst altijd door het voorbeeld te geven. Amma zegt altijd dat we klaar moeten staan om elke klus wanneer dan ook te doen. Als Amma deze lering niet in de praktijk zou brengen, zou het moeilijk kunnen zijn om deze instructie op te volgen. Maar doordat veel van Amma's volgelingen Haar voorop hebben zien gaan bij het verrichten van het smerigste werk op de vervelendste tijden, hebben ze hun voorkeur en afkeer kunnen overwinnen en doen ze al wat nodig is om mensen in nood te dienen.

Het jaar ervoor tijdens de Noord-Indiatournee in 2003 ging Amma onmiddellijk nadat het programma in Mysore was afgelopen, naar Haar nieuwe ashram in Bangalore. Toen een oudere toegewijde naar Amma kwam om de *pada puja* te verrichten (ceremonieel wassen van de voeten als teken van liefde en respect), zei Ze: "Zoon, Amma heeft zich niet eens gewassen. Amma verliet Mysore direct na de darshan. Het is daarom niet juist om nu de pada puja te doen." Maar toen Ze zag hoe teleurgesteld hij was, gaf Ze toe. "Liefde overschrijdt alle grenzen," zei Ze. De volgeling waste toen Amma's voeten, terwijl de tranen over zijn wangen liepen.

Na de pada puja liep Amma de trap op naar Haar kamer. Plotseling stopte Ze. Haar uitdrukking veranderde toen Ze de veranda zag. De marmeren vloer blonk, vermoedelijk doordat hij opnieuw gepolijst was. "Wie heeft dit gebouwd?" vroeg Ze. De brahmachari die verantwoordelijk was voor de bouw van de ashram in Bangalore, kwam naar voren en knielde voor Amma.

"Ik heb niemands buigingen nodig," zei Amma op ernstige toon.

"Amma, volgelingen uit Bangalore hebben dit gebouwd als teken van hun liefde voor U," zei de brahmachari timide.

Amma diende hem onmiddellijk van repliek: "Veronderstel dat ze als blijk van hun liefde een gouden huis bouwen, zou je dan stil toekijken? Amma ervaart dat Haar kinderen niet van Haar gescheiden zijn. Hoewel ze deze kamer van hun eigen geld hebben gebouwd, voelt Amma zich niet goed omdat ze zoveel geld voor Haar hebben uitgegeven." Ze vervolgde: "Ik ben geboren uit eenvoudige vissers en heb als kind een simpel leven geleid. Later, toen ik het huis moest verlaten, verbleef ik in de open lucht. Ik mediteerde onder de brandende zon en in de stromende regen. Ik ben niet gewend aan luxe en ik wil het ook niet. Het is niet juist dat ik in zo'n luxe kamer woon als ik eenvoud voorsta. Bovendien breng ik hier maar drie dagen per jaar door. Het is niet juist om zo'n grote som geld voor een ashram uit te geven." Haar woorden waren vlijmscherp.

De brahmachari probeerde Amma uit te leggen dat de vloer niet zo duur was als het leek, maar Amma sloeg geen acht op zijn woorden en zei dat Ze liever buiten sliep dan in die kamer te verblijven. Toen zei Swami Amritaswarupananda: "Als Amma niet in de nieuwe kamer wil blijven, kan Amma in Haar oude kamer verblijven. Die heeft een cementen vloer." Amma liet zich overhalen. Ze ging de kamer binnen waar Ze het jaar daarvoor had verbleven.

De volgelingen die Amma nog nooit in zo'n stemming hadden gezien, waren overdonderd. Sommigen voelden zich schuldig, omdat ze meegewerkt hadden aan de bouw van de nieuwe kamer. Anderen raakten erg van streek. Sommigen waren in tranen. Maar allen waren met stomheid geslagen door de integriteit en nederigheid van Amma.

"Waarom wees Amma deze blijk van liefde af?" vroegen ze zich af. "Is het verkeerd om onze Guru het beste aan te bieden? Per slot van rekening verdient Ze niets minder dan het beste. Waarom kon Amma de kamer niet accepteren? Miljoenen mensen over de hele wereld beschouwen Haar als Satguru en de Goddelijke Moeder. Wie zou hebben getwijfeld aan Haar recht om in deze kamer te verblijven?"

In de *Bhagavad Gita*, zegt Heer Krishna:

yad yad ācarati śreṣṭhas tat tad evetaro janaḥ
sa yat pramāṇam kurute lokas tad anuvartate

Alles wat nobele mensen doen, doen anderen na.
Wat zij als norm stellen, dat zal de wereld volgen.

(3.21)

Amma's daden zijn zo charismatisch dat we ze onwillekeurig beginnen na te doen. Velen van ons raken met het hoofd de grond aan voordat we gaan zitten of brengen een boek naar het voorhoofd voordat we het lezen. Veel van Amma's kinderen groeten elkaar met 'Om Namah Shivaya'. Nemen we dit gedrag niet van Amma over? Alles aan Amma is zo mooi, dat we ons dat eigen willen maken. Als Amma een luxe leven zou leiden, zouden wij hetzelfde willen doen.

Die avond ging Amma bij iemand op huisbezoek. Toen Ze terugkwam, verzamelden zich honderden toegewijden rond Amma's auto. Ze smeekten Amma om in de nieuwe kamer te verblijven. De een zei: "Amma, vergeef ons alstublieft en betrek de nieuwe kamer." Een ander zei: "Amma we hebben dit uit onwetendheid gedaan. We zullen deze vergissing niet opnieuw maken. Maar verblijf alstublieft in de nieuwe kamer." Een paar vrouwen begonnen te huilen.

Amma bleef onaangedaan. Een volgeling probeerde met logisch redeneren Amma over te halen de kamer binnen te gaan. Hij zei: "Al het geld dat is uitgegeven aan de bouw van de kamer zal verspild zijn, als Amma er niet in verblijft. Niemand zal hem in de toekomst willen gebruiken."

"Verhuur hem!" riep Amma uit. "Gebruik de opbrengst van de huur om de armen te helpen. Amma heeft veel arme mensen met nierproblemen ontmoet die zich geen niertransplantatie kunnen veroorloven. Die mensen hebben regelmatig nierdialyse nodig, wat duizenden roepies kost. Een niertransplantatie kost minimaal honderdduizend roepies. Zelfs als ze zich de operatie wel kunnen veroorloven, hebben ze geld nodig voor de verzorging na de operatie en voor de noodzakelijke medicijnen. Hoe kunnen de armen die niet eens hun honger kunnen stillen, zo'n dure behandeling bekostigen? Iemand met een levensverwachting van tachtig jaar zal misschien sterven op zijn veertigste omdat hij zich geen medische zorg kan veroorloven. Zijn we dan niet allemaal verantwoordelijk voor de voortijdige dood van zo iemand? Geld dat verspild wordt aan luxe kan beter besteed worden door veel van dergelijke levens te redden."

De volgelingen accepteerden hun nederlaag. Amma begon toen naar Haar oude kamer te lopen. Voordat Ze naar binnen ging, draaide Ze zich om om naar de gezichten van de volgelingen te kijken. Plotseling was er een verandering in Haar gelaatsuitdrukking. Amma's gezicht straalde liefde en mededogen uit. Met zachte stem zei Amma 'Ja' en liep naar Haar nieuwe kamer. De spanning die in de lucht hing, verdween en veranderde in opluchting en vreugde. De volgelingen gaven Amma luidkeels blijk van hun dankbaarheid.

Amma deed alles wat Ze kon om alle aanwezigen te laten zien dat het geld niet goed was besteed. Op het laatst handelde Ze vanuit Haar oneindige mededogen met Haar kinderen. Ze wist dat dat ze niets liever wilden dan dat Ze in die kamer zou verblijven en Ze wilde hun geen verdriet aandoen. Zelfs terwijl Ze nederigheid onderwees, gaf Ze het ultieme voorbeeld: laat onze daden boven alles door liefde geleid worden.

Deel 2

Het pad naar Ultiem Succes

Volg toch de stralenden,

De wijzen, de ontwaakten, de liefhebbenden,

Want zij weten hoe te werken en geduld te hebben.

Volg hen,

Zoals de maan het pad van de sterren volgt.

Dhammapada (boeddhistisch geschrift)

Hoofdstuk 7

Lichaam, geest en intellect: een gebruiksaanwijzing

We gebruiken allemaal veel verschillende apparaten en machines in ons dagelijks leven om ons werk te doen en in onze dagelijkse behoeften te voorzien. Als we echter niet goed weten hoe we deze apparaten moeten gebruiken, kunnen we in plaats van het gemak ervan te ondervinden gewond raken. Als we maximaal profijt van de apparaten willen hebben, moeten wij ze onder controle hebben en moeten ze onze instructies opvolgen.

Stel dat we in een auto rijden en linksaf willen slaan, maar de auto zegt: "Nee, ik sla alleen rechtsaf," dan hebben we een probleem. We hebben allemaal sciencefictionverhalen gelezen waarin machines de controle over mensen overnemen. We willen niet dat zo'n situatie werkelijkheid wordt, want ons leven zou in een nachtmerrie veranderen. Helaas doet zich een dergelijke situatie in ons leven al voor.

Lichaam, geest en intellect zijn de instrumenten die we gekregen hebben om de reis van ons leven comfortabel te maken. We zijn echter vaak niet in staat om deze instrumenten te gebruiken zoals we willen; sterker nog, de instrumenten gebruiken ons. Als we op een bepaald moment ervaren dat het slecht met ons gaat, ligt het wellicht aan de instrumenten die we gebruiken.

In het Westen denken mensen vaak dat geest en intellect hetzelfde zijn. Volgens de Vedanta[1] zijn er vier innerlijke instrumenten of, preciezer, vier verschillende functies die uitgevoerd worden door één instrument. Dit zijn *manas* (geest), *buddhi* (intellect), *chitta* (geheugen) en *ahamkara* (ego).

Manas is de zetel van de emoties. Als we ons bedroefd, boos, gelukkig of vredig voelen, voelen we dat in onze geest. Hier bevindt zich ook het vermogen om te twijfelen. Buddhi is het vermogen om beslissingen te nemen. Dit is het vermogen om het ene boven het andere te verkiezen. Onze daden vinden allemaal hun oorsprong in de beslissingen van het intellect. Chitta is de opslagplaats van al onze herinneringen. Daarom is het de grondoorzaak van al onze vooropgezette meningen over bepaalde voorwerpen, mensen of situaties waar we in ons leven mee te maken krijgen. Ahamkara is het gevoel dat '*ik* die en die daad verricht en *ik* de resultaten ervaar.'

Hier hebben we het hier voornamelijk over de geest en het intellect. Vedanta vertelt ons dat de geest niets anders is dan een stroom gedachten. Net zoals je een alleenstaande boom geen bos kunt noemen, kun je niet van geest spreken als er maar één enkele gedachte is of als er geen gedachten zijn. Daarom ondergaat de geest een tijdelijke dood tijdens diepe slaap. Als we in diepe slaap zijn, komt al onze emotionele beroering tot rust. Daarom voelen we ons gelukkig en fit na een goede nachtrust. Als we deze rust ook tijdens onze waaktoestand kunnen handhaven, kunnen we onze meeste mentale problemen oplossen.

---

[1] Vedanta betekent letterlijk: 'Het einde van de Veda's.' Het verwijst naar de Upanishaden die Brahman of de Hoogste Waarheid als onderwerp hebben, en naar het pad om die Waarheid te realiseren.

Helaas worden we meestal door onze geest geregeerd en hebben we de geest niet vaak onder controle hebben. Het instrument gebruikt ons om te doen wat het wil. Amma geeft gewoonlijk het volgende voorbeeld: zolang een hond met zijn staart kan kwispelen, is de hond gelukkig en tevreden. Als de staart echter met de hond zou gaan kwispelen, krijgt de hond geen moment rust meer. Zelfs eten en slapen zouden lastig worden. Onze situatie is te vergelijken met die van een hond die door zijn staart heen en weer wordt geslingerd.

Amma zegt dat ons leven vrediger zal zijn, als we de geest op een goede manier trainen. Zonder een zekere innerlijke rust kunnen we niet mediteren en geen concentratie opbrengen om andere spirituele oefeningen te doen. Controle over de instrumenten lichaam, geest en intellect is noodzakelijk.

Als we de geest niet onder controle hebben, zullen we van niets kunnen genieten, hoe vredig de situatie ook is. Op het ogenblik is onze geest als een wild paard. Hoewel niemand bedroefd of boos wil worden, ervaren we deze gevoelens onvermijdelijk als we in moeilijke situaties terechtkomen. Dat komt doordat we onze geest en intellect niet kunnen gebruiken zoals we willen. Als we onze geest en intellect onder controle hadden gehad, zouden we de situatie met een kalme, rustige geest hebben benaderd.

We hebben allemaal veel negatieve eigenschappen zoals ongeduld, jaloezie, boosheid, begeerte, vooroordelen etc. De Guru creëert situaties die deze eigenschappen aan de oppervlakte brengen en wijst ons dan op onze fouten. Nadat we ons bewust zijn geworden van de negatieve eigenschap, zal de Guru ons helpen deze te overwinnen.

Toen Amma in de begintijd van de ashram de dagelijkse routine introduceerde om om halfvijf 's morgens op te staan en een vast aantal uren per dag te mediteren, waren sommigen onder ons niet blij, want we waren gewend om lang te slapen. We wilden niet 's morgens vroeg opstaan. Sommigen van ons kozen ervoor om niet mee te doen aan de meditatie en *archana* (verering) om halfvijf 's morgens.

Toen Amma ontdekte dat sommigen van ons niet meededen aan het vroege ochtendprogramma, begon Zij het programma bij te wonen. Meestal ging Ze pas na middernacht naar bed, maar om ons te inspireren vroeg op te staan was Amma ruim voor halfvijf aanwezig om te reciteren en te mediteren. Toen we erachter kwamen dat Amma deelnam aan de archana terwijl Ze zo weinig geslapen had, schaamden we ons erg en begonnen regelmatig mee te doen. In plaats van het lichaam te verwennen met veel slaap, konden we onze afhankelijkheid van het lichaam in dit opzicht overwinnen.

We werden zeer emotioneel als Amma iets deed wat we niet prettig vonden, als Ze ons op onze fouten wees of als Ze iemand prees die we niet mochten. We gingen dan ergens zitten mokken of gingen zelfs met Amma in discussie. In de begintijd besteedde Amma niet veel aandacht aan onze reacties, maar na een paar jaar begon Ze dergelijke uitbarstingen serieus te nemen. Als we negatief op situaties of Amma's instructies of woorden reageerden, dan weigerde Ze om te eten of te drinken. Soms ging Ze zelfs in de brandende zon of in de stromende regen staan of tot Haar middel in de nabijgelegen vijver. Op deze manier strafte Ze zichzelf voor onze fouten. Amma zei ons: "Jullie zijn allemaal naar Amma gekomen om het doel van Zelfrealisatie te bereiken. Als Amma jullie fouten niet corrigeert, kunnen jullie geen echte vooruitgang boeken. Amma zou jullie geen recht doen. Om jullie te helpen met jullie spirituele groei heeft Amma zulke strenge maatregelen genomen."

Later adviseerde Ze ons liefdevol hoe we in de toekomst met soortgelijke situaties om moesten gaan. Vervolgens creëerde Ze verschillende uitdagende situaties om te zien of we de lessen die we moesten leren, daadwerkelijk leerden. Door Haar oneindige geduld en onpeilbare mededogen begonnen we ons langzaam van onze negatieve reacties bewust te worden en kregen we berouw over onze vroegere dwaasheden. Amma leerde ons hoe we de instrumenten geest en intellect op de juiste wijze konden gebruiken in plaats van door hen gebruikt te worden. Amma gebruikt Haar lichaam, geest en intellect uitsluitend in het belang van Haar kinderen. Wie kan zitten als Amma en uur na uur, dag na dag darshan geven? Door Amma's leven te observeren kunnen we ook leren hoe we het best gebruik kunnen maken van de instrumenten die God ons gegeven heeft. Natuurlijk kunnen we niet nadoen wat Amma doet, maar in plaats van alleen maar te zeggen 'Ze is zo fantastisch' moeten we ook de kunst van het beheersen van het lichaam, de geest en het intellect leren. Slechts dan kunnen we echte vrede en geluk ervaren. Anders zal elke situatie in ons leven ons in beroering brengen.

We moeten dit niet als een onmogelijke prestatie beschouwen. Er zijn veel mensen die vergeten te eten en te slapen als ze hun bedrijf aan het promoten zijn. Door hun inzet om de doelen die ze zich gesteld hebben te bereiken zijn ze in staat om hun lichaam aan hun wil te onderwerpen. Een volgeling vertelde me: "Mijn zoon slaapt en eet ook meerdere dagen niet, namelijk als hij naar de wereldkampioenschappen op de tv kijkt!" Een ander voorbeeld: als de baas boos op een ondergeschikte is of hem onheus bejegent, dan is de ondergeschikte in staat om zijn eigen boosheid in toom te houden. Hij reageert niet. Hij weet dat hij ontslagen zal worden als hij negatief reageert.

Op die manier kunnen we ons lichaam, onze geest en ons intellect zelfs onder moeilijke omstandigheden onder controle houden, als we gericht zijn op het bereiken van een specifiek doel of als we zeer toegewijd zijn aan datgene waarnaar onze aandacht uitgaat. We moeten dit vermogen uitbreiden tot onze spirituele oefeningen en ook tot ons gedrag tegenover andere mensen.

Voor Amma's volgelingen is het hun devotie voor Amma die hen helpt om dit vermogen te ontwikkelen. Vele jaren terug, toen ik bij een bank werkte, maakte ik overuren om extra geld te verdienen. Toen ik ontslag nam om een permanente bewoner van de ashram te worden, verdween al mijn enthousiasme voor werk en werd ik een beetje lui. Maar toen ik Amma's liefde voor ons zag, wilde ik Haar op alle mogelijke manieren helpen. Dit hielp mij om van mijn luiheid af te komen en om mijn gehechtheid aan lichamelijk gemak op te geven.

Als onze liefde en genegenheid voor Amma onze gehechtheid aan lichamelijke geneugten en de verlangens van onze geest overstijgen, kunnen we op een natuurlijke wijze onze instrumenten onder controle krijgen.

Hoofdstuk 8

Het doel van het leven

Het leven is een reis en dit lichaam is het voertuig dat we gekregen hebben om die reis te volbrengen. Het is een reis van het kleine zelf naar het Oneindige Zelf. Daarom zeggen de geschriften: "Het menselijk lichaam is het instrument om God te realiseren, wat het uiteindelijke doel van het leven is." Maar in het Westen ziet men vaak niet in dat het menselijk leven en lichaam zo'n verheven en nobel doel dient. Zelfs Shakespeare omschreef het leven als 'een verhaaltje verteld door een idioot, vol lawaai en woede en zonder betekenis.'

Uit frustratie kunnen we soms zeggen dat ons leven zinloos is of dat we niet langer willen leven. Stel echter dat iemand zegt: "Ik geef je een miljoen dollar als je me je handen en benen geeft." We zullen dan niet op dat aanbod ingaan, omdat ons lichaam waardevol voor ons is. We kunnen één nier weggeven, maar niet allebei, want ons lichaam is ons kostbaarste bezit. Als we voor een miljoen dollar zelfs niet een deel van ons lichaam op willen geven, hoe kunnen we dan zeggen dat ons leven zinloos is? Ons leven is beslist een geschenk, een zegen van God.

Het hindoeïsme zegt dat we, voordat we als mens geboren worden, honderdduizenden levens als lagere levensvormen door moeten maken, variërend van een grasspriet tot een boom, van een wurm tot de vogel die hem opeet, tot apen en allerlei andere dieren. Hoeveel jaren heeft de mens erover gedaan om op aarde te verschijnen zelfs vanuit het perspectief van de biologische evolutie? Van ééncellige amoeben tot zeevissen, tot reptielen en vogels en ten slotte apen en Neanderthalers. Hoeveel moeite heeft de schepping moeten doen om het menselijk lichaam te scheppen? Hoewel het lichaam zeer kostbaar is, is de algemene tendens in de wereld van vandaag dat de mensen het alleen zien als een instrument om van de genoegens van het leven te genieten. Amma zegt dat het prima is om van wereldse genoegens te genieten, zolang we er maar niet zo door bekoord worden dat we ons Echte Zelf niet realiseren. De *Upanishaden* verwijzen naar een dergelijk falen als *mahati vinashti* of 'het grote verlies'. Wat voor geluk we ook ervaren in de wereld, het is maar een oneindig klein deel van de gelukzaligheid van Zelfrealisatie. Sterker nog, ook dit geluk komt niet van buiten ons. Als we een bepaald verlangen bevredigen, houdt onze geest ermee op iets buiten zichzelf te grijpen, al is het maar voor korte tijd. Op dat moment voelen we ons gelukkig. Maar waar komt dit geluk vandaan? Als onze geest korte tijd stopt met zijn onophoudelijke pogingen om te krijgen en te presteren, kunnen we de gelukzaligheid van ons Echte Zelf vaag waarnemen, tussen de duisternis van ons ego, onze gebondenheid en onze vooroordelen door. Het is deze zwakke weerspiegeling die we geluk noemen. De meesten van ons rennen achter deze reflectie aan in plaats van te zoeken naar de bron die ons Echte Zelf is. Mahatma's als Amma worden nooit misleid door de weerspiegeling. Zij zijn volledig tevreden in het Zelf, dat de bron en steun van al het andere is.

Van Albert Einstein wordt gezegd dat hij in zijn laatste dagen zei: "Soms vrees ik dat ik mijn leven heb verspild. Ik heb de verste sterren onderzocht, maar ben helemaal vergeten mezelf te onderzoeken, en ik was de dichtstbijzijnde ster!" Zelfs als mensen die we zo hoog aanslaan zulke diepzinnige dingen zeggen, negeren of verdraaien we gemakshalve hun woorden, omdat we ons daardoor niet op ons gemak voelen.

We moeten het uiteindelijke doel van het leven niet vergeten als we van de wereld genieten. Het lichaam, de geest en het intellect zijn ons gegeven en zijn zeer kostbaar. Om deze kostbare hulpmiddelen niet tot last te laten worden, moeten we leren hoe we ze op de juiste manier moeten gebruiken om het doel van het menselijk leven te verwezenlijken.

In de *Katha Upanishad* wordt het lichaam vergeleken met een strijdwagen. Het intellect is de wagenmenner, de vijf zintuigen zijn de vijf paarden die de strijdwagen trekken, en de geest vertegenwoordigt de teugels die de paarden in bedwang houden. De wagenmenner moet zowel de bestemming als de manier om er te komen weten. Hij moet ook de paarden goed onder controle hebben. Als de wagenmenner bekwaam is, kan hij het doel bereiken, zelfs als de strijdwagen in slechte staat verkeert. Maar als de wagenmenner niet geschikt is, bereikt hij zelfs met een perfecte strijdwagen zijn bestemming misschien niet.

Door Haar voorbeeld toont Amma ons duidelijk de juiste manier om ons leven zo te leiden dat we het ultieme doel van het leven kunnen bereiken: door ons lichaam te gebruiken om anderen te helpen, door onze spraak te gebruiken om anderen liefdevol te troosten en door onze geest te gebruiken om goede gedachten en gebeden te cultiveren. Amma zegt: "Degene wiens benen rennen om mensen die lijden te helpen, wiens handen ernaar verlangen om mensen met verdriet op te beuren, wiens ogen tranen uit mededogen, wiens oren luisteren naar de narigheid van de noodlijdenden en wiens woorden mensen die pijn hebben troost schenken, hij houdt echt van God."

Amma zegt dat Ze iemand tegen Haar schouder wil laten rusten en zijn tranen wil afvegen, zelfs als Ze Haar laatste adem uitblaast. Zelfs voor degenen die Haar haten, heeft Amma alleen maar woorden van liefde en mededogen.

Ik herinner me een incident waarbij twee van de ashrambewoners ruzie maakten. Eén van hen was duidelijk schuldig, want hij had een ernstige vergissing begaan. De andere bewoner beklaagde zich bij Amma in de hoop dat Zij de schuldige eruit zou sturen. Amma troostte eerst de 'aanklager' en riep toen de 'beklaagde'. De 'aanklager' was er zeker van dat er een meedogenloze aanklacht en een kruisverhoor zou plaatsvinden, maar tot zijn verbijstering ging Amma door met de andere bewoner op een zeer zachte manier te instrueren. Na deze onverwachte uitkomst ging de 'aanklager' in beroep bij Amma en zei: "Amma, ik vind dit niet rechtvaardig."

Daarop glimlachte Amma alleen en antwoordde: "Er is geen gerechtigheid aan het hof van de Meester. Er is alleen genade en mededogen. Gerechtigheid zal verkregen worden aan het hof van de tijd."

We kunnen het gevoel krijgen dat het leiden van een leven dat alle goddelijke eigenschappen die we bij Amma zien belichaamt, een onmogelijk doel is. In ieders leven zullen er ongetwijfeld problemen zijn, maar daarom mogen we het doel van het leven niet vergeten. Amma is geworden wat Ze nu is, niet door de afwezigheid van problemen, maar ondanks de vele problemen.

In tegenstelling tot ons had Amma de volledige vrijheid om de omstandigheden waarin Ze werd geboren te kiezen. Toen een volgeling Amma vroeg: "Voelt U zich niet bedroefd als U denkt aan alle ontberingen die U in Uw leven heeft ondergaan?" antwoordde Amma: "Nee, omdat Ik degene ben die het toneelstuk heeft geschreven dat Ik nu opvoer." Amma had ervoor kunnen kiezen niet geboren te worden. Ze had alle tegenspoed die Ze in Haar leven tegenkwam, niet hoeven ondergaan.

Amma heeft zo'n leven vol ontberingen voor Zichzelf gekozen om te laten zien dat we ondanks al onze problemen toch goddelijke eigenschappen kunnen ontwikkelen en uiteindelijk ons Echte

Zelf kunnen realiseren. Zelfs nu hoeft Amma niet dag en nacht darshan te geven, antwoord te geven op onze vragen en twijfels of met ons te zingen en mediteren. Er zijn mensen genoeg die Amma graag voor de rest van Haar leven in een vijfsterrenhotel zouden willen stoppen. Natuurlijk zou Amma daar nooit aan denken. Waarheen Amma ook reist, Ze verblijft altijd in de huizen van volgelingen, behalve als Ze er een ashram heeft. Soms is het huis waar Ze verblijft erg klein en zijn er maar een paar kamers voor de hele groep van ongeveer vijftien mensen. Zelfs de gastheren zeggen Amma dat ze graag een mooi, groot huis zouden willen regelen of kamers willen boeken in mooie hotels, maar Amma weigert altijd.

Tijdens Amma's jaarlijkse Europese tournee verblijft Ze tussen het ochtend- en avondprogramma gewoonlijk in de hal waar het programma wordt gehouden zonder dat Ze van het comfort profiteert in het huis dat voor Haar is geregeld. Na de ochtenddarshan kan het wel een uur duren om naar het huis waar Ze verblijft te gaan en weer terug te keren naar de plaats van samenkomst voor het avondprogramma. In plaats van de tijd kwijt te zijn aan het heen en weerreizen, zegt Amma: "Ik kan die tijd gebruiken om darshan te geven aan zoveel mensen."

Toen Amma op Haar tournee door de Verenigde Staten in 2002 Iowa voor de eerste keer bezocht, hadden de organisatoren een privé-vliegtuig gehuurd om de reis vanuit Chicago te vergemakkelijken. Ze wilden alles doen wat ze konden om de fysieke spanning voor Amma te verminderen, vooral na een lange avond darshan geven in Chicago. Op het eerste gezicht lijkt het een nobel idee. Zakenlieden en beroemde mensen reizen voortdurend in privé-vliegtuigen. Ze hebben het lang niet zo druk als Amma en brengen geen achttien uur per dag door met het luisteren naar de problemen van duizenden mensen.

Toen Amma van dit plan hoorde, vroeg Ze onmiddellijk om de vlucht te annuleren. Ze zei dat Ze het lijden van miljoenen mensen over de hele wereld had gezien. Velen van hen hadden door gebrek aan geld geen voedsel, onderdak of medicijnen. Het deed er niet toe wie voor het privé-vliegtuig had betaald, Amma zei dat Ze het niet kon accepteren, omdat Ze wist dat het geld naar mensen die lijden had kunnen gaan in plaats van gebruikt te worden voor Haar eigen comfort. Zelfs nu nog draagt Amma een eenvoudige witte sari, slaapt Ze op de vloer en eet slechts een handvol rijst en een beetje groente. Een bedelaar leeft ook van een klein beetje, maar dat is geen echte verzaking; dat is gedwongen door de omstandigheden. Amma zou alle luxe van de wereld kunnen hebben en toch neemt Ze zo weinig van de wereld en geeft Ze zoveel terug.

Laten we Amma's voorbeeld volgen zo goed als we kunnen. Laten we, in plaats van ons lichaam te gebruiken als instrument om van de genoegens van de wereld te genieten, het gebruiken om belangeloos te dienen en anderen te helpen. Zo zal ons leven een zegen voor de wereld worden en zal het ons uiteindelijk naar Zelfrealisatie leiden.

Hoofdstuk 9

Ultieme transformatie

De opgaande zon, de volle maan, de lentebries, de lotus in bloei – hoewel de ontwikkeling van de technologie en industrie zijn inwerking op de natuur heeft gehad, zijn de schoonheid en luister van al deze dingen onverminderd gebleven. Hoewel deze kleine wonderen er nog steeds zijn in ieder aspect van de wereld om ons heen, kunnen we er niet van genieten zoals mensen van vroegere generaties dat deden, en zoals ook wij dat konden toen we kind waren.

Het aantal mensen dat depressief is en andere geestelijke afwijkingen heeft, stijgt onrustbarend. Een onderwijzer uit de Verenigde Staten vertelde me dat er elke morgen een rij staat voor het kantoor van de hoofdonderwijzer: ieder kind staat te wachten op zijn medicijnen voor de een of andere geestelijke kwaal.

We kunnen denken dat de wereld er slechter op is geworden en dat ons enthousiasme en onze energie daarom de afgelopen jaren zo is afgenomen. In feite is het niet zozeer de wereld, maar onze houding en waarden die zijn veranderd. Wat nodig is, is een totale transformatie van onze visie op het leven en het doel ervan.

Om het belang van individuele transformatie in de hedendaagse wereld te illustreren wil ik graag een rapport over de achteruitgang van maatschappelijke waarden dat ik onlangs las met jullie delen. Een onderzoek uit 1958 onder middelbareschooldirecteuren uit de Verenigde Staten liet de belangrijkste problemen onder de studenten zien:
1. geen huiswerk maken;

73

2. geen respect voor de eigendommen van de school;
3. het licht aanlaten en de deuren en ramen openlaten;
4. lawaai maken en over de gangen rennen.

De resultaten van hetzelfde onderzoek dertig jaar later waren schokkend. In 1988 werden de belangrijkste problemen van de leerlingen gescoord in de volgende volgorde:

1. abortus;
2. aids;
3. verkrachting;
4. drugs;
5. moord, pistolen en messen op scholen en universiteiten;
6. zwangerschap bij teenagers.

Als hetzelfde onderzoek zou worden gedaan in 2004 zou ik niet graag de resultaten zien.

Amma vertelt het volgende verhaal: Er was eens een vader die ontdekte dat zijn zoon naar nachtclubs ging. De vader adviseerde zijn zoon niet naar dergelijke plaatsen te gaan en zei: "Als je naar nachtclubs gaat, zul je dingen zien die je beter niet kan zien."

Ondanks de raad van zijn vader ging de jongen weer naar een nachtclub. De volgende dag zei hij tegen zijn vader: "Pa, ik ben gisterenavond naar de nachtclub geweest. En ik heb iets gezien wat ik beter niet had kunnen zien."

"Wat heb je gezien?" wilde de vader weten.

De jongen antwoordde: "Ik zag u op de eerste rij zitten!"

Amma zegt dat het ontwikkelen van goede eigenschappen zoals geduld, vriendelijkheid en zelfdiscipline bij de ouders hoort te beginnen. Als de ouders deze eigenschappen niet hebben, zullen de kinderen in hun voetsporen volgen.

Helaas gaat onze geest niet automatisch in de richting van goede gedachten en goede eigenschappen. Zoals Albert Einstein zei: "De wetenschap kan plutonium onbruikbaar maken, maar kan niet het kwaad uit de geest van de mens wegnemen." Het verwijderen van negativiteit uit de geest is uitermate moeilijk. Het is geen automatisch proces, zoals het verteren van voedsel. We zullen dat proces bewust in gang moeten zetten. Zelfs als iemand hoog opgeleid is, is het verwijderen van negatieve neigingen van de geest geen gemakkelijke prestatie.

We kunnen ons afvragen waarom dit zo is. Als al het andere gelijk is, waarom heeft de geest dan de neiging omlaag te gaan en niet omhoog? Dat komt door onze vasana's die we meegekregen hebben uit het verleden. Als we op een bepaalde manier handelen en het in een aangename ervaring resulteert, veroorzaakt het een indruk in onze geest, die ons ertoe zal brengen om in de toekomst een vergelijkbare ervaring na te streven. Als we een handeling vaak herhalen, wordt het een sterke neiging of gewoonte die moeilijk op te geven is. Naast de vasana's die we uit onze vorige levens hebben meegekregen, veroorzaken we nieuwe vasana's in dit leven.

In het grote Indiase epos de *Mahabharata* zegt Duryodhana, de oudste broer van de Kauravas: "Ik weet heel goed wat dharma (rechtvaardigheid) is, maar ik ben niet in staat om in overeenstemming daarmee te handelen. Ik weet heel goed wat adharma (onrechtvaardig handelen) is, maar ik ben niet in staat het te laten." Duryodhana bezat de kennis van goed en kwaad, maar door zijn sterke vasana's kon hij die niet benutten.

Amma zegt dat een andere reden dat onze geest niet tot goddelijke gedachten wordt aangetrokken, is dat onze ouders geen goddelijke gedachten hadden op het moment van de conceptie. Ze hadden alleen wellustige gedachten. Dit beïnvloedt onze geest beslist op een subtiel niveau.

Uiteindelijk heeft het geen zin om uit te zoeken waar vasana's vandaan komen. Als we onze kostbare tijd verdoen door te proberen achter hun oorsprong te komen, zijn we als de man die is getroffen door een pijl en meer geïnteresseerd is in wie de pijl afschoot, van welke houtsoort de pijlschacht was gemaakt en van welke vogelsoort de veren van de pijl kwamen dan in wat hij te doen heeft: hij moet de pijl uit zijn lichaam trekken en de wond met medicijnen behandelen. Evenzo weten we misschien niet hoe we in een doolhof terecht zijn gekomen. Het is genoeg als we een uitweg vinden.

Eén manier om onze vasana's te overwinnen is onze toevlucht nemen tot een Satguru zoals Amma. Veel mensen ondergaan een opmerkelijke transformatie, nadat ze Amma ontmoet hebben. Alcoholisten houden op met drinken, kettingrokers houden op met roken, wrede mensen worden aardiger en veel andere slechte gewoontes en obsessies verdwijnen.

Na mijn schooltijd wilde ik dokter worden, maar ik werd uiteindelijk bankmedewerker. Hoewel ik een goede baan had, was mijn verlangen een medisch beroep uit te oefenen erg sterk. Aangezien ik geen arts kon worden, kreeg ik de ambitie om vertegenwoordiger bij een bedrijf in geneesmiddelen te worden. Ik was geobsedeerd door het verlangen naar deze verandering in mijn carrière. Mijn vader en vrienden adviseerden me om het lucratieve baantje bij de bank niet op te geven. Zij waarschuwden me dat de baan van medische vertegenwoordiger lang niet zo goed was als mijn positie bij de bank. Zij zeiden me dat vertegenwoordigers altijd moeten wachten bij de achterdeur van de dokterskantoren en dat ze altijd klaar moeten staan om hun klanten op hun wenken te bedienen. Toch kon ik mijn onredelijke wens niet opgeven, totdat ik Amma ontmoette. Nadat ik Amma had ontmoet verdween deze obsessie spontaan. Dergelijke transformaties zijn gewoon in de aanwezigheid van een Mahatma.

Daarom wordt er zoveel belang gehecht aan het ontmoeten van een Mahatma. Net zoals iemand die in slecht gezelschap terechtkomt het slechte gedrag van dat gezelschap zal overnemen, zal de omgang met een Mahatma een positief effect op ons leven en karakter hebben. Anders gezegd, als we in contact komen met slecht gezelschap, worden we slecht, als we in contact komen met een goed persoon, worden we goed. Als we omgaan met een Spiritueel Meester, kunnen we spiritueel worden. Hoe ontvankelijker iemand is, hoe groter de transformatie zal zijn. Als we ontvankelijker willen worden, kunnen we ons best doen om de Guru voortdurend of zo vaak mogelijk in gedachten te houden en om de instructies van de Guru oprecht op te volgen. We kunnen ook proberen om zuiverheid van geest te ontwikkelen door goede gedachten te denken, door te proberen slechte gedachten te vermijden en onze negatieve gedachten door positieve gedachten te vervangen.

Een paar jaar geleden werd Amma's programma in Duitsland vlakbij een café gehouden. Op een avond strompelde een dronken man vanuit het café de hal binnen waar Amma darshan aan het geven was. Hij vroeg een plaatselijke volgeling wat er aan de hand was. Ze legde hem vriendelijk en geduldig uit dat Amma een heilige uit India was en vroeg of hij Haar zegen zou willen ontvangen. Hij zei dat het hem niet uitmaakte. Hoewel hij duidelijk erg dronken was en onsamenhangend bazelde, namen we de man mee voor Amma's darshan. Amma besteedde veel tijd aan hem en toonde hem Haar liefde en genegenheid en was bezorgd over hem in zijn benevelde en verwarde toestand. We verwachtten niet hem terug te zien.

Drie maanden later, toen we allemaal weer terug in India waren, verscheen hij in de ashram in Amritapuri. Hij leek heel weinig op de man die de hal waar het programma was, binnen was gestrompeld. Hij was geschoren, droeg schone kleren en had een *rudraksha mala* (Indiase rozenkrans gemaakt van de zaden van de rudrakshaboom) om, maar ik zag dat het dezelfde man was. Ik vroeg hem wat er met hem was gebeurd. Hij antwoordde dat hij niet wist wat Amma met hem had gedaan, maar na de avond dat hij Amma had ontmoet, was hij volledig veranderd. Hoewel zijn ouders en vrienden hem altijd hadden gezegd dat hij niet zoveel moest drinken, had hij zijn gewoonte niet kunnen bedwingen. Hij vertelde me dat hij bij vorige gelegenheden dat hij erg dronken was, zeer slecht was behandeld en zelfs door anderen in elkaar was geslagen. Maar die avond met Amma had hij alleen maar liefde en genegenheid gekregen. Daarna had hij alle belangstelling voor drank verloren. Hij vertelde me dat hij nu in de ashram wilde verblijven.

Zelfs moordenaars zijn grote heiligen geworden omdat ze omgingen met een Gerealiseerde Meester. Velen van jullie kennen waarschijnlijk het verhaal van de heilige Valmiki, die de *Ramayana* heeft geschreven. Voordat hij een heilige werd, was hij een gewone dief en moordenaar die in het bos leefde. Nadat hij een groep Mahatma's had ontmoet, was hij volledig veranderd. In een land van geleerde heiligen en wijzen was hij een ongeletterde, ongemanierde man van de jungle die de auteur werd van het eerste grote Sanskriet epos (24.000 verzen). Dit wordt nog steeds gelezen en de massa's genieten hier nog steeds van, zelfs na duizenden jaren. Dit is het wonder dat een ontmoeting met een Mahatma teweeg kan brengen.

Een ander voorbeeld is dat van Angulimala, die een eed had gezworen dat hij duizend mensen zou vermoorden en er al 999 gedood had toen hij Boeddha in het bos zag lopen. Omdat hij van plan was van Boeddha zijn duizendste slachtoffer te maken, begon hij de monnik te achtervolgen. Hoewel Boeddha slechts op zijn gemak liep, kon Angulimala hem niet inhalen. Ten slotte riep hij uitgeput uit: "Hé, monnik, stop!"

Boeddha antwoordde eenvoudig: "Ik ben gestopt. Jij bent het die niet gestopt is."

Verward vroeg Angulimala aan Boeddha wat hij bedoelde. Boeddha legde uit: "Ik zeg dat ik gestopt ben omdat ik het opgegeven heb om levende wezens te doden. Ik heb het opgegeven om levende wezens slecht te behandelen en door na te denken heb ik mezelf gevestigd in universele liefde, geduld en kennis. Jij hebt het niet opgegeven om anderen te doden of slecht te behandelen en jij bent nog niet gevestigd in universele liefde en geduld. Vandaar ben jij degene die niet is gestopt." Getransformeerd door deze woorden gooide Angulimala zijn wapens weg, volgde Boeddha en werd zijn leerling. Door het verrichten van goede daden en oprechte spirituele oefeningen kon Angulimala zelfs God realiseren. Boeddha zei later over Angulimala: "Hij wiens slechte daden worden verborgen door goede daden, verlicht deze wereld zoals de maan die tevoorschijn komt van achter een wolk."

Ik herinner me een daarmee samenhangend voorbeeld uit Amma's leven. Toen Amma begin twintig was, was er een groep mensen in het naburige dorp die Amma's steeds groter wordende invloed niet mocht. Ze goten een schurk uit het dorp, die een regelmatige gevangenisklant was, vol met alcohol en gaven hem veel geld om hem ertoe te brengen Amma te vermoorden. De schurk kwam na middernacht naar Amma's huis. In die tijd waakten Amma's moeder of vader gewoonlijk over Haar tot diep in de nacht, wanneer Ze tussen de kokospalmen voor de tempel in diepe meditatie was verzonken. Juist die nacht zat Amma zo lang, dat Haar vader uiteindelijk vermoeid raakte en ging slapen. Dus kwam de schurk bij Amma, toen Ze alleen was op twee honden na die vlakbij lagen, en zat te mediteren. Toen hij dichtbij Amma kwam, sprong een van de honden plotseling op en beet diep in zijn hand. Toen Amma het geblaf van de honden en het pijnlijke geschreeuw van de schurk hoorde, opende Ze Haar ogen en zag hem zijn bloedende hand verzorgen.

Ofschoon Amma de beweegredenen van de man duidelijk begreep, ging Ze naar hem toe, zei hem zich geen zorgen te maken en waste en verbond de wond. Toen zei Amma tegen de buren, die op het tumult waren afgekomen, om de man naar huis te brengen zonder hem op enige wijze kwaad te doen.

Na dit incident was de man die geprobeerd had Amma aan te vallen, volledig veranderd. Hij begon zelfs Amma's volgelingen gratis de rivier over te zetten.

Alleen al de aanwezigheid van een goddelijk wezen brengt een verandering in ons teweeg. Door Haar liefde en mededogen brengt Amma deze positieve transformatie bij miljoenen van Haar volgelingen tot stand. Velen van hen hebben in het verleden slechte dingen gedaan, maar omdat ze Amma's goddelijkheid ervaren hebben, hebben ze hun leven veranderd en zijn ze goede mensen geworden.

Op deze wijze helpt Amma niet alleen miljoenen individuen, Ze herstelt de verloren harmonie in het gezin en de samenleving. Als wij veranderen, dan zullen langzamerhand de mensen om ons heen veranderen. Anderen die weer met hen in contact komen, zullen ook beginnen te veranderen. Amma zegt altijd dat we geen geïsoleerde eilanden zijn, maar schakels van een ketting. Of we het ons realiseren of niet, iedere handeling die we verrichten, beïnvloedt anderen. De maatschappij bestaat uit individuen. Als individuen ten goede veranderen, zal de maatschappij als geheel harmonieuzer en vreedzamer worden.

Hoofdstuk 10

De wens die alle wensen elimineert

We hebben allemaal zoveel wensen, waarvan de vervulling ons erg gelukkig maakt. Helaas leiden veel van onze wensen tot steeds meer wensen. Het is niet verkeerd als we proberen onze wensen te vervullen, maar we moeten wel voor ogen houden dat wanneer we iets wensen, het niet betekent dat het goed voor ons zal zijn.

Ik herinner me een verhaal over een volgeling van Amma dat dit illustreert. Het ging over een jongeman die onlangs met zeer goede cijfers aan de universiteit was afgestudeerd. Zijn droom was om brahmachari te worden en bij Amma in de ashram te wonen, maar zijn familie was erg arm en hij wilde eerst zijn ouders helpen en daarna naar de ashram gaan. Elke keer dat hij bij Amma kwam, bad hij dat hij meteen een goede baan kon krijgen, zodat hij zijn ouders kon helpen voordat hij in de ashram zou gaan wonen.

Kort daarna werd hem een baan in het Midden-Oosten aangeboden. Het was een goede baan met een ruim salaris. Het enige probleem was dat hij een bindend contract moest tekenen waarin hij verklaarde dat hij minstens vijf jaar voor het bedrijf zou werken. Als hij zijn baan zou opgeven voordat hij er vijf dienstjaren op had zitten, moest hij al het geld dat hij bij het bedrijf verdiend had, terugbetalen. Dat was het aanbod dat ze hem deden.

Hij kwam naar de ashram om Amma te vertellen over de aangeboden baan. Hij zei tegen Amma: "Ze bieden me een erg goed salaris. Ik moet deze baan accepteren." Amma antwoordde: "Waarom kun je niet nog een tijdje wachten? Je zult een betere baan aangeboden krijgen met betere voorwaarden." Hoewel Amma hem een directe aanwijzing had gegeven, wilde hij er niet naar luisteren. Hij was er zeker van dat hij geen andere baan aangeboden zou krijgen die hem in staat zou stellen om zoveel hulp aan zijn familie te geven. Dus accepteerde hij de baan en werkte er twee jaar. Met het geld dat hij naar huis stuurde, konden zijn ouders alle schulden afbetalen. Intussen werd hun devotie voor Amma zo sterk, dat ze hun huis verkochten en naar de ashram verhuisden, toen ze uit de schulden waren. Toen hun zoon dit nieuws hoorde, raakte hij erg overstuur, omdat hij alleen omwille van zijn ouders deze baan met een vijfjarig contract had aangenomen. Zelfs nu kan hij niet naar de ashram komen, omdat hij zijn contract nog niet heeft uitgediend.

Als hij naar Amma had geluisterd, zou hij zeker een andere baan hebben gekregen, en na een korte tijd had hij waarschijnlijk als brahmachari in de ashram kunnen gaan wonen. Zo zien we dat wensen, zelfs schijnbaar goede wensen, ons in de problemen kunnen brengen.

Daarom wordt er gezegd: "Als je naar een Mahatma komt, vraag nergens om. Vertel de Mahatma alleen je problemen. Ze zullen je geven wat het beste voor je is. Alles wat een Mahatma doet of aan je vraagt te doen, zal ongetwijfeld voor je spirituele groei zijn."

Ik herinner me een verhaal dat illustreert hoe datgene wat een slechte situatie schijnt te zijn, goed voor ons kan zijn en datgene wat een gunstige situatie schijnt te zijn, ons lijden kan brengen. Er kwam eens een zakenman uit Mumbai voor Amma's darshan.

Hij klaagde er bij Amma over dat zijn zaak achteruitging en vroeg Amma een sankalpa te maken om zijn zaak te laten floreren. Amma zei tegen de brahmachari die voor de man vertaalde: "Wat hij nu doormaakt, is voor zijn eigen bestwil."

Toen de zakenman Amma's antwoord hoorde, werd hij wanhopig en begon Amma te smeken: "Nee, Amma, zegt U dat niet. Help me alstublieft. Ik kan alleen gelukkig en succesvol zijn als het weer goed gaat met mijn zaak."

Tot grote verrassing van de brahmachari begon Amma te lachen. Hij kon niet begrijpen waarom Amma geen mededogen toonde met deze man, wat Ze gewoonlijk wel doet met mensen die het moeilijk hebben. De betekenis van Amma's lachen werd pas veel later duidelijk.

Vele maanden later keerde dezelfde man terug naar de ashram. Toen hij Amma's darshan ontving, begon hij luid te snikken. Hij legde Amma uit dat zijn zaak goed was gaan lopen, nadat hij was teruggekeerd naar Mumbai. Rond die tijd werd zijn jongere broer lid van de onderwereld in Mumbai en begon grote sommen geld van hem te eisen. Aanvankelijk kwam de zakenman zijn jongere broer tegemoet, maar toen de afpersingsverzoeken bleven toenemen, weigerde hij nog langer te betalen. De relatie tussen de broers verslechterde en de jongere broer verliet het huis.

Toen begon de jongere broer, buiten medeweten van de zakenman om, zijn vrouw te bedreigen. Bang voor represailles vertelde ze dit aan niemand. De spanning werd te veel voor haar en ze verviel in een depressie.

De opgetogenheid die de zakenman voelde vanwege het succes van zijn bedrijf, werd getemperd door de situatie thuis. Het geluk dat hij dacht te ervaren als zijn zaak maar floreerde, ontglipte hem nu. Wanhopig keerde hij terug naar Amma.

Tijdens de darshan smeekte hij: "Amma! Neem me alstublieft al mijn rijkdom af. Ik vind het niet erg arm te zijn. Geef mij innerlijke rust. Ik heb al bijna een week niet kunnen slapen. Alstublieft Amma, red mijn broer en genees mijn vrouw!" Amma had veel medelijden met hem. Ze nam hem op Haar schoot en streelde hem liefdevol.

Een paar maanden later stuurde hij een brief naar Amritapuri. Hierin dankte hij Amma voor het herstellen van de vrede en harmonie in zijn persoonlijke leven en zijn gezinsleven. Zijn broer en vrouw werden ook volgelingen van Amma.

De zakenman geloofde dat zijn slecht draaiende bedrijf een vloek was, maar later realiseerde hij zich dat innerlijke rust belangrijker is dan geld. Als hij direct naar Amma's advies had geluisterd, had hij een hoop onnodig lijden kunnen vermijden.

Als we veel wensen en verwachtingen hebben, vinden we het misschien moeilijk om te mediteren. We kunnen niet rustig zitten, omdat veel gedachten ons storen. Amma zegt: "Als we spirituele oefeningen doen en toch veel dingen wensen, zal een deel van de spirituele energie die we door de oefeningen opdoen, naar het vervullen van die wensen gaan. Door aan deze wensen toe te geven verliezen we spirituele energie en zal onze spirituele groei langzaam zijn."

Amma wijst ons erop dat we alle spirituele energie die we verkrijgen, verspillen, zoals iemand die de hele dag hard werkt maar dan al het verdiende geld aan onbeduidende dingen uitgeeft in plaats van aan iets nuttigs.

Nu vraag je je misschien af: "Swamiji, u zegt dat we geen wensen moeten hebben, maar hoe zit het met de wens om bij Amma te zijn? Hoe zit het met de wens om Zelfrealisatie te bereiken?"

Deze wensen vormen de enige uitzondering, omdat ze ons helpen bij onze spirituele groei. Het verlangen naar bevrijding of naar Godsrealisatie brengt ons naar een toestand die boven alle verlangens verheven is. In die toestand voelen we ons vervuld en volledig. Het verlangen om bij Amma te zijn is niet als het verlangen naar een groot huis, een dure auto of roem. Als we het huis dat we wilden, krijgen, zullen we uiteindelijk een groter huis of een tweede huis willen. Op dezelfde wijze leiden alle materiële wensen alleen maar tot steeds meer wensen, terwijl de wens om bij Amma te zijn of het verlangen naar bevrijding ons helpt om andere wensen te overwinnen. Amma zegt dat we door onze gehechtheid aan Haar ons van veel andere dingen los kunnen maken. Het inspireert ons om spiritueel te groeien.

Amma geeft een voorbeeld. Stel dat we op een doorn zijn getrapt die diep onze voet is ingegaan. Als we hem eruit willen halen, hebben we een scherp voorwerp nodig, misschien zelfs een andere doorn. Net zoals we een doorn gebruiken om een andere doorn te verwijderen, zal het verlangen naar God of naar een Guru alle andere verlangens wegnemen.

Mensen kunnen worden ingedeeld in drie types, afhankelijk van hoe ze reageren op hun wensen. Het eerste type wordt *bhogi* of werelds persoon genoemd. Dit type elimineert zijn wensen door ze te vervullen. Stel dat iemand de wens heeft om naar de bioscoop te gaan. Hij gaat gewoon naar de film en vervult die wens. Dus die wens is geëlimineerd. Als die persoon de volgende dag de wens heeft om een pizza te eten, zal hij naar de dichtstbijzijnde pizzeria rennen. Hoewel deze methode om wensen te elimineren gebruikelijk is, is het erg gevaarlijk: het is alsof je brandstof op het vuur gooit. Het is onmogelijk om onze wensen te elimineren door ze te vervullen.

Het tweede type wordt *tyagi* genoemd, iemand die van zijn wensen afstand doet. Voordat hij een bepaald verlangen probeert te vervullen, zal hij zich afvragen: "Zal de vervulling van dit verlangen mij helpen spiritueel te groeien?" Als het antwoord nee is, als de vervulling van dit verlangen zijn vasana's alleen zal vermeerderen, zal hij het verlangen opgeven.

Het derde type is de *Jnani* of Mahatma, iemand die al zijn wensen heeft getranscendeerd door het Zelf te realiseren. De Mahatma eet en drinkt nog, maar dat kan in zijn geval geen verlangen genoemd worden. De Mahatma doet dit alleen om zijn lichaam in stand te houden. Op dezelfde manier als ze de taal spreken van het land waarin ze zijn geboren en opgegroeid, zullen ze bepaald voedsel eten of drinken dat hoort bij de cultuur waarin ze zijn opgevoed. Er is een prachtig voorbeeld uit het leven van Sri Ramakrishna Paramahamsa. Zo nu en dan vroeg hij naar zoetigheid, waarbij hij verzocht om het onmiddellijk te brengen.

Sommigen vroegen zich af: "Hij is iemand die God heeft gerealiseerd en toch heeft hij een verlangen om zoetigheid te eten? Wat is dat nou?" Sri Ramakrishna legde zijn volgelingen uit dat het moeilijk voor hem was om zijn geest op het niveau van de wereld te houden, aangezien hij van nature tot de toestand van *samadhi*[2] werd aangetrokken. Hij legde uit dat zijn geest telkens terug moest komen, wanneer hij dacht aan gewone dingen als het eten van zoetigheid of het naar een speciale plaats gaan. "Voordat ik mijn geest laat opgaan in samadhi, doe ik een kleine wens zoals het eten van zoetigheid of ander voedsel, of ik denk aan iets anders wat ik moet doen. Dan zal mijn geest terugkeren om dat te doen." Gerealiseerde zielen maken zo'n sankalpa, zodat de geest naar het werelds niveau terug moet keren. Net zoals een wekker ons wekt, fungeren deze kleine wensen of intenties als

---

[2] Samadhi verwijst naar een diepe staat van verzonken zijn, een complete vereenzelviging met het object van meditatie. Of zijn ogen nu open of dicht zijn, een Mahatma is altijd gevestigd in het Hoogste Bewustzijn. Veel Mahatma's kiezen ervoor altijd naar binnen gericht te zijn, omdat ze geen reden zien om met de wereld in contact te treden, terwijl een Satguru de gelukzaligheid nog steeds ervaart maar ervoor kiest om naar het niveau van gewone mensen af te dalen om hen te helpen spiritueel te groeien.

een wekker om de Gerealiseerde ziel eraan te herinneren naar ons niveau terug te keren.

Amma zegt dat als Ze bhajans zingt en Haar geest laat gaan, het heel moeilijk is om terug te keren uit de staat van samadhi. Nu er tegenwoordig altijd zoveel mensen zijn om Haar te horen zingen, maakt Amma voor het zingen van een bhajan een sankalpa dat Ze het hele lied zal zingen. Om dit besluit in vervulling te doen gaan zal Haar geest terug moeten komen om elke regel van het lied te zingen.

Toen Amma in de begintijd een bhajan zong, ging Ze vaak in samadhi zonder het lied af te maken. De brahmachari's die Amma begeleidden, zongen dan continu dezelfde regels steeds opnieuw en wachtten totdat Amma uit samadhi kwam, zodat Ze kon vertellen wat de volgende bhajan zou zijn.

Ik herinner me dat we een keer de *Lalita Sahasranama* archana (Duizend Namen van de Goddelijke Moeder) met Amma in de oude tempel reciteerden. Nadat we een paar mantra's hadden gereciteerd, verloor Amma zich in goddelijke extase. Soms lachte Ze, soms huilde Ze, soms zat Ze zo stil als een standbeeld. Als Ze uit Haar extatische stemming kwam, vroeg Ze ons om verder te gaan met reciteren waar we gebleven waren, maar dan verloor Ze zich opnieuw na een paar mantra's. Gewoonlijk kost het een uur om de archana te reciteren, maar deze keer kostte het ons vijf uur.

Amma heeft bij vele gelegenheden geprobeerd om de Duizend Namen van Devi alleen te reciteren, maar het is Haar niet één keer gelukt om de archana af te maken. Ze verliest zich altijd in samadhi. (Uiteraard is het voor Amma niet nodig om de archana te reciteren aangezien Ze één is met de Goddelijke Moeder. Het is alleen om een voorbeeld te zijn voor anderen dat Ze spirituele oefeningen doet.)

In de begintijd reisde Amma niet veel en waren er niet veel programma's buiten de ashram. Ze was nog geen instituten of liefdadigheidsprojecten begonnen. Als Ze klaar was met het geven van darshan aan de volgelingen die iedere dag naar de ashram kwamen, en het geven van instructies aan de brahmachari's, was Ze vrij om meerdere uren in samadhi door te brengen. Nu heeft Ze zoveel te doen en zijn er zoveel activiteiten waaraan Ze leiding moet geven, dat Ze heel weinig tijd voor zichzelf heeft. Duizenden mensen komen iedere dag voor Amma's darshan. Haar uitgebreide netwerk van onderwijsinstellingen en humanitaire activiteiten blijft groeien. Amma zegt dat mededogen de natuurlijke uitdrukking van liefde is. Omdat Amma oneindig veel mededogen met ons heeft, wijdt Ze ieder moment van Haar leven aan raad geven, troosten en het dienen van Haar kinderen, terwijl Ze nooit Haar innerlijke rust verliest.

Zo lijkt het er misschien op dat de Gerealiseerde Meesters enkele simpele wensen hebben, maar dat is in werkelijkheid niet zo. Als ze al een wens hebben, dan is dat alleen om hun geest op de aarde te houden om de mensheid naar een hoger niveau te tillen.

Door het observeren van de onbaatzuchtige daden van de Gerealiseerde Meesters worden we geïnspireerd om hun voorbeeld te volgen. Dit zal ons helpen om onze zelfzuchtige wensen te overstijgen. Amma's brahmachari's zijn hiervan een goed voorbeeld. Toen we naar Amma kwamen, hadden we allemaal veel wensen. Ik ging naar Amma om een overplaatsing te vragen naar een dichter bij mijn woonplaats gelegen bank. Een andere brahmachari kwam naar Amma om Haar te vragen hem te zegenen, zodat hij goede cijfers op zijn examen zou halen.

Toen Swami Purnamritananda (toen Brahmachari Shrikumar) afstudeerde als ingenieur, vond zijn vader een baan voor hem op het Raman Research Instituut in Bangalore. Omdat hij de meeste tijd al in de ashram verbleef en zijn ouders en de meeste van zijn familieleden volgelingen van Amma waren geworden, had hij niet verwacht dat zijn vader hem zou vragen om een baan te zoeken. Hoeveel zijn ouders ook van Amma hielden, ze waren bang om hun zoon te verliezen als hij een leven van verzaking ging leiden. Ze koesterden nog dromen over zijn succes in de wereld. Dus regelde zijn vader de baan in Bangalore. De ashram verlaten was het laatste wat Swami Purnamritananda wilde doen, maar Amma drong er bij hem op aan om de baan in ieder geval een paar dagen te proberen. Amma begeleidde hem met verscheidene volgelingen naar het station voor een afscheid vol tranen. Toen de trein wegreed, keek Swami Purnamritananda uit het raam hoe Amma en de volgelingen langzaam uit het zicht verdwenen. Hij snikte en was gebroken door de plotselinge scheiding. Hij kon het toen niet verdragen om van Amma weg te zijn, zelfs niet voor een ogenblik. De gedachte dat hij voor onbepaalde tijd was weggestuurd, was te veel voor hem. Zonder iets te eten of te drinken lag hij op de bovenste slaapbank van de trein. Tegen dageraad viel hij in slaap. Een poosje later werd hij wakker door de gewaarwording dat iemand hem over zijn voorhoofd streelde. Toen hij zijn ogen opende, kon hij niet geloven wat hij zag. Amma zat naast hem op de bank. Hij droomde niet maar was volledig bij bewustzijn. Hij probeerde op te staan, maar kon zijn lichaam niet bewegen en kon geen woord uitbrengen. Amma was ook stil. Haar ogen straalden. Een paar minuten verstreken in een stille darshan. Plotseling verdween Amma uit het gezicht. Hij sloot zijn ogen en begon te mediteren.

Hij bracht de rest van de reis door met deze liefdevolle herinnering aan Amma en hij moest uit zijn meditatie worden geschud toen de trein de eindbestemming Bangalore bereikte.

Een vertegenwoordiger van het bedrijf wachtte hem bij het station op. De vertegenwoordiger begreep niet waarom Swami Purnamritananda zo humeurig was. "Ben je niet blij dat je deze baan hebt?" vroeg de vertegenwoordiger. "Een baan bij het Raman

Research Instituut is de droom van menig jongeman," zei hij. Swami Purnamritananda zweeg. Na een tijdje vond hij dat zijn gedrag niet passend was en hij vertelde de vertegenwoordiger dat hij heimwee had. De vertegenwoordiger was heel aardig en attent. Met moederlijke liefde maakte hij eten klaar en zorgde ervoor dat hij het opat, terwijl hij naast hem zat. Hij voelde duidelijk Amma's aanwezigheid door de vertegenwoordiger stromen.

De volgende dag begon Swami Purnamritananda met zijn werkzaamheden op het instituut. Dit was de baan waar hij als student altijd van had gedroomd, maar nu voelde hij alleen maar verachting voor de functie die hij had gekregen omdat hij jaren had gestudeerd. De oudere wetenschapper begon hem spoedig aardig te vinden en overlaadde hem met complimenten, maar Swami Purnamritananda bleef onbewogen. Hij bracht zijn dagen daar alleen door, stil en teruggetrokken.

Bij vele gelegenheden maakte Amma hem Haar aanwezigheid door bepaalde tekens duidelijk. Als hij sliep kreeg hij het gevoel dat er bloemen op zijn lichaam vielen. Op andere momenten hoorde hij het gerinkel van Amma's enkelbanden. De zoete geur die Ze altijd bij zich heeft, vulde de ruimte en Haar stem klonk in zijn oren. Later vertelde Amma hem dat al deze tekens er waren om hem te helpen realiseren dat Amma niet beperkt is tot Haar fysieke lichaam en dat Ze altijd bij hem is.

De weken sleepten zich voort met kwellende traagheid. Hij ontving veel troostende brieven van Amma, maar toch kon hij zich er nauwelijks toe brengen om de woorden te lezen. Vaak dacht hij eraan om naar de ashram terug te keren, maar iedere keer verscheen Amma hem in een droom en zei hem dat hij moest blijven. Hij was bang om ongehoorzaam te zijn, dus besloot hij te blijven.

Op een dag vertrouwde hij zijn probleem toe aan de vertegenwoordiger die zoveel zorg en betrokkenheid had getoond. In de hoop dat Swami Purnamritananda wat rust zou vinden nam de vertegenwoordiger hem die avond mee naar een eenzame plek, een prachtig natuurgebied geflankeerd door steile heuvels en rotsen. Ze klommen langzaam naar de top van een enorme rots en zaten daar over Amma te praten. Tegen die tijd was het middernacht geworden. De vertegenwoordiger ging liggen om te slapen. Swami Purnamritananda sloot zijn ogen en zat alleen maar. Een vreemde gedachte kwam in hem op: "Het is het lichaam dat mijn scheiding van Amma veroorzaakt. Laat me het daarom vernietigen." Hij stond op, verzekerde zich ervan dat de vertegenwoordiger nog sliep, en bewoog langzaam naar de rand van de rots. Hij staarde in de gapende kloof. Toen sloot hij zijn ogen en bad een paar tellen om zijn besluit kracht bij te zetten. Met gebogen knieën bereidde hij zich voor om de sprong naar zijn dood te wagen. Maar net toen hij wilde springen, werd hij plotseling naar achteren getrokken en viel achterover. Hij keek achterom om te zien wie hem ervan had weerhouden om zijn dood tegemoet te springen, maar de vertegenwoordiger lag nog vredig te slapen en er was niemand anders in de buurt. Hij wist toen dat het alleen Amma kon zijn die hem had tegengehouden.

Hij ging zitten en mediteerde over Amma. Haar stem klonk binnen in hem: "Mijn kind, zelfmoord is voor lafaards. Het lichaam is kostbaar. Het is het instrument waardoor we het Atman kunnen kennen. Velen zullen er vrede door verkrijgen. Vernietig het niet. Jezelf doden is het ergste wat je Me aan kunt doen. Overwin je tegenslagen. Wees moedig. Ik ben bij je."

Uiteindelijk gaf Amma Swami Purnamritananda toestemming om naar de ashram terug te keren.

Voordat hij Amma had ontmoet, had hij de ambitie om ingenieur in een topbedrijf te worden. Nadat hij Haar had ontmoet, kon zelfs de baan van zijn dromen hem geen voldoening schenken. Zijn enige verlangen was om bij Amma te zijn. Dit was een wens die alle andere wensen elimineerde en beloofde hem naar een toestand voorbij alle wensen te brengen.

Het gezelschap van een Satguru is het beste middel om onze wensen te verminderen of te overwinnen, zelfs als onze wensen diepgeworteld zijn. Soms is alleen het zien van een Mahatma voldoende om zelfs onze sterkste wensen te overwinnen.

Je kunt je afvragen: "Ik ben op een punt gekomen waar ik geen wensen meer heb. Ik ben tevreden en blij met het leven dat ik leid. Als ik geen wensen of verwachtingen heb, waarom zou ik dan iets doen? Waarom kan ik niet gewoon rustig blijven zitten?" Deze houding is eenvoudigweg luiheid. We hebben misschien geen sterke wens of ambitie, maar we hebben nog steeds negatieve vasana's. Als we er niet aan werken om van deze negativiteit af te komen, kunnen ze elk moment de kop opsteken en problemen veroorzaken. Als onze negatieve neigingen tevoorschijn komen, kunnen ze ons ertoe brengen verkeerde dingen te doen. Daarom vraagt Amma ons allemaal om belangeloos te dienen en spirituele oefeningen te doen. Belangeloze dienstverlening, dienstbaarheid aan de Guru en het opvolgen van de instructies die de Guru voor onze spirituele oefeningen en voor ons dagelijks leven geeft, dat zal ons allemaal helpen om onze opgehoopte negatieve neigingen te verwijderen.

Voor de spirituele zoeker is het belangrijk om negatieve vasana's te overwinnen, omdat ze ons verhinderen God te realiseren. Als we negatieve neigingen hebben, zullen we niet goed kunnen mediteren, zullen we onze spirituele oefeningen niet kunnen doen en zullen we de aanwezigheid van God niet kunnen voelen.

Wat is de oorzaak van deze negativiteit? Dat is onwetendheid. Wij kennen onze echte aard niet. In plaats van ons te vereenzelvigen met het Atman, of het Universele Zelf, denken we dat we het lichaam, de geest en het intellect zijn. We proberen de verlangens van deze drie op een eerlijke of oneerlijke wijze te vervullen. Zoals eerder vermeld, creëert het een vasana in ons als we dergelijke handelingen vaak verrichten. Dus is onwetendheid over onze ware aard de oorzaak van al onze negativiteit. Natuurlijk zijn vasana's niet altijd slecht. Door belangeloos te dienen, door spirituele oefeningen te doen en door onze Guru te dienen creëren we positieve neigingen die onze geest langzaam zuiveren en ons klaar maken om Gods genade te ontvangen.

Amma zegt vaak dat alles wat we herhaaldelijk doen een gewoonte wordt, en over een lange periode vormen onze gewoontes ons karakter, en een goed karakter is de fundamentele eigenschap die we moeten hebben om spiritueel vooruit te gaan. Soms zien we dat een plotselinge ommekeer, veroorzaakt door een ontmoeting met Amma, niet blijvend is en iemand weer terugvalt in zijn oude gewoontes. Als dit gebeurt, komt dit doordat hij geen initiatief heeft genomen om zich Amma's leringen eigen te maken en in zijn eigen leven in de praktijk te brengen. Mahatma's kunnen ons leven volledig transformeren, maar of die transformatie standhoudt, hangt geheel af van de wijze waarop we reageren op hun liefde en mededogen. Tenzij we bereid zijn om een paar stappen aan de hand van de Meester te nemen, kan de Meester ons niet naar het ultieme doel leiden.

Hoofdstuk 11

De kracht van gewoontes

Amma zegt dat het ontwikkelen van positieve gewoontes heel belangrijk is voor een spirituele zoeker omdat negatieve gewoontes en eigenschappen zoals ongeduld, jaloezie en het oordelen over anderen ons belemmeren innerlijke rust te bereiken. Door Haar eigen voorbeeld inspireert Amma ons om goede gewoontes te cultiveren. Met het geduld, de aanvaarding en de liefde van een moeder voor haar kinderen helpt Amma ons om onze negatieve gewoontes te overwinnen. Dit biedt ons de vrijheid om van het leven te genieten en vol toewijding en concentratie door te gaan met onze spirituele oefeningen.

Amma vertelt het volgende verhaal: "Er was eens een vrouw die naar Amma's darshan ging. Nadat Amma de vrouw omhelsd had, vroeg Amma haar om een tijdje naast Haar te zitten. Ze had nog nooit zo'n gelegenheid gehad en was blij dat ze zo lang zo dichtbij Amma kon zitten. De rest van de dag vertelde ze iedereen over het geluk dat haar was overkomen en over haar gelukzalige momenten met Amma. De volgende dag ging de volgeling weer naar de darshan en Amma vroeg haar opnieuw om naast Haar te zitten. Deze keer was de volgeling dubbel gelukkig en was ze in tranen van dankbaarheid en vreugde.

Na een tijdje zag deze volgeling een andere vrouw voor Amma's darshan komen. De volgeling mocht deze vrouw niet omdat ze jaloers op haar was. Amma vroeg ook de tweede vrouw om naast Haar te zitten. De eerste volgeling was ontdaan dat Amma deze vrouw vroeg om bij Haar te zitten. Ze voelde haar jaloezie voor deze vrouw toenemen en ze ergerde zich zelfs aan Amma. De eerste volgeling zat op dezelfde plaats waar zij de vorige dag had gezeten. De dag ervoor was het een gelukzalige ervaring voor haar geweest, maar deze dag werd het een traumatische ervaring.

Deze volgeling had een heel jaar overgewerkt om genoeg geld te sparen voor de reis naar Amma en om een paar vreugdevolle momenten in Haar gezelschap door te brengen. Pas na een lange en inspannende reis bereikte ze Amma. Ze werd ruimschoots beloond doordat ze de kans kreeg vlakbij Haar te zitten, wat vaak moeilijk is vanwege de omvangrijke menigte rond Amma. Maar toen ze eindelijk haar langverwachte kans kreeg, kon ze niet genieten van de verwachte diepe rust en vreugde. Ze raakte zo van haar stuk dat ze de kostbare plaats naast Amma verliet zonder dat haar dit gevraagd werd. En dat allemaal door haar gewoonte jaloerse gedachten te hebben.

Zoals we het nu moeilijk vinden om er goede gewoontes op na te houden, zullen we na het ontwikkelen van goede waarden en goede gewoontes ontdekken dat het net zo lastig is om op onze oude manieren terug te vallen. Enige jaren geleden gaf een volgeling van Amma die een film in het Malayalam had geregisseerd, een kopie aan Amma voordat die in de theaters uitgebracht werd, waarbij hij Amma verzocht de film te zien. De film was niet echt een spirituele film, maar bracht erg goede morele waarden naar voren. Om de volgeling blij te maken riep Amma alle brahmachari's en zei: "Laten we deze film gaan zien."

Omdat ik er trots op was dat ik alle interesse voor films had verloren, zei ik tegen de andere brahmachari's: "Ik hoef deze film niet te zien. Jullie kunnen hem allemaal gaan zien." Amma stond er niet op dat ik kwam, maar toen de film afgelopen was, riep Ze me bij zich en voer tegen me uit: "Denk je dat je een groot asceet bent? Omdat je niet deed wat ik je vroeg, ga ik met alle brahmachari's behalve jou tien films bekijken!" Toen Ze dat zei, besefte ik mijn vergissing. Of ik het nu fijn vond of niet om naar films te kijken, ik moet altijd de instructies van mijn Guru opvolgen.

Amma keek naar nog een paar spirituele films met de andere ashrambewoners, maar volgens Amma's instructies bleef ik weg. Amma's straf werd echter zoals gewoonlijk verzacht door liefde. Op een dag riep Ze me naar Haar kamer en keken we samen naar een spirituele film.

Door tijd door te brengen in Amma's aanwezigheid en door ons best te doen om Haar onderricht en voorbeeld te volgen zullen we goede gewoontes kunnen ontwikkelen die net zo moeilijk zijn af te leren als onze slechte gewoontes eens af te leren waren. Als we eenmaal de voorwaartse kracht van goede gewoontes hebben opgebouwd, zal het moeilijk zijn om naar onze oude gewoontes terug te keren. Op die manier kunnen we de kracht van gewoontes aanwenden om ons verder te leiden op het spirituele pad.

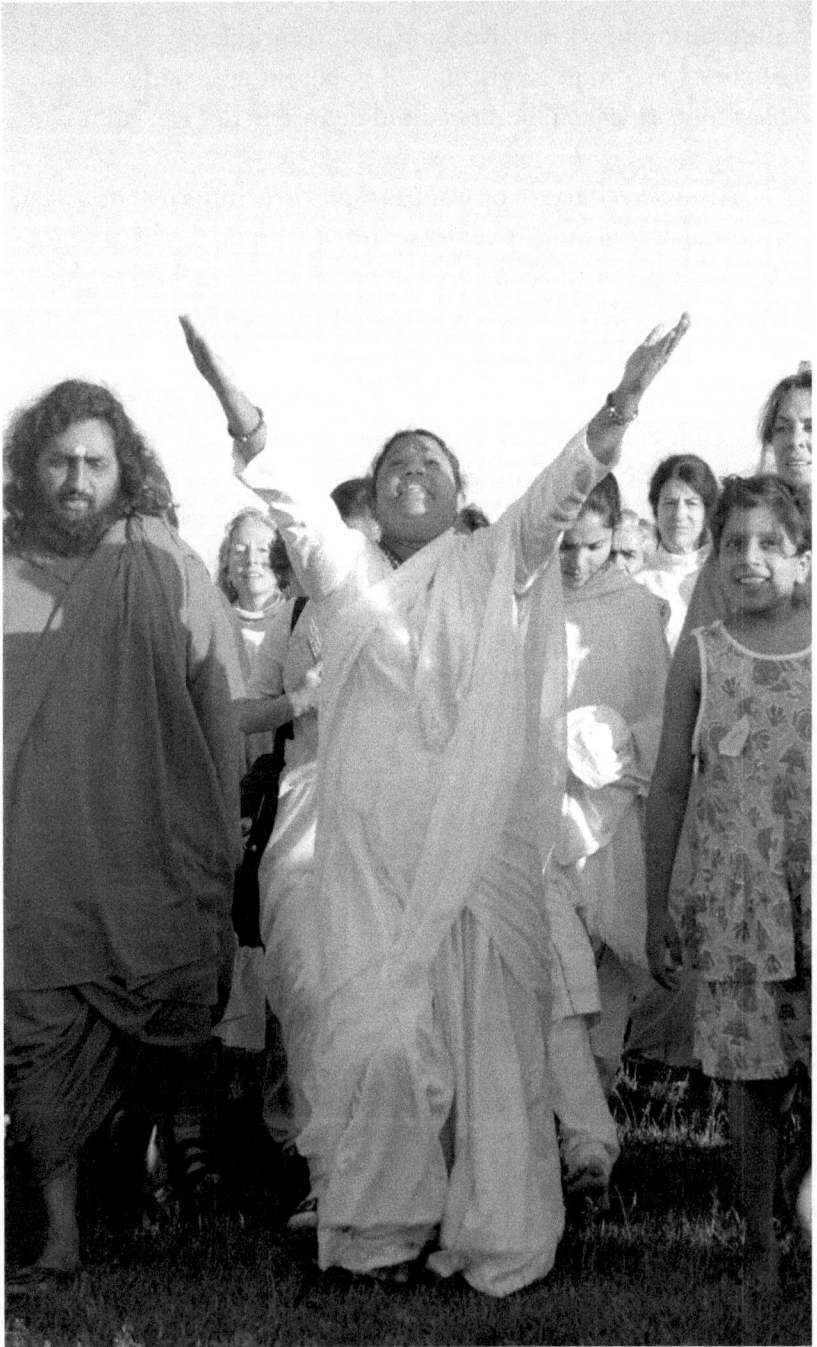

Hoofdstuk 12

Houding versus handelen

W e moeten niet alleen voorzichtig zijn met de handelingen die we verrichten maar ook met de houding waarmee we ze verrichten. Zelfs handelingen van verering die we niet met de juiste houding doen, kunnen onze gehechtheid vergroten.

In het grote Indiase epos de *Mahabharata* zijn er vijf broers, de Pandava's, die het land heel rechtvaardig regeren. Op een dag gaf Bhima, één van de Pandava-broers, leiding aan het verstrekken van eten aan de armen. Voor deze bijzondere dag had Bhima veel *rishi's* (zieners) uit de buurt uitgenodigd. Bhima verzocht de rishi's de ceremonie vóór het eten te leiden. Heer Krishna was ook aanwezig. De rishi's zaten allemaal bij Krishna toen Bhima hen uitnodigde om te komen eten. De rishi's aarzelden om te gaan omdat Heer Krishna er was. Maar Heer Krishna zei: "Ga maar vast, ik zal ook komen."

Toen ze allen naar de eetzaal gegaan waren, begon Bhima het eten te serveren en iedereen begon te eten. Er was die dag een grote hoeveelheid eten gekookt, maar het aantal mensen dat was komen opdagen, was veel lager dan ze hadden verwacht. Het was duidelijk dat er veel eten over zou blijven.

Bhima bleef de rishi's opdienen, zelfs nadat ze genoeg gegeten hadden. Ze zeiden: "Nee, nee, we willen niet zoveel eten," maar Bhima bleef opdienen en toen de rishi's weigerden, werd hij boos en ontsteld en bedreigde hen zelfs.

"Wat kunnen we doen met het overtollige eten dat we hebben bereid? Neem nog wat," drong Bhima aan. "Anders tonen jullie geen respect voor de koning," zei hij.

Heer Krishna, die gekeken had naar wat Bhima deed, riep hem bij zich. Bhima kwam eerbiedig naar Krishna toe. Krishna zei hem dat er in het nabijgelegen bos een groot heilige leefde. "Ik heb hem zojuist, voordat ik hierheen kwam, ontmoet," zei Krishna tegen Bhima. "Hij wil je enige instructies geven. Je moet hem gaan opzoeken."

Bhima was zeer gehoorzaam aan Krishna, omdat hij wist dat Krishna God was. Dus ging hij naar het bos zoals hem verzocht was. Zelfs van een afstand kon hij de rishi zien. Schitterende gouden stralen kwamen van zijn lichaam af. Bhima was erg verrast. Hij vroeg zich af: "Wie is dit? Kan hij een andere god zijn?" Gefascineerd liep Bhima naar de gouden wijze toe. Toen hij dichterbij kwam, begon hij iets vreselijks te ruiken. Hoewel hij de geur niet kon verdragen, liep hij verder naar de wijze toe, want hij wilde zijn eerbied betuigen. Toen hij dichterbij kwam, besefte hij dat de vieze geur van het lichaam van de wijze kwam. Uiteindelijk werd de stank hem te veel en Bhima draaide zich om en keerde terug naar het paleis. Hij ging direct naar Heer Krishna en vroeg hem beleefd waarom Hij hem naar de stinkende wijze had gestuurd.

Krishna legde uit: "Iemand mag dan in staat zijn de smerige geur van rottend vlees te verdragen, maar de stank van het ego is nog erger."

Bhima vroeg Krishna wat hij bedoelde.

De Heer verklaarde: "In zijn vorige leven was hij een groot koning. Hij hielp zijn onderdanen veel. Hij gaf eten aan de armen, zorgde voor de wezen en had respect en eerbied voor de wijzen en heiligen. Maar hij verwachtte dat iemand alles wat hij aan hem gaf, accepteerde. Als mensen het niet accepteerden, dwong hij hen ertoe. Hoewel hij goed werk deed, voerde hij het op een arrogante en egoïstische manier uit. Vanwege de verdiensten van de goede daden die hij heeft verricht, werd hij wedergeboren als een rishi. Toch moest hij lijden in de vorm van die vreselijke geur als gevolg van zijn arrogante gedrag.

Op dezelfde wijze zal jij de gevolgen onder ogen moeten zien als je mensen dwingt om jouw liefdadigheid te accepteren, zelfs als ze dat niet willen."

Zo kunnen we zien dat houding heel belangrijk is. Zelfs als we iets goed doen en het niet met de juiste houding doen, zal het ons niet alleen niet de verwachte resultaten brengen, maar ons zelfs schaden.

Er is een ander verhaal in de Purana's dat laat zien dat goede handelingen slechte gevolgen kunnen hebben, als we niet de juiste houding hebben. Daksha voerde een groot *yagna* (offer) uit. Hij was één van de prajapati's (stamvaders) van de mensheid, wat betekent dat hij verondersteld werd in dat tijdperk voor het menselijke ras te zorgen. Daksha nodigde alle goden uit om de yagna bij te wonen behalve Heer Shiva. Hij mocht Heer Shiva niet vanwege zijn uiterlijk. Daksha vond dat Shiva met zijn samengeklit haar, as over zijn hele lichaam, slangen om zijn hals, alleen een stuk dierenvel rond zijn middel en een bedelnap in zijn hand, meer op een rondzwervende monnik leek dan op een god. Doordat Daksha's dochter Sati van Shiva hield en zelfs met hem getrouwd was, kreeg Daksha een nog grotere hekel aan Shiva. Wat de zaak nog erger maakte, was dat Daksha onlangs naar een vergadering van *deva's* (hemelse wezens) en wijzen was gegaan en iedereen was opgestaan om hem respect te betonen behalve Shiva. Hij zou hem als zijn schoonzoon moeten respecteren, maar hij was niet van zijn zitplaats opgestaan. Uit wraak verrichtte Daksha deze grote yagna zonder Shiva uit te nodigen.

Toen Daksha's ministers en andere hemelse wezens erachter kwamen dat hij Heer Shiva niet voor de yagna had uitgenodigd, adviseerden ze hem dat Shiva de grootste onder de goden was en Daksha hem dus het juiste respect moest tonen door hem voor de yagna uit te nodigen. Bovendien herinnerden Daksha's ministers hem eraan dat Shiva de eerste en belangrijkste Guru in de lijn van alle Grote Meesters is. In de Indiase traditie kan er geen werk of verering begonnen worden zonder eerst de Guru aan te roepen, gevolgd door Ganesha. Maar Daksha was onvermurwbaar.

Daksha's dochter Sati hoorde over de grote yagna en vroeg Heer Shiva toestemming om eraan deel te nemen. Shiva antwoordde: "Hij gaat je beledigen omdat je mijn vrouw bent. Hij zal je belachelijk maken en je met minachting behandelen. Bovendien heeft hij je niet uitgenodigd. Het is beter als je niet gaat."

Sati antwoordde: "Ik heb geen uitnodiging van hem nodig. Hij is tenslotte mijn vader. Om naar het huis van je vader te gaan heb je geen uitnodiging nodig. Bovendien wil ik hem ervan overtuigen dat hij jou de gepaste erkenning laat blijken."

Sati woonde tegen Shiva's wil de yagna bij. Zij kwam het paleis binnen waar alle goden en hemelse wezens rond het enorme open vuur zaten, dat voor de yagna was aangestoken.

Zoals Heer Shiva had voorspeld, toonde Daksha weinig respect voor Sati toen hij haar zag. Hij begon Heer Shiva te beledigen: "Jouw echtgenoot is niets meer dan een bedelaar en een dwaas. Is het omdat hij slechts een bedelnap heeft, dat hij rondstruint op de begraafplaats? Hij is alleen goed voor het gezelschap van de doden." Daksha ging door met het beledigen van haar echtgenoot en uiteindelijk kon Sati het niet langer verdragen. Met haar yogavermogens materialiseerde Sati vuur vanuit zichzelf, waarbij ze haar lichaam opgaf.

Toen Shiva erachter kwam dat Sati haar lichaam had opgegeven, werd hij woedend. Hij riep zijn leger bijeen en stuurde het naar de plaats van de yagna. Ze doodden Daksha en vernietigden de totale yagna. Bang voor Shiva's toorn vluchtten alle deva's om zich in veiligheid te stellen.

Later bracht Shiva uit mededogen Daksha weer tot leven, waarbij hij zijn afgehakte hoofd door het hoofd van een geit verving. Toen realiseerde Daksha zijn vergissing en bad Shiva om vergeving. Hoewel hij een grote yagna uitgevoerd had, wat beschouwd wordt als een van de beste handelingen die je kunt verrichten, was deze geëindigd in oorlog en verwoesting[3]. Zelfs aanbidding kan alleen maar onheil voortbrengen als er geen nederigheid en toewijding is.

Laat we nu het voorbeeld van de Mahabharata-oorlog nemen. Omdat de daden van de slechte Kaurava's de harmonie in het land verstoorden, gaf Krishna, nadat Hij alle mogelijke diplomatieke wegen had geprobeerd, uiteindelijk aan Arjuna en de deugdzame Pandava's het advies om oorlog tegen hen te voeren. In deze oorlog doodde Arjuna op instructie van Heer Krishna honderdduizenden mensen, inclusief zijn naaste familieleden, om rechtvaardigheid

---

[3] Dit verhaal bevat veel symboliek. Het huwelijk van Sati met Shiva stelt haar aanvaarding van een Spiritueel Meester voor, wat vaak door de ouders wordt verfoeid omdat zij wereldse verwachtingen van hun kinderen hebben. Sati's zelfopoffering leert ons ook dat we aan niets gehecht moeten blijven, zodra we ons leven wijden aan een spiritueel doel. Amma geeft het voorbeeld van een boot waarmee we roeien zonder dat we hem van de kant losmaken: we zullen op die manier nooit de overkant bereiken. Bovendien moeten we nooit de raad van onze Guru in de wind slaan (zoals Sati ongehoorzaam was aan Shiva door deel te nemen aan de yagna), hoewel het soms tegen onze wens in kan gaan.
Daksha vertegenwoordigt het ego, dat verwacht om door iedereen gerespecteerd te worden, inclusief Gerealiseerde Meesters. Als die verwachting niet wordt vervuld, zijn boosheid en afgunst het gevolg. Daksha's dood symboliseert de vernietiging van het ego, terwijl zijn nieuwe hoofd een spirituele wedergeboorte symboliseert. Als het ego eenmaal verdwenen is, zullen alle vijandigheden verdwijnen en zal ieder woord dat we uiten een gebed zijn.

en harmonie in de wereld te herstellen. Hoewel Arjuna niet in de oorlog wilde vechten, gaf hij zich over aan Heer Krishna en gehoorzaamde hem onvoorwaardelijk. Dus terwijl Daksha's yagna in een oorlog uitmondde, werd Arjuna's oorlog een yagna, een offer aan God, en dat allemaal vanwege de houding van degene die de handeling uitvoerde.

Velen van ons vereren Amma en dienen Amma, maar we hebben niet altijd de juiste houding bij onze verering of bij onze dienstbaarheid. Ik herinner me een grappige gebeurtenis. Op een keer, toen Amma darshan aan het geven was, was het zo heet dat een volgeling Amma toestemming vroeg om Haar koelte toe te wuiven. Amma ging akkoord en deze volgeling deed dit een tijdje, toen er een andere volgeling kwam en aan de eerste volgeling vroeg om ook Amma koelte toe te mogen wuiven. De eerste volgeling antwoordde keihard: "Nee, Amma heeft alleen aan mij hiervoor toestemming gegeven. Ik laat je niet aan de beurt komen." De tweede volgeling wachtte een tijdje maar de eerste volgeling gaf niet toe. Ten slotte pakte de tweede volgeling ook een waaier en begon Amma koelte toe te wuiven. De eerste volgeling die Amma koelte aan het toewuiven was, wilde meer lucht naar Amma wuiven dan de tweede volgeling, dus ging ze met nog meer kracht aan de slag en toen ontstond er een competitie. De een probeerde de ander te overtreffen in het toewuiven van koelte naar Amma.

Uiteindelijk voelde Amma dat Ze stikte. Ze zei: "Stop, stop. Ik wil dat niemand me meer koelte toewuift." In dit geval waren ze persoonlijk dienstbaar geweest aan Amma, maar ze hadden een rivaliserende houding. Vanwege hun houding werd hun dienstbaarheid een plaag voor Amma.

Iedereen die tijd bij Amma doorbrengt, zal de kans krijgen om Haar op een of andere manier persoonlijk van dienst te zijn, bijvoorbeeld door prasad die Amma aan de volgelingen geeft, aan Haar te geven of door te helpen met de darshanrij. (Er zijn ook onbeperkte mogelijkheden om dienstbaar te zijn door deel te nemen aan de spirituele en humanitaire activiteiten van de ashram.) Amma creëert deze mogelijkheden om ons de kans te bieden dichtbij Haar te zijn en om ons geschikt te maken om Haar genade te ontvangen. We zijn ongelofelijk fortuinlijk dat we zulke kansen krijgen, maar meestal profiteren we niet volledig van deze mogelijkheden, omdat er zoveel negativiteit in ons zit. Amma vertelt ons in dit verband een verhaaltje. Er waren twee leerlingen en een Guru. Deze twee leerlingen waren altijd aan het ruziën over hun diensten aan hun Guru. Als de Guru de ene leerling vroeg iets te doen, werd de andere leerling jaloers en begon ruzie te maken of hij beledigde de leerling die de kans had gekregen om de Guru te dienen. De Guru gaf hun vaak de raad om zich te bevrijden van hun gevoelens van wedijver en jaloezie, maar ze sloegen geen acht op zijn woorden. Ten slotte besliste de Guru: "Al het werk dat ik hun zal vragen te doen, ga ik tussen hen verdelen. Ik zal beiden vragen om de helft van de klus te doen, zodat er geen competitie of haat tussen hen zal zijn. Als ik de ene keer de ene vraag om me iets te drinken te brengen, zal ik het de tweede keer aan de ander vragen."

Op een dag deden de benen van de Guru pijn. Hij besloot een van zijn leerlingen te vragen hem een massage te geven. Toen dacht hij onmiddellijk: "O nee, als ik één leerling vraag, dan zal de andere leerling boos op hem worden. Ik kan ze beter allebei vragen." Dus riep de Guru beide leerlingen en vroeg de een om zijn rechterbeen te masseren en de ander om zijn linkerbeen te masseren.

De leerlingen waren heel blij toen ze allebei een been aan het masseren waren. Toen viel de Guru in slaap en in zijn slaap wilde hij op zijn zij gaan liggen. Hij lag plat op zijn rug en wilde op zijn rechterzij gaan liggen, dus tilde hij automatisch zijn linkerbeen op en legde dit over zijn rechterbeen. De leerling die zijn rechterbeen aan het masseren was, keek op en zei tegen de andere leerling: "Dit is mijn gebied. Het been dat jij aan het masseren bent, mag hier niet komen." Hij dacht dat de andere leerling het been van de Guru daar neergelegd had.

De andere leerling zei niets omdat hij wist dat het de Guru was die zijn been had verplaatst. Hij ging door met het masseren van het linkerbeen van de Guru, hoewel het steeds dichter bij het territorium van de eerste leerling kwam. Toen snauwde de eerste leerling: "Ik zei je toch om je been niet hier te leggen. Dit is mijn kant. Neem het hier weg." Terwijl hij dat zei, duwde hij het linkerbeen terug naar de linkerkant. De andere leerling zei: "Hoe kun je dat nu doen? Dit is het been van de Guru." Toen hij dat zo zei, duwde hij het been terug naar de rechterkant. Ze gingen door met het been van de Guru heen en weer te duwen en op het laatst verloor de eerste leerling zijn beheersing. Hij nam een grote stok en gaf het linkerbeen een fikse aframmeling.

Wie lijdt er nu in deze situatie? De leerlingen dienden de Guru persoonlijk, maar door hun jaloezie en bezitterigheid moest de Guru lijden. Dit gebeurde ook met Amma toen de twee volgelingen met elkaar wedijverden wie Haar koelte mocht toewuiven.

De Guru schenkt ons altijd zijn genade, maar we moeten een geschikt vat zijn om die genade te kunnen ontvangen. Als we de juiste houding hebben, kan bijna elke handeling ons dichter bij God brengen, terwijl zelfs de meest deugdzame handeling die verricht wordt met de verkeerde houding, Gods genade zal tegenhouden.

De geschriften zeggen bijvoorbeeld dat het niet verkeerd is om een leugentje te vertellen als je het doet om iemands gevoelens te ontzien. Tijdens de Zuid-Indiatournee van 2004 bezocht Amma Rameshwaram in Tamil Nadu aan de meest zuidelijke punt van India. Een groep jongeren kwam samen voor Amma's darshan. De leider van de groep zei luid: "Amma! Herinnert u zich mij?" Voordat Amma antwoord kon geven, ging hij verder: "Amma, ik was je klasgenoot in de achtste klas!" Iedereen die bij Amma stond, was er zeker van dat hij niet de waarheid sprak. Deze man leek op zijn minst twintig jaar jonger dan Amma. Hij wendde zich tot zijn vrienden en voegde eraan toe: "Amma en ik waren klasgenoten op de gemeentelijke middelbare school." We verwachtten allemaal dat Amma hem zou corrigeren. Maar in plaats daarvan bevestigde Amma zijn bewering en zei: "Ja, ja!" en omhelsde hem liefdevol.

Na afloop wilden we Amma vragen naar Haar vreemde antwoord, maar de menigte was zo groot dat we er niet de kans voor kregen. Later legde Amma uit: "Amma is nooit op de gemeentelijke middelbare school van die jongen geweest. Amma heeft alleen op de school in Kuzhitura (een dorpje bij de ashram) gezeten, en Ze is maar tot de vierde klas[4] gekomen. Toch wilde Amma de jongen niet vertellen dat hij ongelijk had. Hij wilde waarschijnlijk opscheppen tegenover zijn vrienden dat hij vanaf zijn jeugd erg bevriend was geweest met Amma. Als Amma hem in aanwezigheid van zijn vrienden berispt zou hebben, zou dat een zeer diep litteken in zijn hart hebben achtergelaten. In plaats van hem met een bezwaard hart op te zadelen, wilde Amma hem fijne herinneringen aan zijn darshan laten bewaren."

Zoals altijd, was Amma's actie in dit geval perfect in over-eenstemming met de geschriften. Er is een gezegde in de Veda's: *satyam bruyat, priyam bruyat, na bruyat satyamapriyam.* Dit betekent: "Spreek de waarheid; spreek alleen aangename woorden; spreek geen onvriendelijke woorden, zelfs als ze waar zijn."

Dus kunnen we niet zeggen dat het spreken van de waarheid altijd een goede zaak is en dat een leugen vertellen altijd een

---

[4] Amma verliet de school op negenjarige leeftijd om voor Haar familie te zorgen omdat Haar moeder ziek was geworden.

slechte zaak is. Als het onze intentie is om iemand pijn te doen door de waarheid te vertellen, wordt het een slechte daad. Als het onze intentie is om iemand te beschermen door een leugentje te vertellen, wordt dat een goede daad.

Of we goed prarabdha of slecht prarabdha creëren, of onze handelingen onze pogingen om Gods genade te kunnen ontvangen helpen of verhinderen, dit hangt allemaal af van onze houding of intentie.

Hoofdstuk 13

Egoïsme en onbaatzuchtigheid

Een onbaatzuchtige houding brengt Amma altijd dichter bij ons. Iedere dinsdag brengen de ashrambewoners de ochtend in Amritapuri in meditatie door en Amma komt dan naar de tempel om ons de lunch te serveren. Er is gewoonlijk een grote menigte. Amma deelt meer dan tweeduizend porties uit. Toen een volgeling de prasad van Amma kreeg, liet hij per ongeluk zijn bord voor Haar voeten vallen. Het bord viel op zijn kop waarbij de rijst met kerrie op de grond werd gemorst.

Omdat er nog behoorlijk wat mensen stonden te wachten om eten van Amma te krijgen, begon ik de troep op te ruimen, zodat de mensen er niet in zouden stappen. Maar toen ik het voedsel met mijn blote handen opruimde, kwam het bij me op dat ik mijn handen zou moeten wassen als ze vies werden, vóór het eten van Amma's prasad. En ik dacht dat als ik wegging om mijn handen te wassen, Amma iemand anders kon vragen om daar te zitten en ik mijn plaats kwijt zou raken. Zo denkend stopte ik met het opruimen van het gemorste eten.

Ondertussen knielde een andere brahmachari neer en veegde de vloer schoon, ook met zijn blote handen. Nadat hij de troep had opgeruimd, ging hij niet weg om zijn handen te wassen, hoewel die vuil waren. Hij stond alleen maar naast Amma en keek toe hoe Amma doorging met het serveren van de prasad. Toen het zijn beurt was om prasad te ontvangen, nam hij het bord aan en draaide zich toen om en wilde vertrekken. Amma hield hem echter tegen en vroeg hem naast Haar te zitten. Toen vroeg Amma iedereen om te gaan eten. Net toen deze brahmachari wilde gaan eten, pakte Amma zijn hand en zei: "Mijn zoon, je hebt vieze handen." Ze nam een kan water en waste zijn handen. Ze gaf hem ook een paar hapjes eten met Haar eigen handen.

Toen ik dit zag, wist ik dat ik een fout had gemaakt. Ik had alleen aan mezelf gedacht, terwijl de andere brahmachari door de troep op te ruimen alleen aan het dienen van Amma en de toegewijden had gedacht. Hoewel ik begonnen was te helpen door de vloer schoon te maken, was mijn egoïsme groter dan mijn houding om dienstbaar te zijn. Ik was gemotiveerd door het verlangen om dichtbij Amma te blijven, maar de andere brahmachari was door niet aan zichzelf te denken zelfs dichter bij Amma gekomen. Toen deze gedachten in me opkwamen, keek Amma me aan en glimlachte ondeugend.

We krijgen veel van dergelijke kansen om Amma's genade te verdienen. Helaas maken we door onze zelfzucht en ons ego van deze mogelijkheden meestal geen gebruik.

Op een keer viel een man in een diepe sloot en kon er niet uitkomen. Na lange tijd hoorde een voorbijganger zijn gekreun en tuurde over de rand van de sloot. "Help me!" riep de man in de sloot. "Ik ben in deze sloot gevallen en kan er niet uitkomen!"

De voorbijganger haalde zijn schouders op: "Het is je prarabdha. Je moet de gevolgen van je daden uit het verleden onder ogen zien," en hij vervolgde zijn weg.

Na enige tijd zag een andere voorbijganger de man in de sloot liggen. "Wat is er met je gebeurd?" vroeg hij.

"Ik liep hierlangs en ik viel in de sloot," kreunde de man.

"Heb je het waarschuwingsbord naast de weg niet gezien? Je moet voortaan beter uitkijken!" adviseerde hij en liep door. Een poosje later liep er een derde man langs de sloot en toen hij het gekreun hoorde, keek hij over de rand. De derde man vroeg niet eens wat er was gebeurd. Hij klom gewoon in de sloot, nam de gevallen man op zijn schouder en tilde hem eruit. Deze drie voorbijgangers illustreren de drie manieren waarop we kunnen reageren op het lijden van anderen. Als we iemand zien lijden, kunnen we simpelweg zeggen dat het zijn prarabdha is en hem aan zijn lot overlaten. Als alternatief kunnen we hem ook raad geven en hem op zijn fouten wijzen. We kunnen ten slotte ook zijn lijden aanvaarden alsof het ons lijden is en alles doen om hem te helpen. De meesten van ons zullen op een van de eerste twee manieren reageren. De derde manier is Amma's manier. Laten we allemaal proberen een hart te ontwikkelen dat overstroomt van mededogen, zodat wij ook het lijden van anderen als ons lijden kunnen zien. Deze houding zal bevorderlijk zijn voor onze spirituele ontwikkeling en kan zelfs de maatschappij en de wereld transformeren.

Amma zegt: "Iemand die van God houdt, zal zeker mededogen hebben met hen die lijden. Toewijding en onbaatzuchtig dienen zijn geen twee verschillende dingen; ze zijn hetzelfde. Het zijn twee kanten van dezelfde medaille."

Op een keer had ik de ashrambus (in die tijd was er nog maar één) naar een garage gebracht om hem te laten repareren, net voordat we voor een geplande tournee door Kerala zouden vertrekken. Tegen de verwachting in duurde de reparatie langer dan een hele dag en moest ik overnachten. Ik ging in de bus liggen, maar kon niet slapen omdat het reparatiewerk de hele nacht doorging. Uiteindelijk reed ik 's avonds aan het eind van de tweede dag terug naar de ashram. Toen ik aankwam, zag ik dat Amma en de brahmachari's de rivier al overgestoken waren en op de bus stonden te wachten, want het plan was om die middag te vertrekken.

Omdat ik niet had gegeten, geslapen of gedoucht sinds ik de vorige ochtend uit de ashram was vertrokken, moet ik er vermoeid en afgemat uit hebben gezien. Amma kwam naar me toe en vroeg waarom ik zo laat was. Ik legde uit wat er was gebeurd en maakte aanstalten de bus te starten zodat we onmiddellijk konden vertrekken. Amma riep me terug en kwam naar voren om me te omhelzen. Ik zei tegen Amma: "Raak me alstublieft niet aan, Amma. Ik heb niet gedoucht en ik stink naar zweet." Amma luisterde niet naar mijn bezwaren. Ze sloeg Haar armen om me heen en zei: "Het zweet van onbaatzuchtigheid is als parfum voor me." Toen vroeg Ze een andere brahmachari om de bus te rijden en liet me naast Haar zitten totdat we voor het avondeten stopten.

Amma wil van niemand iets in ruil voor de vriendelijkheid en liefde die Ze aan anderen schenkt, maar Ze is gelukkig als wij ons deel voor onze rekening nemen om anderen te helpen. We kunnen dit doen door belangeloos te werken om het lijden van de armen en hulpbehoevenden te verlichten. In de wereld van vandaag is er behoefte aan zulke oprechte en onbaatzuchtige mensen. Anders zullen er alleen maar meer lijden en problemen ontstaan. In dit verband herinner ik me de uitspraak van de vroegere premier van India, Atal Behari Vajpayee, bij de inauguratie van Amma's hooggespecialiseerde ziekenhuis (AIMS). Hij zei: "De wereld heeft vandaag het bewijs nodig dat onze menselijke waarden nuttig zijn, dat eigenschappen als mededogen, onbaatzuchtigheid, onthechting en nederigheid de kracht hebben om een grootse en welvarende maatschappij te scheppen. Amma's werk verschaft ons dit hoogstnoodzakelijke bewijs."

Amma verwacht niet van ons dat we iets doen waartoe we niet in staat zijn. Ze verwacht van een vis niet dat hij een even zware vracht draagt als een muilezel. Evenmin verwacht Ze van de muilezel dat hij in de zee zwemt. Amma verwacht alleen van ons dat we als meedogende, liefdevolle en zorgzame mensen leven.

Hoofdstuk 14

Satsang: de eerste stap in een spiritueel leven

De eerste stap in een spiritueel leven is *satsang*. *Sat* betekent Hoogste Waarheid. *Sang* betekent samenzijn. Daarom betekent Satsang letterlijk 'verenigd zijn met de Waarheid' of 'in contact zijn met de Waarheid'. Omdat de meesten van ons daar echter niet toe in staat zijn, is de beste vorm van satsang het samenzijn met iemand die in de Waarheid verblijft. Als het voor ons niet mogelijk is om in het gezelschap van een Gerealiseerd Meester te zijn, moeten we op zijn minst proberen om met mensen om te gaan die spiritueel zijn ingesteld. In hun aanwezigheid zullen we aan God kunnen denken en ons het doel van het menselijk leven herinneren. Daarom vraagt Amma al Haar volgelingen om op gezette tijden samen te komen en Gods lof te zingen, te reciteren, te mediteren, te bidden, spirituele boeken te lezen en spirituele gesprekken te voeren. Dit noemen we ook satsang.

Steeds wanneer we aan welke vorm van satsang dan ook met oprechtheid en concentratie deelnemen, kunnen we positieve vibraties in onszelf creëren. Er zijn zoveel dingen in de wereld die ons kunnen boeien en afleiden. Als we ons overgeven aan het hedendaagse vermaak, dan roepen we een hoop onnodige onrust over ons af; we worden opgewonden en gespannen. Satsang helpt ons onze geest van deze verleidingen en afleidingen af te houden. Dit zal ons helpen om betrekkelijk rustig en vredig te blijven.

Er is een volksverhaaltje over de schilder Leonardo da Vinci, wiens beroemdste schilderij het Laatste Avondmaal is. Het verhaal gaat dat toen da Vinci besloot om het Laatste Avondmaal te schilderen, hij naar alle hoeken van het land mensen stuurde in de hoop iemand te vinden van wie het hele gezicht representatief voor Jezus zou zijn, want hij wilde Jezus het eerst schilderen.

Da Vinci's helpers brachten een perfecte kandidaat, een knappe, oprechte jongeman met goede manieren. Da Vinci gebruikte de jongeman als model voor Jezus en was erg tevreden over het resultaat. Toen ging hij verder met het portretteren van de overige discipelen, waarbij elf andere mannen die bij hem werden gebracht, model stonden. Sinds hij met het schilderij was begonnen, waren er verscheidene jaren verstreken en hij moest nog één discipel afbeelden. Dat was Judas, de discipel die Jezus voor dertig zilverlingen verried.

Opnieuw startte de grote kunstenaar een zoekactie. Deze keer luidde de opdracht om een man te vinden van wie de wrede trekken en het slechte gedrag geschikt waren om Judas uit te beelden. Uiteindelijk brachten ze een man mee met een uiterlijk dat van vele jaren boosheid, haat en egoïsme getuigde. Da Vinci was tevreden en begon de laatste discipel te schilderen. Op dat moment begon de man die hij had uitgekozen om model te staan voor Judas, onbeheerst te snikken. Da Vinci hield op met schilderen en vroeg de man waarom hij huilde.

De man keek naar da Vinci en zei: "Herkent u me niet?"

Da Vinci keek beter, maar kon het gezicht van de man niet plaatsen. "Ik ben er zeker van dat ik u nooit eerder heb gezien," verontschuldigde hij zich.

"Kijk naar uw eigen schilderij," smeekte de man de kunstenaar. "Ik ben dezelfde man die u vele jaren geleden uitkoos om Jezus te portretteren.

Da Vinci keek nauwkeuriger en zag dat het waar was. Omdat hij jaren in slecht gezelschap had verkeerd en zelfzuchtig en kwetsend tegen anderen was geweest, was dezelfde man die Jezus zo goed had uitgebeeld, nu een perfecte kandidaat voor de man die hem had verraden.

Afhankelijk van het gezelschap waarin we verkeren of de contacten die we hebben, zullen we uiteraard overeenkomstige eigenschappen ontwikkelen. Daarom hecht Amma zoveel belang aan satsang. Amma geeft het volgende voorbeeld: in India zijn tempels waar de papegaaien namen van goden herhalen zoals 'Ram, Ram, Ram, Ram' of 'Hare, Hare, Hare, Hare' of een mantra zoals 'Om Namah Shivaya'. Een papegaai die vlakbij de tempel woont, zal deze goddelijke namen en mantra's kunnen herhalen, omdat hij de volgelingen die de tempel bezoeken, deze hoort zingen. Aan de andere kant zal een papegaai die toevallig naast een slijterij of een café woont waar mensen drinken en elkaar uitschelden, alleen die woorden leren.

Mensen hebben verschillende niveaus van spirituele aanleg. Als iemand met een minimale belangstelling voor spiritualiteit deelneemt aan welke vorm van satsang dan ook, kan die vonk van belangstelling ontbranden.

Amma zegt dat slechte gewoontes als wild vuur zijn. Zij verspreiden zich zeer snel, terwijl goede gewoontes een lange tijd vergen om blijvend te worden. Als we drie of vier keer aan iets toegeven, zullen we er totaal verslaafd aan raken. Als we bijvoorbeeld vier dagen achter elkaar koffie drinken, zullen we de vijfde dag hoofdpijn krijgen als we geen koffie drinken. Maar als het om goede gewoontes gaat, zoals regelmaat in onze spirituele oefeningen of het altijd spreken van aardige woorden, brengen we dat niet serieus in de praktijk, zelfs als we het belang ervan honderd keer te horen krijgen. We zullen in ieder geval geen hoofdpijn krijgen als we het niet doen!

Onze wensen en gehechtheden zullen de geest altijd neertrekken naar wereldse zaken. Onze geest heeft dus iets nodig om hem te verheffen. Amma geeft vaak het volgende voorbeeld: Als wetenschappers een raket de ruimte in lanceren, zal de eerste trap van de raket de satelliet alleen in een baan om de aarde brengen. Om de zwaartekracht van de aarde te overwinnen is er een hulpraket nodig. Op dezelfde wijze zit onze geest gevangen in een baan om ons ego. Als we ons ervan willen bevrijden, hebben we ook een hulpraket nodig, een Spiritueel Meester. De Meester zal ons lostrekken van de aantrekkingskracht van het ego en ons direct naar God leiden. Als alle obstakels van ons pad zijn verwijderd, zullen we in staat zijn om alle beperkingen te transcenderen en echte vrijheid te bereiken.

Voordat we bij Amma kwamen, waren velen van ons helemaal niet geïnteresseerd in spiritualiteit. Na Amma ontmoet te hebben raakten we geïnteresseerd in spirituele oefeningen en in een spiritueel leven. Als er echter iets onfortuinlijks in ons leven gebeurt, kan onze belangstelling voor spiritualiteit net zo snel verdwijnen als hij is gekomen. We kunnen ook alles over spiritualiteit vergeten als het ons uitzonderlijk goed gaat, omdat we denken dat we Gods hulp niet langer nodig hebben. Op zo'n moment moeten we eraan herinnerd worden dat het alleen dankzij Gods genade zo goed gaat. We hebben satsang dus nodig om onze interesse in spiritualiteit te wekken en om die op lange termijn in stand te houden.

Amma geeft het volgende voorbeeld: als we een stuk ijzer in het water gooien, zal het zinken. Maar als we datzelfde stuk ijzer op drijvend materiaal zoals een blok hout binden, zal het blijven drijven. Op dezelfde wijze kan satsang voorkomen dat we volledig opgaan in de verleidingen en afleidingen van de wereld. We worden misschien nat, maar we zullen niet verdrinken. Dit wordt veel gemakkelijker als we een Satguru hebben. Door de onvoorwaardelijke liefde en het mededogen van de Satguru en door zijn voorbeeld te volgen kunnen we veel van onze zelfzuchtige wensen en gehechtheden overwinnen. Degenen onder ons die bij Amma zijn, kunnen deze uitspraak uit eigen ervaring begrijpen. Er zijn talloze voorbeelden van mensen die hun gehechtheid aan verschillende zaken in de wereld hebben opgegeven, nadat ze Amma hadden ontmoet. In plaats van het nastreven van wereldse prestaties en bezittingen brengen ze nu hun vrije tijd door met spirituele oefeningen en met het dienen van anderen.

De Grote Meester Shankaracharya zei:

satsangatve nissangatvam
nissangatve nirmohatvam
nirmohatve niscala tatvam
niscalatatve jīvan muktiḥ

Door satsang zullen we onze gehechtheden kunnen overwinnen.

Door onze gehechtheden te overwinnen zullen we de illusie overwinnen dat materiële objecten ons blijvend geluk kunnen brengen.

Als we deze illusie overwinnen, zal de geest kalm en stil worden.

Deze stilte van de geest leidt naar vrijheid van gebondenheid terwijl we nog in het lichaam zijn.

Naast bidden en mediteren bespreken we tijdens de satsang spirituele onderwerpen en principes. Dit helpt ons de aard van de wereld en zijn objecten te begrijpen. We beginnen de wereld rationeel te analyseren. We beseffen dat we aan zoveel mensen en dingen in de wereld gehecht zijn en dat we elke keer als een van deze mensen of objecten verandert of ons verlaat, verdriet ervaren. Als we beginnen te begrijpen dat God eeuwig is en al het

119

andere op een dag zal verdwijnen, kunnen we een houding van onthechting ontwikkelen voor alles behalve God of het Atman. Door onthechting kunnen we van deze illusie af komen. In dit geval verwijst illusie naar de misvatting dat 'ik niet gelukkig kan zijn zonder een bepaald voorwerp, een bepaalde persoon of prestatie'. Als we niet gehecht zijn aan deze dingen, zullen we ze niet langer najagen en daarmee deze zinsbegoocheling overwinnen. Laten we het voorbeeld nemen van een zware roker die voor de eerste keer naar Amma gaat. Hij krijgt darshan en zit dan lange tijd naast Amma. Tegen de tijd dat hij van de plaats naast Amma vertrekt, realiseert hij zich dat er drie uur zijn verstreken. Normaal gesproken zou hij in die tijd op zijn minst zes sigaretten hebben gerookt, en zou hij erg geprikkeld zijn geraakt als hij niet de gelegenheid had gehad om te roken. De gedachte aan roken kwam echter niet één keer bij hem op terwijl hij naast Amma zat en eigenlijk veel gelukkiger dan gewoonlijk was. Op die manier realiseert hij zich dat zijn geloof dat hij sigaretten nodig heeft om gelukkig te zijn, een misvatting is. Door de satsang met Amma kon hij het roken loslaten, waardoor hij het waanidee op kon geven dat hij sigaretten nodig had om gelukkig te zijn.

Voor één brahmachari was het, voordat hij naar de ashram kwam, de ambitie van zijn leven om filmster te worden. Hij vond dat zijn leven zinloos zou zijn, als hij geen beroemde filmster kon worden. Hij kwam eigenlijk naar Amma om Haar zegen te vragen om zijn doel te bereiken. Toen hij Amma ontmoette, was hij overweldigd door Haar liefde en bleef een paar dagen in de ashram. Toen hij naar huis terugkeerde, kwam hij erachter dat zijn verlangen om bij Amma te zijn zo groot was, dat hij terugkwam naar de ashram en nooit meer naar huis ging. Zijn verlangen om filmster te worden verdween volledig. Door zijn liefde voor Amma raakte hij onthecht van de wereld en kon hij zijn verkeerde idee over geluk en vervulling opgeven.

Als deze waanideeën verdwijnen, wordt onze geest relatief stil en vredig. Als we de illusie hebben dat een bepaald voorwerp ons gelukkig zal maken, zullen we ernaar streven om dat voorwerp te bemachtigen. Of we het krijgen of niet, onze geest zal onrustig worden door dit gevecht. Als we vrij zijn van deze illusie, is onze geest rustig. Hij is kalm en stil.

Met een dergelijke stille en vredige geest kunnen we gerichte concentratie krijgen tijdens onze spirituele oefeningen, wat ons uiteindelijk naar *jivanmukti* (bevrijding terwijl we nog in het lichaam zijn) zal leiden. In die toestand worden we door niets beïnvloed. Zonder de hulp van iemand of iets buiten onszelf voelen we ons totaal gelukkig en tevreden. We hebben het ultieme succes bereikt.

Amma geeft ons nog een voorbeeld over een papegaai. Stel dat we een papegaai trainen om mantra's te zeggen. Hij zal ze opzeggen, maar wat gebeurt er als we hem buiten de kooi laten en een kat hem vangt? De papegaai zal op dat moment geen mantra's reciteren! In plaats daarvan zal hij op zijn eigen manier schreeuwen. Dat komt doordat de mantra's niet diep in zijn hart zijn doorgedrongen. Op dezelfde wijze moeten we satsang met een open hart tegemoet treden om er het gewenste profijt van te hebben. Amma zegt altijd dat zoals iemand die een parfumfabriek bezoekt naar parfum gaat ruiken, ook al heeft hij geen geurtje gekocht of opgedaan, iemand het gezelschap van een Mahatma niet kan verlaten zonder er ten minste een beetje voordeel van te hebben. Als we ontvankelijk en vrij van vooroordelen zijn, kunnen we er echter veel meer voordeel van hebben. Het zaad van genade kan niet ontkiemen op de rots van het ego, maar in de vruchtbare aarde van een onschuldig hart zal het groeien en een overvloedige oogst opleveren.

Probeer als spiritueel zoeker zo vaak als je kunt deel te nemen aan een vorm van satsang.

Hoofdstuk 15

Een pelgrimstocht of een picknick

In India ondernemen veel mensen op een bepaald moment in hun leven een pelgrimstocht. In zekere zin kan een pelgrimstocht ook beschouwd worden als satsang, want als we op een pelgrimstocht naar een heilige plaats gaan, helpt ons dat om onze geest op het spirituele doel gericht te houden.

Een pelgrimstocht is eigenlijk erg eenvoudig. Het betekent een reis maken naar een tempel of een heilige plaats en weer terugkomen. Tegenwoordig komen pelgrims echter veel attracties tegen als ze op reis zijn. Ze zullen langs goede restaurants, mooie hotels, bioscopen, winkelcentra of zelfs een circus of een magische show komen. Als de pelgrims niet voorzichtig zijn, zullen ze door deze dingen afgeleid worden en het uiteindelijke doel van hun reis vergeten. Het zal uiteindelijk een vakantiepicknick worden in plaats van een pelgrimstocht.

Een van Amma's volgelingen vertelde me een verhaaltje. Hij had een vriend die op pelgrimstocht was gegaan naar een beroemde Shivatempel in noord India. Daarna bezocht deze volgeling hem. Toen de volgeling naar het huis van zijn vriend ging, zag hij een levensgrote foto van zijn gastheer die op een kameel zat. De volgeling vroeg zijn vriend: "Wat is dit? Waar heb jij op een kameel gereden?"

"Toen ik die Shivatempel bezocht," antwoordde zijn vriend.

De volgeling vroeg hem: "Moest je op pelgrimstocht gaan om op een kameel te rijden? Je zou dat in het dorp hiernaast hebben kunnen doen."

Zijn doel was geweest om zijn respect te betuigen aan Heer Shiva en weer terug te keren. In plaats van een foto van Heer Shiva te kopen, kocht hij een heel grote foto van zichzelf op een kameel. Zie je hoe de geest afgeleid wordt? Ondernemende mensen begrijpen de aard van de geest in zoverre, dat ze weten dat zelfs mensen die op pelgrimstocht gaan, niet volledig op God gericht zijn. Zo kunnen we zien dat mensen op de heiligste pelgrims-plaatsen en plaatsen van verering in India geld verdienen op alle mogelijke manieren, van ritjes op een olifant, paard of kameel tot chique restaurants, vijfsterrenhotels, pizzarestaurants en zelfs speelhallen.

Vanzelfsprekend zullen deze gelegenheden aantrekkings-kracht op ons uitoefenen. "O!" zullen we denken, "ik heb nog nooit op een kameel gereden, dus laat ik de gelegenheid te baat nemen." Zelfs als we op pelgrimstocht gaan, kunnen we ons niet concentreren op het doel van onze tocht.

Om de wens van een aantal brahmachari's te vervullen nam Amma ons vele jaren geleden mee op een pelgrimstocht naar Tiruvannamalai, een heilige plaats in Tamil Nadu. Dit was de plaats waar Sri Ramana Maharshi zijn ashram had en waar de heilige berg Arunachala staat. We bleven er twee dagen. Op de eerste dag stonden we zoals gewoonlijk voor dag en dauw op om onze ochtendgebeden te doen en om te mediteren. Amma nam ons mee om een bezoek te brengen aan de tempel en de top van de berg. Toen we naar het huis terugkeerden, ging Ze naar Haar kamer en liet ons alleen, omdat we vermoeid waren van de tocht naar de berg. Na een goede maaltijd te hebben genoten brachten we de middag door met keuvelen en rusten zonder spirituele oefeningen te doen. Die avond na de bhajans vroeg Amma hoe we die dag hadden doorgebracht. Omdat we niets gedaan hadden wat de moeite waard was, konden we geen bevredigend antwoord geven. Na ons antwoord te hebben gehoord ging Amma naar Haar kamer zonder nog een woord te zeggen.

De volgende morgen stonden we weer op de gebruikelijke tijd op. Gewoonlijk is het eerste wat we na het opstaan doen, een bad nemen. Volgens de traditie moet men een bad nemen, voordat men aan het ochtendgebed begint. Uit luiheid wilden sommigen van ons echter geen bad nemen. Hoewel het buiten eigenlijk niet zo koud was, zeiden we tegen elkaar dat het te koud was om een bad te nemen.

Op dat moment hoorden we iemand roepen dat Amma naar buiten was gekomen. We keken naar buiten en zagen Amma met Swami Paramatmananda naast zich naar de weg lopen die naar de berg Arunachala leidde. Hij keek achterom en zei ons dat Amma om de berg ging lopen. Hoewel sommigen van ons zich kort tevoren lui hadden gevoeld, namen we snel een koude douche toen we erachter kwamen dat Amma al op weg was, en renden achter Haar aan.

Tijdens de rondgang om de berg stopte Amma voor elk heiligdom of grot en vroeg ons om drie keer 'Om' te herhalen. Op sommige plekken vroeg Ze ons ook te gaan zitten mediteren. Het duurt gewoonlijk ongeveer anderhalf uur om rondom de berg te lopen, maar het kostte ons zes uur. We brachten de rest van de dag door met mediteren en het zingen van bhajans. Later vertelde Amma ons dat als Ze die morgen niet naar buiten was gekomen, we de tweede dag van de pelgrimstocht ook zouden hebben verspild. Door Haar voorbeeld toonde Amma ons de juiste manier om ons op een pelgrimstocht te gedragen.

We moeten zeer voorzichtig en alert zijn, zelfs bij een ogenschijnlijk eenvoudige oefening als het maken van een pelgrimstocht. Zelfs een klein beetje zorgeloosheid kan de bedoeling verijdelen. Wat moeten we dan zeggen over subtielere oefeningen als meditatie? We moeten zeer waakzaam zijn. Voor een spirituele zoeker is het beter om ver weg te blijven van afleiding en vermaak steeds wanneer we dat kunnen.

In Kerala is een beroemde tempel genaamd Sabarimala, die midden in een bos ligt. Het bos huisvest veel wilde dieren als tijgers, olifanten en beren. Tot ongeveer dertig jaar geleden was het een heel gevaarlijke tocht. Nu heeft men een weg door het bos aangelegd en is de tocht veel minder gevaarlijk.

De tempel is gewijd aan Heer Ayyappa. Als onderdeel van de traditie van deze tempel moeten volgelingen die van plan zijn de pelgrimstocht naar Sabarimala te maken, bepaalde geloften gedurende 41 dagen voor de reis strikt nakomen. Gedurende deze tijd moeten ze celibatair leven en zich onthouden van roken, het drinken van alcohol en het eten van vlees. Vroeger legden ze de pelgrimstocht te voet af. De pelgrims kookten hun eten en sliepen zelfs langs de kant van de weg. Zij waren overgeleverd aan de willekeur van de natuur. Als het regende, werden ze drijfnat van de regen. Als het een hete dag was, verbrandden ze in de zon. Ze droegen ook een bundel met kokosnoten, ghi en rijst op hun hoofd om tijdens de verering in de tempel aan God te offeren. Als ze deze bundel of *irumudi* niet bij zich hadden, werden ze niet in de tempel toegelaten. Al deze *tapas* (ascese) was hun manier om hun devotie voor God uit te drukken. Tegen de tijd dat ze terugkwamen, hadden ze enige spirituele energie verzameld door het opgeven van alle comfort en het volgen van zo'n strikte discipline.

Tegenwoordig volgen de meeste mensen al deze regels niet strikt meer. Veel mensen nemen niet langer de 41 dagen van geloften in acht. In plaats van de pelgrimstocht te voet af te leggen, nemen de meeste mensen liever de bus. Als je de irumudi niet bij je hebt, krijg je geen toestemming om de achttien heilige treden naar de hoofdingang van de tempel te beklimmen, maar het is mogelijk om door de zij- of achteringang naar binnen te gaan. Veel mensen geven nu de voorkeur aan al deze kortere wegen. Door dit te doen gaat een groot deel van het doel van de pelgrimstocht echter verloren. Naast de bestemming zijn de inspanningen die we verrichten en de voorschriften die we onderweg volgen, heel belangrijk. Deze geven ons spirituele kracht en helpen ons Gods genade te verdienen. We kunnen niet eenvoudigweg naar Sabarimala rijden en via de achterdeur naar binnen gaan in de hoop daarvan hetzelfde profijt te hebben als degenen die de pelgrimstocht oprecht hebben ondernomen.

Amma vertelt ons de volgende grap. Er was eens een jongen die op een dag met een grote glimlach van school thuiskwam. De vader vroeg zijn zoon: "Wat is er vandaag gebeurd op school? Waarom ben je zo blij?" De jongen antwoordde: "Vandaag was er een atletiekwedstrijd op school. Ik heb de 400 meter in 20 seconden gelopen."

"Wat? Zelfs het wereldrecord is twee keer zo veel. Hoe heb je nu de 400 meter in slechts 20 seconden kunnen lopen?"

"Ik heb een kortere weg genomen," zei de jongen.

Als de jongen een kortere weg nam, hoe kon dat dan een wedstrijd over 400 meter worden genoemd? Op dezelfde wijze wordt de ziel van de pelgrimstocht tenietgedaan, als we de vereiste disciplines niet volgen. Het doel van de pelgrimstocht is om Gods genade te winnen, maar zelfs daarvoor willen we een kortere weg nemen. In werkelijkheid is er geen kortere weg om Gods genade te ontvangen.

Een volgeling had eens een visioen van God. Toen hij God zag, bedankte hij Hem voor de verschijning en loofde hem met zijn gezang. God bleef lange tijd bij hem. De toegewijde kon al zijn twijfels en geloofszaken ophelderen. Toch ging God nergens heen. Daarom bedacht de volgeling dat hij iets over het rijk van

127

God zou vragen. Hij vroeg: "O Heer, hoe zit het met de tijd in de hemel?"

God glimlachte en antwoordde: "Eén miljoen jaar op aarde staat gelijk met één minuut in de hemel."

De volgeling was verbouwereerd en waagde het nog een vraag te stellen. "O Heer, wat is de waarde van het geld in de hemel?"

"Eén dollar in Mijn rijk is evenveel waard als een miljoen dollar op aarde," zei God tegen de volgeling.

De volgeling kon zijn oren niet geloven. Hij had nog een vraag voor God: "O genadige God, als dat zo is, kunt U me dan een hemelse dollar geven?"

"Natuurlijk," antwoordde de Heer, "als je één minuut wacht."

Amma zegt altijd dat Gods genade alleen verkregen kan worden door je oprecht in te spannen. Voor veel mensen is een reis naar Amma's ashram een lange reis met vliegtuigen, treinen en auto's, en het leven in de ashram is misschien niet zo comfortabel als ze thuis gewend zijn.

Tegenwoordig zijn alle eerste levensbehoeften verkrijgbaar in de ashram en kan men er zelfs zijn e-mail checken. In de begintijd van de ashram was de situatie heel anders. We hadden vaak geen elektriciteit. Er was geen stromend water. We moesten water halen bij de dorpskraan. Soms kwam er zelfs uit de dorpskraan verscheidene dagen geen water en moesten we naar het dorp aan de overkant van de rivier om drinkwater te halen. In het begin was er niet eens plaats om te slapen. Omdat Amma's zussen in het huis van het gezin woonden, wilden Amma's ouders niet dat de brahmachari's 's avonds in huis kwamen. We sliepen dan buiten op het zand. Als het 's nachts regende, zaten we in de tempel. Als Amma onze benarde toestand zag, weigerde Ze ook in het huis te slapen. Vele nachten sliep Ze helemaal niet. Andere keren sliep Ze buiten voor het huis op enige afstand van de brahmachari's.

Later, toen Swami Paramatmananda (toen Brahmachari Nealu) in de ashram kwam wonen, had hij genoeg geld om een kleine hut te bouwen. In de hut was een keuken, een voorraadkamer en net genoeg ruimte dat vier of vijf van ons er konden slapen. Hoewel we toen een keuken hadden, waren er meestal onvoldoende ingrediënten om eten klaar te maken. Soms brachten Amma's volgelingen eten voor ons mee, maar als er meer volgelingen kwamen, dan gebruikte Amma het voedsel om hen te eten te geven in plaats van ons. Amma stond er altijd op dat de volgelingen iets te eten kregen als ze naar de ashram kwamen, zelfs als dat betekende dat Zij en de brahmachari's het zonder eten moesten doen. Op die momenten ging Amma soms naar de naburige huizen om voor ons *bhiksha* (aalmoezen) bij elkaar te bedelen.

Hoewel het naar alle maatstaven een zwaar leven was, ervoeren we het nooit als lijden. We waren zo gericht op Amma, dat we niets van het gebruikelijke comfort van de wereld misten, zelfs niet als het ging om primaire behoeften als eten, water en een dak boven ons hoofd.

Toen we later de middelen wel hadden, gaf Amma toch alleen toestemming om de ashram van de minimale gemakken te voorzien. Ze wilde iedereen die naar de ashram kwam, een geest van onthechting bijbrengen. Amma zei: "Als mensen naar de ashram komen, geven ze in ieder geval iets van hun comfort op. Daarvan zullen ze in spiritueel opzicht profiteren." Amma is er erg uitgesproken over dat als je naar Haar ashram komt en daaraan zoveel tijd, geld en energie besteedt, je wat spirituele kracht moet opdoen, wat spiritueel profijt om mee naar huis te nemen. Daarom is het zelfs nu, nu mensen vanuit de hele wereld naar de ashram komen, geen vakantieverblijf. Je zal tijdens je verblijf iets op moeten offeren.

Dus naar Amritapuri komen kan voor Amma's kinderen een geweldige pelgrimstocht worden. Maar als we komen, moeten we niet vergeten dat we de pelgrimstocht met de juiste instelling volbrengen. Als we enig ongemak ondervinden of een klein offer moeten brengen, laten we dat dan beschouwen als een manier om spirituele kracht te ontwikkelen en om ontvankelijk te worden om Amma's goddelijke genade te ontvangen.

Hoofdstuk 16

De unieke kracht van het onderscheidingsvermogen

Bepaalde dingen hebben mensen en alle andere levende wezens gemeen. Hieronder vallen slapen, eten, voortplanting en de behoefte aan zekerheid. Maar mensen hebben één eigenschap die hen onderscheidt van alle andere wezens. Dat is niet intelligentie. Ook dieren hebben in bepaalde mate intelligentie. Wat mensen uniek maakt, is het vermogen om onderscheid te maken[5]. Voor de gewone man betekent onderscheidingsvermogen de mogelijkheid het verschil te zien tussen goed en kwaad en datgene wat nuttig en schadelijk is. Voor een spirituele zoeker betekent onderscheidingsvermogen dat ook, maar nog meer. Een spirituele zoeker moet zijn onderscheidingsvermogen kunnen gebruiken om het verschil te zien tussen het eeuwige, God of de Waarheid, en het veranderlijke of tijdelijke.

De intelligentie die mensen geholpen heeft voorspoed te creëren, is ook de oorzaak van ons lijden en onze ellende. Dat komt doordat we ons vermogen om onderscheid te maken niet juist gebruiken. Intelligentie zonder onderscheidingsvermogen kan tot vernietiging leiden. Als mensen verkrachten, moorden, onderdrukken of terroristische aanslagen plegen of als ze

---

[5] Volgens de Vedanta is echt onderscheidingsvermogen het vermogen om het onveranderlijke en eeuwige Zelf te scheiden van de veranderlijke en vergankelijke wereld.

omstandigheden scheppen die voor anderen tot armoe en honger leiden, is dat omdat ze hun onderscheidingsvermogen niet gebruiken. Als mensen diezelfde vermogens van het lichaam, de geest en het intellect zouden gebruiken om anderen te dienen, om hun tranen af te vegen en hun lijden te verlichten, zou de wereld in een hemel getransformeerd kunnen worden. Daarvoor hebben we onderscheidingsvermogen nodig.

Als we ons onderscheidingsvermogen samen met onze intelligentie gebruiken, benutten we onze menselijke capaciteiten om harmonie en welwillendheid bij allen te bevorderen. Dit betekent dat we liefdevol, meedogend en onbaatzuchtig handelen. Dit helpt niet alleen de wereld, maar ook de mensen die de daden verrichten. Als we ons onderscheidingsvermogen gebruiken om goede daden te verrichten, wordt onze geest zuiver en verruimd.

Amma zegt dat er veel dingen zijn die de mensen niet onder controle hebben, hoewel ze erg veel macht hebben verkregen. We kunnen bijvoorbeeld niet beslissen waar we geboren worden, wie onze ouders zijn of welke talenten of capaciteiten we hebben. Als we deze beslissingen zelf konden nemen, zou deze wereld er heel anders uitzien. Omdat we geen zeggenschap over deze omstandigheden hebben, worden we allemaal met verschillende talenten en capaciteiten geboren, maar ook met een aantal zwakheden en gebreken. Om in het leven te slagen moeten we ons onder deze omstandigheden op onze sterke kanten richten, terwijl we onze zwakke kanten erkennen. Helaas doen veel mensen het tegenovergestelde. In plaats van zich te concentreren op hun sterke kanten en talenten concentreren ze zich op hun zwakke kanten zonder hun sterke kanten te erkennen. Daarom verlaten veel mensen de wereld met prachtige, nog steeds verborgen schatten in zich. Psychologen zeggen dat de mensen maar tien tot twaalf procent van hun vermogen gebruiken. Men zegt dat zelfs Einstein slechts vijfentwintig procent van zijn intellectuele capaciteit gebruikte. Als dat waar is, betekent het dat wij allemaal een enorm deel van ons potentieel niet gebruiken. Door ons onderscheidingsvermogen te gebruiken kunnen we meer van ons innerlijke potentieel gebruiken door onze zwakke kanten om te vormen in sterke kanten. Een vrouw in de Verenigde Staten verloor haar zoon door een dronken automobilist. Ze had gemakkelijk verteerd kunnen worden door haat jegens de man die haar zoon had gedood. In plaats van te vechten met de dronken automobilist, koos ze ervoor te vechten tegen dronken achter het stuur zitten. In 1980 richtte ze samen met een groep vrouwen in Californië MADD op. (Mothers Against Drunk Driving – Moeders Tegen Dronken Autorijden.) De organisatie heeft nu zeshonderd afdelingen over het hele land. Hun activiteiten maakten de wetgeving tegen dronken achter het stuur zitten mogelijk. Het percentage dronken automobilisten in de Verenigde Staten is als gevolg daarvan dramatisch gedaald. Wat had deze vrouw kunnen bereiken door kwaad te worden op één individu? Door haar onderscheidingsvermogen te gebruiken kon ze haar boosheid kanaliseren in iets dat de maatschappij werkelijk ten goede kwam.

Iets vergelijkbaars vond plaats in een landelijk dorp in India bij mensen die in stamverband leefden. Omdat ze erg arm waren, hadden velen van hen geen fatsoenlijke huizen. Sommige huizen hadden niet eens een deur. Op een avond kwam een zwerver een huis binnen en probeerde een vrouw te verkrachten die binnen lag te slapen. Het lukte haar hem de deur uit te werken, maar door zich te verdedigen was ze zwaar gewond geraakt. Terwijl het slachtoffer van haar verwondingen herstelde, was ze ziedend van woede. In plaats van te proberen wraak te nemen op dat individu gebruikte ze haar kwaadheid echter op een creatieve manier. Vastbesloten dat niemand hetzelfde lot zou hoeven ondergaan, organiseerde ze bij de plaatselijke autoriteiten een protest van de stamleden tegen hun leefomstandigheden. Uiteindelijk stemden de autoriteiten erin toe om degelijke, veilige huizen voor de hele stam te bouwen. Zij stelden ook een speciaal politiekorps in om dat gebied te bewaken.

In de toespraak die Amma gaf tijdens het Wereldomvattende Vredesinitiatief van Vrouwelijke Religieuze en Spirituele Leiders in 2002, vertelt Zij een waar gebeurd verhaal over een vrouw van wie de echtgenoot bij een terroristische aanslag was vermoord. Haar zoon was toen een jonge jongen en toen hij zijn vader verloor, zwoer hij dat hij op een dag wraak zou nemen. Hij vatte het plan op om zich aan te sluiten bij een rivaliserende groep strijders om wraak te nemen op de groep die zijn vader had vermoord. Toen hij zijn moeder van het plan vertelde, adviseerde ze hem: "Mijn zoon, kijk eens naar de pijnlijke situatie van ons gezin. Kijk hoe moeilijk het is om de touwtjes aan elkaar te knopen zonder je vader. En kijk eens naar jezelf, hoe verdrietig je bent terwijl je opgroeit zonder de liefde van een vader. Als je andere vaders hun kinderen naar school ziet brengen, voel je je dan niet bedroefd, en zou je dan ook niet graag een vader hebben? Door wraak te nemen op degenen die je vader hebben vermoord, wat zul je daardoor anders bereiken dan meer lijden en verdriet? Moeten er nog meer bedroefde gezichten in de samenleving komen? Waar we echt naar moeten streven is het ontwikkelen van liefde en broederschap. Dat is de enige manier om vrede voor onszelf en anderen te bereiken. Daarom mijn zoon, maak onderscheid en doe wat je voelt dat juist is." De jongen nam zijn moeders woorden serieus en weigerde zich bij een terroristische groep aan te sluiten, zelfs toen ze hem probeerden te rekruteren. Toen hij jaren later Amma ontmoette, bood hij Haar een gebed aan: "Geef deze terroristen, die zo vol haat en geweld zijn, alstublieft het juiste inzicht. En vul alstublieft hen hart met de geest van vergeving bij allen die zoveel gruweldaden hebben meegemaakt en zoveel hebben geleden. Anders zal de situatie alleen maar verslechteren en zal er geen einde aan het geweld komen."

Amma zegt dat het tegengif dat levens redt, van hetzelfde gif wordt gemaakt dat we krijgen bij een slangenbeet. Door met onderscheidingsvermogen en goede intenties te handelen kunnen onze negatieve emoties en zwakheden eveneens in sterke kanten getransformeerd worden.

Aan de andere kant, als we niet met onderscheid handelen, kunnen zelfs onze sterke kanten of talenten zwakheden worden. We zien bijvoorbeeld veel mensen met grote spreekvaardigheid die uitblinken als verkoper. Als ze echter te veel tegen een klant praten, zullen ze hem juist wegjagen in plaats van hem over te halen om het product te kopen. Hun gave van het woord kan gebruikt worden om het product te verkopen, maar als ze maar door blijven praten, kunnen ze de klant juist van de koop afhouden. Dan is hun spreekvaardigheid een zwakte geworden.

Ik heb een grap gehoord die dit punt illustreert. Tijdens de Franse revolutie werden drie mannen naar de guillotine geleid. Een priester vergezelde hen om hun de laatste sacramenten toe te dienen. De eerste man werd geïnstrueerd om zijn hoofd op het hakblok te leggen. Toen de bijl werd losgelaten, viel hij niet op zijn nek maar bleef hangen. De priester beschouwde dit als een teken van God en liet de man vrij en zei hem dat God zijn fouten had vergeven. Hetzelfde gebeurde bij de tweede man. De derde man was ingenieur van beroep. Terwijl hij naar de guillotine werd gebracht, keek hij omhoog en riep uit: "Hé, ik zie wat het probleem is!" en gaf instructies om de guillotine te repareren. De guillotine werd onmiddellijk gemaakt en de ingenieur verloor zijn hoofd. Hier gebruikte de ingenieur zijn talenten zonder zijn onderscheidingsvermogen te gebruiken.

Het is noodzakelijk om ons onderscheidingsvermogen te gebruiken als we de waarden kiezen waarmee we willen leven. Als

135

we dat niet doen, zullen zelfs de beste voorwerpen en gelegenheden in het leven nutteloos worden en ons ellende brengen. Veel lezers zullen de uitdrukking 'gouden handen hebben' kennen. Dit betekent dat je met ogenschijnlijk weinig inspanning veel geld kunt verdienen. Deze uitdrukking stamt uit de Griekse mythe van koning Midas, wiens grootste ambitie het was om rijkdom te vergaren. Op een dag verscheen een godin voor hem en bood hem een gunst aan: hij kon alles vragen wat hij wilde. De koning was in de wolken. Hij vroeg de godin hem te zegenen zodat alles wat hij aanraakte in goud zou veranderen. De godin waarschuwde hem voor de consequenties van deze gunst, maar zijn hebzucht was zo groot, dat hij geen acht sloeg op haar woorden. Hij wilde geen andere gunst accepteren. Uiteindelijk zegende de godin hem met de gunst waarom hij had verzocht. Vanaf dat moment veranderde alles wat de koning aanraakte in goud.

Het duurde niet lang voordat de koning serieuze moeilijkheden begon te krijgen. Als hij ging zitten om te ontbijten, veranderde al het eten dat hij aanraakte in goud. Omdat hij geen schaal met gouden graan kon eten, riep hij zijn enige dochter om hem te helpen. Ze kwam naar zijn kamer gerend en hij omhelsde haar liefdevol. Kijk, ze veranderde onmiddellijk in een gouden standbeeld. De koning was geschokt en wanhopig. Hij begon luid te huilen en bad tot de godin die hem de gunst verleend had. De godin verscheen voor de koning en vroeg hem of hij gelukkig was met zijn vermogen om alles in goud te veranderen. De koning smeekte de godin om zijn dochter weer tot leven te wekken en om het vermogen om alles in goud te veranderen terug te nemen.

Dit verhaal toont aan dat verwrongen waarden tot een tragedie leiden. Soms is het een grotere zegen dat we niet krijgen wat we willen dan dat onze wens wordt vervuld. Onderscheidingsvermogen kan ons helpen positieve waarden te ontwikkelen. Dit zal op zijn beurt ons leven vredig en waardevol maken, zowel voor onszelf als voor anderen. Ik heb een prachtig verhaal van een toegewijde van Amma gehoord. Voordat ze Amma ontmoette, ging ze vaak naar een andere ashram. Op een avond kwam ze zeer laat in deze ashram aan en toen ze naar de haar toegewezen slaapzaal ging, deed ze het licht aan zodat ze haar bed kon vinden. Zodra het licht aanging, hoorde de vrouw een boze stem vanaf de andere kant van de kamer: "Doe het licht uit!"

De vrouw deed schuchter het licht uit en ging op de tast langs de muur naar haar bed en maakte het bed in het donker op. Kort nadat ze in bed was gekropen, kwam er een andere nieuwkomer aan en deed het licht aan toen ze binnenkwam. Opnieuw riep de boze stem uit: "Doe het licht uit!" Tijdens de korte tijd dat het licht aan was, zag de eerste vrouw dat de nieuwkomer een Japanse was en dat ze een oranje stip droeg wat aanduidde dat het haar eerste bezoek aan de ashram was.

Hoewel de eerste vrouw erg moe was, bedacht ze dat de nieuwkomer nog vermoeider en meer gedesoriënteerd moest zijn. Ze kwam haar bed uit en begroette de nieuwkomer. Ze boog op de traditionele Japanse wijze, nam de lakens uit de handen van de nieuwkomer en ging het bed voor haar opmaken.

Toen maakte ze weer een buiging naar de dankbare nieuwkomer en ging terug naar bed. Voordat ze in slaap viel, ging de deur van de slaapzaal opnieuw open en opnieuw werd het licht aangedaan. Alsof het een uurwerk betrof, kwam weer het bevel: "Doe het licht uit!" De eerste vrouw maakte aanstalten om weer op te staan, toen ze de Japanse vrouw haar bed uit zag gaan om de derde aangekomene die avond te begroeten. De Japanse vrouw boog naar de derde persoon, nam haar lakens en maakte het bed voor haar op. De Japanse vrouw nam eenvoudig aan dat dit de gewoonte was in de ashram.

Dit verhaal laat ons zien dat we leren van voorbeelden, maar we kunnen ons onderscheidingsvermogen gebruiken om te kiezen welke voorbeelden we volgen en welke we negeren. De Japanse vrouw had net zo goed kunnen beslissen om mee te doen met het bevel om het licht uit te doen. In plaats daarvan koos ze er wijselijk en met onderscheidingsvermogen voor om het onbaatzuchtige voorbeeld van de vrouw die haar de helpende hand had gereikt, te volgen.

Ik herinner me een ander verhaal dat de werkelijke waarde van onderscheidingsvermogen illustreert. Misschien herinneren jullie je de verwoestende aardbeving die de Indiase staat Gujarat in januari 2001 trof. Duizenden mensen werden gedood en nog veel meer mensen raakten gewond of verloren hun geliefden en huizen evenals hun hoop en dromen. Amma's ashram adopteerde en herbouwde drie van de ergst getroffen dorpen helemaal. Nadat de dorpen waren herbouwd, bezocht Amma het gebied en had een ontmoeting met de dorpelingen daar. Eén man vertelde Amma dat hij, hoewel hij door de aardbeving zijn hele familie en al het andere had verloren, meer vastbesloten was dan ooit een succesvol zakenman te worden. Een andere man die voor de aardbeving ook koopman was geweest en door een vergelijkbaar lot was getroffen, vertelde Amma dat de ramp hem de vergankelijkheid van aardse bezittingen en gehechtheden duidelijk had gemaakt, en dat de enige wens die hij nog had, was om in God op te gaan. Hoewel beide mannen hetzelfde lot hadden ondergaan, stak de ene man nog al zijn energie in het verkrijgen van werelds geluk, dat elk moment kon verdwijnen. De ander kon zijn onderscheidingsvermogen gebruiken om op zoek te gaan naar blijvende vrede en geluk.

Het eerste hoofdstuk van de *Bhagavad Gita* heet *Arjuna Vishada Yoga* ofwel 'De Yoga van Arjuna's leed.' We kunnen ons afvragen hoe verdriet yoga (het proces van verenigen met God) kan worden. Als ouders een kind verliezen, kunnen ze dat op twee manieren opvatten. Ze kunnen voelen dat ze alles verloren hebben en het geen zin meer heeft om nog langer door te gaan, of ze kunnen nadenken over de waarheid van de veranderlijke aard van de wereld. Ze kunnen zich afvragen: "Wat is dit? Ik dacht dat mijn kind lang zou leven en me heel veel geluk zou schenken. Nu is hij er niet meer. Datgene waarvan ik dacht dat het blijvend was, blijkt juist van zeer korte duur te zijn. Als ik mijn hoop op zulke vergankelijke dingen vestig, ben ik gedoemd in wanhoop te leven. Laat mij in plaats daarvan vertrouwen op iets blijvends wat me nooit zal verraden." Door op die manier na te denken, kunnen we ons richten op God. Zo kan iedere verdrietige ervaring een manier worden om ons dichter bij God te brengen.

De hindoegeschriften vertellen ons dat er voor ieder van ons twee wegen open staan. Eén is genaamd *preyo marga*, d.w.z. het nastreven van materieel geluk, zoals rijkdom, macht, roem enz. Dit pad is een cyclus die nooit eindigt. Het zal ons eeuwig gevangen houden in *samsara* (de kringloop van leven en dood). Het tweede pad wordt *sreyo marga* genoemd, of het verwezenlijken van ultiem geluk, d.w.z. het kennen van ons Goddelijke Zelf. Dit pad zal ons helpen de cyclus van leven en dood te doorbreken en ons naar eeuwige vrijheid leiden.

Dit betekent niet dat we voor het nastreven van ultiem geluk geen materiële bezittingen mogen hebben, maar we moeten ons bewust zijn van de beperkingen van wereldse objecten. Dit bewustzijn moet ons ertoe brengen om dat na te streven wat onbegrensd is. Dat is alleen God, onze eigen ware aard.

Om ons eraan te herinneren dat we niets in deze wereld brengen, noch iets met ons meenemen als we weggaan, vertelt Amma vaak het verhaal van de Griekse keizer Alexander de Grote. Zoals jullie allemaal weten, was Alexander een groot krijgs- man en heerser die bijna eenderde van de wereld zoals die toen bekend was, had veroverd. Hij wilde keizer van de hele wereld worden, maar hij werd ongeneeslijk ziek. Een paar dagen voor zijn dood riep Alexander zijn ministers bij elkaar en legde uit hoe hij wilde dat zijn lichaam in de begrafenisstoet gedragen zou worden. Hij zei hun dat hij aan beide kanten van de kist openingen wilde, waardoor zijn handen naar buiten moesten hangen met de handpalmen open. De ministers vroegen hun heer waarom hij dit zo wilde.

Alexander verklaarde dat op die manier iedereen te weten zou komen dat de 'Grote Alexander' die zijn hele leven eraan had besteed de wereld te proberen te bezitten en te veroveren, de wereld had verlaten met volstrekt lege handen. Dan zouden ze begrijpen hoe nutteloos het is om je leven te besteden aan het achternajagen van wereldse zaken.

Onderscheid betekent het vermogen het verschil te zien tussen dat wat blijvend is en dat wat vergankelijk is, om alleen vast te houden aan het blijvende en te proberen het blijvende te bereiken. Vanuit spiritueel oogpunt gezien is alleen God, of het Atman, blijvend. Al het andere is vergankelijk. De geschriften zeggen: "Het Atman was er in het verleden, het is hier nu en het zal er in de toekomst zijn." Daarom wordt het Atman Waarheid genoemd. Volgens de hindoegeschriften kan alleen dat wat bestaat in de drie tijdseenheden (verleden, heden, toekomst) zonder te groeien, te vergaan of te veranderen, Waarheid worden genoemd. Als iemand of iets in je leven deze test kan doorstaan, kan diegene of dat object Waarheid genoemd worden. Zo niet, dan zijn ze niet de echte Waarheid. Als we *viveka* (onderscheid) beoefenen, zullen we ons realiseren dat niets voor deze test kan slagen, of het nu een object, een persoon of een plaats is. Dan zullen we ontdekken dat veel zaken waar we ons aan vast hebben gehouden of die we hebben proberen te verkrijgen, de inspanning niet waard zijn.

Amma wil dat we de vergankelijkheid van de wereld en van materiële zaken begrijpen. Ze zijn tijdelijk en kunnen na onze dood niet meegenomen worden. We kunnen dus zien dat de kracht van onderscheidingsvermogen heel belangrijk is. We kunnen het gebruiken om onze zwakke kanten te transformeren in creatieve kracht en ook om onze sterke kanten op de meest effectieve manier te gebruiken. Dit zal ons helpen om succesvol te worden in alles wat we in het leven nastreven, inclusief onze pogingen om het ultieme succes, Zelfrealisatie, te bereiken.

Hoofdstuk 17

Van onderscheidingsvermogen naar onthechting

Als we onze viveka (onderscheidingsvermogen)op de juiste wijze gebruiken, ontstaat er vairagya. Vairagya betekent onthechting van alles wat onwaar of vergankelijk is. Als we zien dat mensen of dingen in ons leven niet de Waarheid zijn, zullen we automatisch meer afstand van hen nemen. Dit betekent niet dat we niet van hen houden of niet om hen geven, maar dat we niets van hen verwachten. In een normale relatie is de liefde die we voor anderen voelen meestal afhankelijk van wat we van hen krijgen. Als we niet krijgen wat we van hen willen, dan wordt onze liefde voor hen minder. Om Amma's voorbeeld te citeren: "We zorgen goed voor onze koe zolang ze ons melk geeft. Als de koe ophoudt met melk geven, zullen we niet aarzelen om zelfs aan een slager haar te verkopen. Dit is de aard van gewone, wereldse liefde.

Als onthechting ontstaat, is de liefde die we voor anderen voelen, niet langer afhankelijk van wat we van hen krijgen. We houden van hen omdat we van hen houden. Deze onthechting is ook van toepassing op voorwerpen en bezittingen. Als we onthecht zijn, zullen we op de beste manier gebruik maken van de voorwerpen die tot onze beschikking staan. Maar als we iets

143

verliezen of niet kunnen verkrijgen, zal dit verlies of gebrek ons helemaal niet storen.

Er is een verhaal dat Aristoteles zijn leerling Alexander de Grote eens vertelde: "Als je ooit naar India gaat, breng dan een yogi met je mee terug naar Griekenland." Vele jaren later, toen Alexander de Grote in de Himalaya's was, kwam hij een yogi tegen die op de grond zat. Hij herinnerde zich het verzoek van zijn leermeester, ging op de yogi af en zei tegen hem: "Als je met me meekomt, zal ik je rijker belonen dan een koning. Je zult je eigen paleis hebben en net zoveel dienaren als nodig zijn om je op je wenken te bedienen."

Toen de yogi het aanbod van Alexander hoorde, sloeg hij het beleefd af en zei: "Er is niets in de wereld wat ik nodig heb of wens. Als u me van dienst wil zijn, doe dan alstublieft twee stappen opzij, zodat ik van de zonnestralen kan genieten." De yogi was volledig onthecht van de objecten van de wereld. Het maakte hem niet uit of hij in een grot of een paleis zat. Hij genoot van zijn innerlijke gelukzaligheid.

We denken misschien dat het voor een yogi die in de Himalaya's woont gemakkelijk is om onthecht te zijn, maar dat het voor ons met al onze verantwoordelijkheden en bezittingen onmogelijk is. Maar kijk eens naar Amma. Zij heeft veel meer verantwoordelijkheden dan wij en hoewel Zij er met de uiterste zorg mee omgaat, is Ze volmaakt onthecht. Iemand merkte eens op tegen Amma: "U heeft zoveel instellingen en ashrams. Hoe voelt U zich daarbij?"

Amma antwoordde: "Ofschoon de pinda binnen in de schil zit, zit hij niet aan de schil vast. Zoals een slang zich van zijn vel ontdoet, kan Amma van dit alles op elk moment afstand nemen. Ze is nergens aan gehecht."

In het leven krijgen we sommige dingen en verliezen we andere dingen. Niets blijft voor altijd bij ons. Materiële zaken en mensen zullen ons op een dag verlaten, en als dat niet gebeurt, dan zullen wij hen verlaten, in ieder geval op het moment van de dood. Als we in staat zijn om met onthechting door het leven te gaan, zal onze geest relatief kalm zijn en zullen onze spirituele oefeningen niet gestoord worden door de moeilijkheden en uitdagingen van het leven. Alleen als we aan iets gehecht zijn, zal het ons ellende brengen. Stel bijvoorbeeld dat iemand de auto van de buren beschadigt. Wellicht voelen we met hen mee, maar we zullen waarschijnlijk niet boos of verontwaardigd zijn. Als hetzelfde echter met onze auto zou gebeuren, zouden we enorm ontsteld zijn. Als we erg aan onze auto gehecht waren, zouden we zelfs boos op God kunnen worden en hem vragen hoe Hij dit nu kon laten gebeuren. De hoeveelheid leed die we ervaren als een voorwerp verandert of verloren raakt, is recht evenredig met de mate waarin we aan dat object gehecht zijn.

Er was eens een vrek. Al zag hij maar een cent in het riool liggen, dan raapte hij hem op. Op een dag belde zijn buurman hem op zijn werk op om hem te vertellen dat zijn huis door brand was verwoest. Voordat de buurman de vrek het nieuws vertelde, vroeg hij hem om te gaan zitten, want hij was er zeker van dat de vrek flauw zou vallen als hij dit verlies te horen zou krijgen. Maar toen de vrek hoorde wat de buurman te zeggen had, begon hij te lachen. De buurman was verbaasd en dacht dat de vrek gek was geworden toen hij dit schokkende nieuws hoorde. Hij informeerde bij de vrek: "Waarom lach je? Ben je gek geworden?"

De vrek antwoordde: "Nee, ik heb het huis drie dagen geleden verkocht!"

De vrek kon om het nieuws lachen omdat het zijn huis niet meer was. Als hij hetzelfde nieuws vier dagen eerder had ontvangen, zou hij gereageerd hebben zoals de buurman had verwacht. Dit is de vrijheid die onthechting ons geeft. We ervaren dat de wereldse zaken, zelfs die welke we in ons bezit hebben, niet van ons zijn. Daarom voelen we geen gehechtheid aan deze zaken of mensen en raken we niet uit ons doen als ze veranderen of doodgaan.

Er was eens een koeienherder. Iedere dag nam hij de koeien mee om op het land te grazen. Als ze klaar waren met grazen, bond hij de koeien vast aan een paar bomen of palen zodat ze wat konden rusten. Als de zon laag stond, maakte hij de touwen los en begonnen de koeien naar huis te lopen. Op een dag bracht hij de koeien nadat ze uitgegraasd waren, naar de plek waar ze gewoon waren te rusten, maar hij nam niet de moeite om ze vast te binden. Hij wist dat ze gewoontedieren waren en dat ze nergens heen zouden gaan.

Toen hij 's avonds terugkwam, probeerde hij de koeien naar huis te laten gaan. Maar wat hij ook probeerde, ze wilden niet in beweging komen. Sommige koeien lagen op de grond en ze stonden allemaal op, maar ze bewogen niet. Omdat de koeienherder een erg slimme jongen was, begreep hij wat er aan de hand was. Hij ging naar een paar bomen en deed alsof hij de touwen losmaakte, ook al had hij ze deze dag niet aan de bomen vastgebonden en hoefde hij ze dus niet los te maken. De koeien wisten niet dat ze niet waren vastgebonden. Zij dachten: "Waar kunnen we nu heen gaan, als hij de touwen niet losmaakt?" Nadat de jongen gedaan had alsof hij de touwen losmaakte, begonnen de koeien te lopen.

Op dezelfde manier bevinden onze gehechtheden zich op het niveau van de geest. Als ik zeg dat ik gehecht ben aan mijn tv, betekent dat niet dat ik met een touw aan de tv ben vastgemaakt. Al onze gehechtheden, of het nu onze tv, huis, auto, familieleden of vrienden betreft, zijn mentale projecties. Door dus een krachtig mentaal besluit te nemen, kunnen we onze gehechtheden loslaten. Amma zegt: "Alle dingen zijn maar een korte tijd bij je. Ze behoorden eerst iemand anders toe, voordat jij hier was, en ze zullen aan iemand anders toebehoren als jij weg bent. Als je bezittingen echt van jou waren, zouden ze voor altijd bij je blijven. In werkelijkheid behoort niets jou toe." In de wetenschap dat alles ons op een dag zal verlaten, moeten we denken dat we slechts een tijdelijke, door God aangestelde bewaarder zijn van al onze bezittingen. Dan zullen we niet al te veel aangedaan zijn als een we een object verliezen of als een persoon van ons weggaat. Omdat alles God toebehoort, zullen we er begrip voor hebben dat Hij dingen en mensen van ons weg kan nemen wanneer Hij wil. Er ontstaat pas een probleem als we denken 'dit is van mij'. Deze bezitsdrang is een van de belangrijkste oorzaken van onze ellende.

In werkelijkheid zijn we nergens aan gehecht. De geschriften zeggen: "Alles behoort aan het Atman, maar het Atman behoort aan niets of niemand toe. Het is altijd vrij, en jij bent dat Atman."

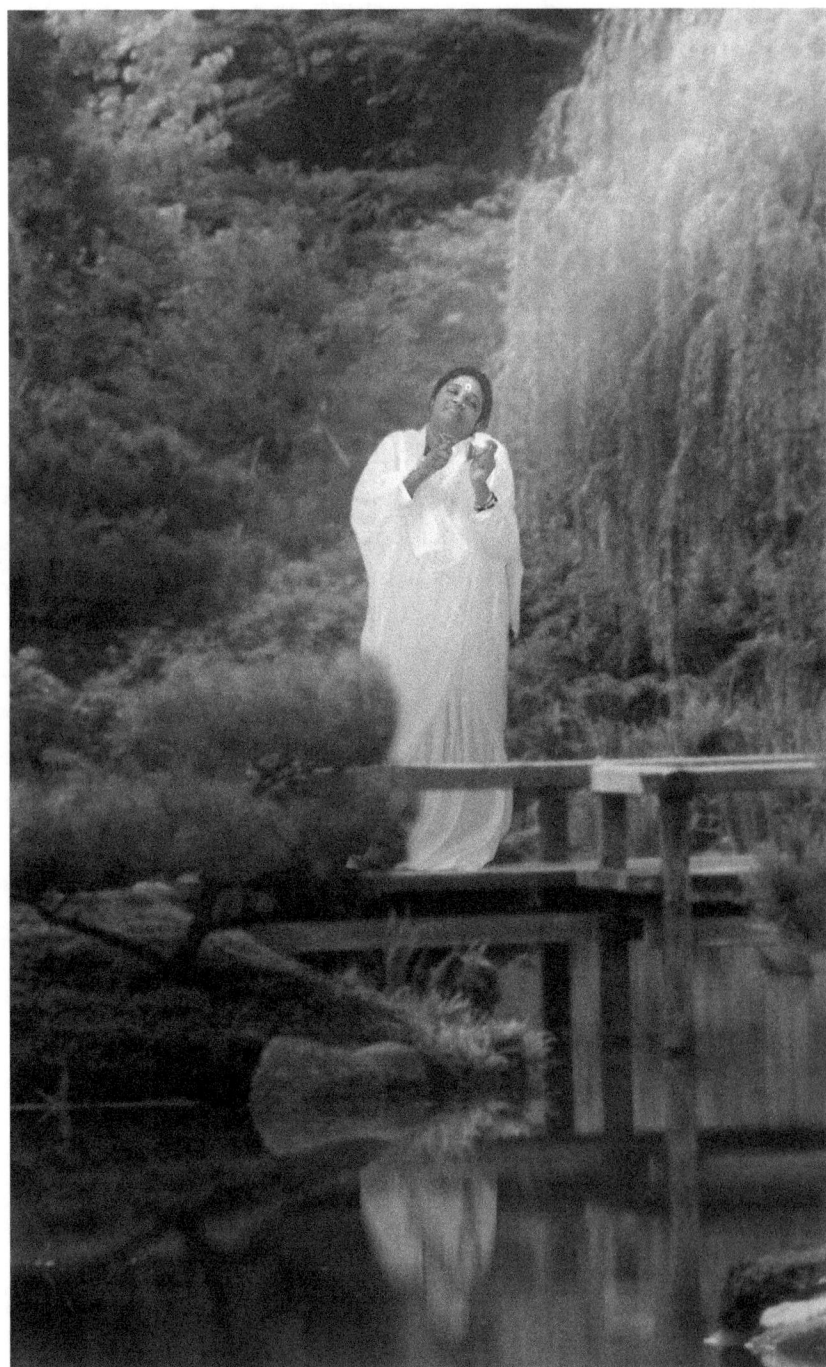

Hoofdstuk 18

De aard van de wereld begrijpen

Als we ons teleurstelling willen besparen, moeten we voorbereid zijn op alle mogelijke resultaten in iedere situatie. Dit is een logische benadering van het leven. Amma geeft ons een heel praktisch voorbeeld. Als onze vinger in het vuur komt, branden we onze vinger. We worden niet boos op de vlam en haten die ook niet, maar de volgende keer als we iets met vuur moeten doen, kijken we uit. We zijn voorzichtig dat we het vuur niet direct aan raken, omdat we onze vinger niet opnieuw willen branden. Omdat we de manier waarop we ermee omgaan veranderd hebben, kan het vuur waaraan we ons één keer hebben verbrand, nu in ons voordeel worden gebruikt. Op dezelfde manier kennen we allemaal de aard van de wereld. Als dingen niet gaan zoals we willen, moeten wij de manier waarop we met de wereld omgaan veranderen.

Enkele mensen verlieten een paar jaar geleden de ashram en we waren allemaal erg ontdaan. Maar Amma was helemaal niet ontdaan. Ze legde uit: "Ik verwacht van niemand dat hij bij Mij blijft tot hij doodgaat. Iedereen kan op ieder moment dat hij wil, weggaan. Ik verwacht nooit iets. Zelfs als alle swami's de ashram verlaten, zal Ik doorgaan met wat Ik te doen heb."

Amma leeft in dezelfde wereld als wij, maar de manier waarop wij met de wereld omgaan is anders dan de manier waarop Amma met de wereld omgaat. Als we gelukkig en vredig willen zijn, is er geen andere manier dan de relatie die we met de wereld hebben te veranderen.

Een stad zat zwaar in de problemen door een steeds groter wordende rattenplaag. De inwoners waren woedend op de gemeente vanwege hun onvermogen om het probleem onder controle te krijgen. Tegemoetkomend aan de druk van de kiezers ontvouwde de burgemeester een nieuw project genaamd 'Rattenverdelging,' maar na een paar maanden van gezamenlijke inspanningen besefte de burgemeester dat het geen gemakkelijke klus ging worden. Gefrustreerd door het gebrek aan succes hervatten de inwoners hun protesten. In de hoop hun verwachtingen te temperen hernoemde de burgemeester het project: 'Ratten onder Controle'. Algauw ontdekte hij dat het net zo onmogelijk was de ratten onder controle te krijgen als om ze uit te roeien. De mensen gingen opnieuw de straat op en de wanhopige burgemeester kondigde zijn nieuwe plan aan. Hij noemde het: 'Samenleven met Ratten'.

Evenzo is het niet mogelijk om alle problemen in de wereld en in ons leven te elimineren. We kunnen problemen misschien tot een bepaalde hoogte onder controle krijgen, maar wat we niet onder controle kunnen krijgen, moeten we leren accepteren.

Een man die veel problemen had ondervonden, ging naar een vedisch astroloog om hem naar zijn toekomst te vragen. De astroloog vertelde hem: "U zit in een zeer slechte periode. U bent vijftien jaar onder invloed van Rahu geweest en u hebt nog drie jaar te gaan. Het zal erg moeilijk voor je blijven."

"Wat gebeurt er daarna?"

De astroloog keek hem vol medeleven aan. "Daarna zult u twaalf jaar onder invloed van Jupiter staan. Voor de meeste mensen zou dat een verbetering betekenen, maar u bent een bijzonder geval. Jupiter staat ongunstig in uw horoscoop. Hij zal je ook in de problemen brengen."

"En na Jupiter?"

"Na Jupiter, zult u negentien jaar onder invloed van Saturnus staan. Dat zal u nog meer problemen opleveren dan de voorgaande jaren."

De man zei: "Wat gebeurt er daarna? Zullen mijn problemen dan eindelijk over zijn?"

De astroloog zei: "Daarna zullen uw problemen geen probleem meer voor u zijn, omdat u aan alle mogelijke problemen gewend bent."

Amma zegt dat we in tijden van crisis en frustraties moeten proberen onze zegeningen te tellen in plaats van onze problemen. Er zijn altijd veel dingen waar we God dankbaar voor kunnen zijn. Amma zegt dat we zo gericht zijn op het klagen over de dingen die we niet hebben, dat we het zicht verliezen op de goede dingen die we wel hebben.

Als we 's avonds gaan slapen, wat is dan de garantie dat we 's morgens wakker zullen worden? We weten zelfs niet wat er het volgende moment zal gebeuren. Het menselijk leven is zo breekbaar. Er kan ieder moment van alles gebeuren. In Gujarat was in 2001 alles rustig tot een paar minuten voor de verwoestende aardbeving. Vijf minuten later waren veel huizen, hoop en levens verwoest. Ons leven is net zo. Het is zo teer. Als een bepaalde zenuw verdraait, kan ik mijn arm niet meer optillen. Het is een kwestie van een seconde.

Wat kunnen we in zo'n wereld doen? We moeten proberen gelukkig te zijn met wat we hebben. Natuurlijk is er niets mis mee om meer proberen te krijgen. Er is geen garantie dat we het krijgen, maar als het lukt, moeten we God dankbaar zijn. Zelfs voor het wakker worden 's morgens moeten we God bedanken. Elke dag, ieder moment van ons leven is een zegen van God.

Ik herinner me een verhaaltje. Op een dag gingen alle insecten naar God om hun grieven over het leven op aarde te spuien.

De muggen legden God uit: "Heer, U hebt ons een zuigorgaan gegeven om te steken en bloed uit de mensen te zuigen. U hebt mensen geschapen met vlees en volop bloed en U heeft ons een klein lichaam en vleugels gegeven zodat we weg kunnen vliegen als er gevaar dreigt. U bent erg genadig en aardig voor ons geweest, maar er is één probleem: waarom heeft U onze vijand de wind geschapen? Telkens als we op het punt staan om van ons stevige maal te genieten, waait de wind en moeten we wegvliegen om ons leven in veiligheid te stellen. Kunt U daarom niet de wind van de aarde wegnemen?"

De Heer zei: "Mijn kinderen, Ik heb jullie allemaal lief. Ik kan niet over het geval beslissen zonder de aanwezigheid van de beschuldigde. Breng de wind hier en Ik zal een beslissing nemen." Maar de mug wist dat als de wind kwam, hij weg zou moeten gaan. In plaats van naar de wind te gaan en hem uit te nodigen keerde de mug naar een paar vrienden terug.

De mug zei tegen de andere insecten: "Lieve broers en zussen, jullie zijn allemaal gelukkig. Jullie drinken het bloed van mensen tot jullie volle tevredenheid. Maar onze situatie is echt beklagenswaardig. Zodra de wind dichtbij ons komt, moeten we vluchten. Hebben jullie suggesties of tips voor ons?"

Een van de insecten antwoordde: "Jij denkt dat we het zo goed hebben. Luister naar onze situatie. Wij zijn bedvlooien. We hebben geen vleugels om mee te vliegen zoals jij. Wij willen ons tot God wenden om ons vleugels te geven zodat we kunnen vliegen. Of we gaan de Heer vragen om mensen te scheppen zonder ogen, want zelfs als we ons in een hoek van het bed verstoppen, vinden de mensen ons op de een of andere manier en verpletteren ze ons of vermoorden ons met insectenspray."

De steekvlieg viel hen bij: "Ons lijden is onbeschrijfelijk. We zitten op een mens om zijn bloed te drinken en dan geeft hij ons een harde klap. Dan zijn we er geweest. Ons leven is voorbij.

Op de een of andere manier weten we vaak te ontsnappen. Dan moeten we dagenlang hongerlijden. Hoewel we dol zijn op bloed, kunnen we geen druppel krijgen. We willen tot God bidden om mensen zonder handen te scheppen."

De Heer hoorde hun klachten heel geduldig aan, maar hield zijn mond. Wat kon Hij zeggen? Zelfs God kan in zulke gevallen niet beslissen. Hij moet eenvoudig zijn mond houden omdat hij de aard van de schepping kent. Kun je je de toestand van de mensen voorstellen als alle wensen van de muggen, vlooien en vliegen in vervulling waren gegaan?

Amma zegt dat niet alle moeilijkheden verwijderd kunnen worden. Uit vrije wil of niet uit vrije wil zijn we naar deze wereld gekomen. Het beste wat we kunnen doen, is de aard van de wereld proberen te begrijpen. Dit begrip samen met ons geloof in God of in een Satguru zoals Amma zal ons de kracht geven om onze problemen met een positieve instelling onder ogen te zien.

Problemen bestaan voor ons hoofdzakelijk door onze geest. Er wordt gezegd dat alleen de geest de oorzaak van bevrijding en gebondenheid is, dat alleen de geest de oorzaak van verdriet en geluk is.

De meeste soorten informatie zijn niet essentieel voor ons bestaan. Als je geen wiskunde hebt gestudeerd, hoef je niet ongelukkig te worden. Als je plantkunde wilt studeren, kun je het studeren. Als je geen plantkunde wilt studeren, zal dat geen negatief effect op je leven hebben. Er zijn veel ongelukkige plantkundigen en wiskundigen. Maar iedereen zal zich spirituele principes eigen moeten maken om een gelukkig en vredig leven te leiden. Daarom was spirituele studie een belangrijk onderdeel van het onderwijs in de oude Indiase traditie. Tegenwoordig worden de geschriften als ouderwets beschouwd. We denken dat we niets over spiritualiteit hoeven te weten om succesvol in het leven te zijn. Eigenlijk hebben we vandaag de dag spiritueel begrip meer dan ooit nodig. Onze morele en ethische waarden zijn dramatisch achteruitgegaan als direct gevolg van de afwezigheid hiervan. Dit gebrek aan waarden veroorzaakt voor het individu en voor de maatschappij problemen die tot voor kort ondenkbaar waren. Zonder de spirituele principes te begrijpen zullen we ons altijd ellendig en depressief voelen en zal er geen harmonie in de samenleving zijn.

Als we een helder begrip van de essentiële principes van spiritualiteit hebben, geeft ons dat kracht, geen fysieke kracht, maar emotionele kracht. We mogen dan fysiek erg sterk, zelfs reuzensterk zijn, maar als het gaat om het tegemoet treden van problemen in ons leven, zal onze lichamelijke kracht niet erg nuttig zijn. Tijdens de meeste crises zal niets ons helpen behalve onze eigen emotionele kracht, die voortkomt uit een echt begrip van de aard van de wereld.

Amma zegt: "Als we ons lichaam met ongezonde kost volstoppen, zal het ziek worden. Evenzo zal onze geest ziek worden, als we hem met negatieve gedachten voeden. Zoals ons lichaam elke dag goed voedsel nodig heeft, heeft onze geest positieve spirituele gedachten nodig om sterk en gezond te zijn."

Dit wil niet zeggen dat kennis over spiritualiteit alleen voldoende is. Velen van ons hebben al veel spirituele informatie, maar zolang het bij louter informatie blijft, zullen we er niet echt veel aan hebben. Alleen als we onze kennis in praktijk brengen, zullen we er echt wat aan hebben.

Als we eten maar het voedsel niet verteerd wordt, hoe kunnen we dan voedingstoffen binnenkrijgen? Het is niet het voedsel dat we eten, maar het voedsel dat we verteerd hebben dat ons kracht geeft. Evenzo kunnen we veel spirituele boeken lezen en naar veel *satsangs* (spirituele verhandelingen) luisteren, maar als we niet in staat zijn om dat onderricht in praktijk te brengen, zullen we er geen profijt van hebben.

Daarom hecht Amma altijd groot belang aan spirituele oefeningen en aan het toepassen van spirituele principes in ons dagelijks leven. Als we het leven op de juiste wijze benaderen, kunnen de moeilijke situaties waarin we geraken ons helpen om onze geest sterker te maken. Onze geest is als een spier. Hij zet uit of trekt samen afhankelijk van hoeveel of hoe weinig we hem gebruiken. De geschriften zeggen *Panditaha na anusochanthi*. Dit betekent 'Wijze mensen treuren niet'. De geschriften vertellen ons dat de oplossing voor verdriet wijsheid is. Wijsheid is *jnana*, of de kennis dat "ik niet het lichaam, de geest, het intellect of het ego ben. Ik ben een met het Hoogste Bewustzijn." Alleen mensen die in deze wijsheid gevestigd zijn, kunnen verdriet vermijden.

Hoe groter de diepte van onze verwezenlijking en ons begrip van de Waarheid, des te minder verdriet zullen we hebben. Als we onze eenheid met het Goddelijke Bewustzijn realiseren, zullen al onze grieven verdwijnen. Zelfs als we problemen hebben, zal dat geen probleem voor ons zijn.

In tegenstelling tot ons geluk is het geluk van een Gerealiseerd persoon van geen enkele voorwaarde afhankelijk. Amma is voor Haar geluk, tevredenheid of innerlijke rust van niets in deze wereld afhankelijk, het is onvoorwaardelijk. Onze situatie is anders, nietwaar? Onze innerlijke rust is van zoveel dingen in de wereld afhankelijk. Als er aan bepaalde voorwaarden wordt voldaan, zullen we gelukkig zijn. Als er niet aan wordt voldaan, zullen we ongelukkig zijn. We denken dat we ons alleen echt gelukkig zullen voelen als we een goede baan krijgen of als we een leuk gezin hebben of als we gaan trouwen. Natuurlijk zijn deze dingen allemaal noodzakelijk voor ons, maar er is geen garantie dat zulke dingen ons altijd gelukkig zullen maken.

Amma zegt dat veel mensen denken dat ze zich nooit volledig zullen voelen als ze niet getrouwd zijn, maar later zeggen ze: "Ik ben getrouwd, maar ik heb er genoeg van." Als we dit nauwkeurig analyseren, zullen we zien dat deze benadering van het leven, waarbij we onze hoop vestigen op een extern doel, object of persoon, ons nooit echt gelukkig en tevreden zal maken. Alleen de wetenschap van spiritualiteit zal ons in dit opzicht helpen. Een spiritueel onderlegd persoon heeft een pantser van kennis dat voorkomt dat hij negatief beïnvloed wordt door de ups en downs van het leven. Als het leven vergeleken kan worden met een slagveld, dan is spirituele kennis het harnas dat voorkomt dat we gewond raken. Allerlei wapens kunnen ons treffen, maar ze zullen niet door ons pantser heen dringen. We zullen niet geraakt worden door de aanvallen. Op dezelfde manier zal zelfs een Satguru problemen in het leven hebben. Zij hebben misschien zelfs meer problemen dan u of ik. Voor ons is het misschien meer dan genoeg om voor één klein gezin te zorgen. Maar kijk eens naar Amma. Zij heeft de zorg voor duizenden, zelfs miljoenen gezinnen. Veel volgelingen willen dat Amma een echtgenoot voor hun kind vindt of ze willen dat Amma een familieruzie of een probleem tussen man en vrouw oplost. Vaak neemt Amma stappen om ervoor te zorgen dat de wensen van Haar volgelingen worden vervuld, ook al vragen ze mondeling niets aan Haar.

Toen mijn jongere zus de gepaste leeftijd bereikte, vond Amma een man voor haar en sloot het huwelijk. Op een dag belde Amma me op in Australië, waar ik programma's gaf en zei: "Amma heeft het huwelijk van je zus geregeld. Het zal op die en die datum in de ashram plaatsvinden." Ik was totaal niet bezorgd over mijn familieleden. Ik had er geen moment aan gedacht dat mijn zus een man zou moeten vinden. Amma zorgde daarvoor. Dit is maar een voorbeeld. Op een vergelijkbare manier neemt Ze de zorg voor duizenden gezinnen over de hele wereld op zich.

We kunnen dus zien dat een Satguru veel meer verantwoordelijkheden heeft dan wij en toch op geen enkele manier ooit overweldigd of gespannen is. Dat is omdat de Satguru een juist begrip van het leven heeft. Alleen spirituele wijsheid geeft ons een blijvende oplossing voor onze problemen, dat wil zeggen de vastberadenheid om elk probleem dat opgelost kan worden, op te lossen en de kracht om elk probleem dat niet opgelost kan worden, met gelijkmoedigheid te accepteren. Het is aan ons of we wiskunde, plantkunde of wat dan ook willen studeren, maar als we echt gelukkig willen zijn, hebben we geen andere keus dan spirituele wijsheid te verkrijgen.

De geschriften zeggen:

kasya sukham na karōthi viragaḥ
Welke mens die onthecht is, zal niet gelukkig zijn?

Als we ons leven zorgvuldig analyseren, zullen we ontdekken dat veel dingen waaraan we zoveel tijd hebben besteed door ze achterna te hollen, ons meer ongeluk dan geluk hebben gebracht. Om in de wereld ook maar een beetje geluk te verkrijgen moeten we zoveel moeite doen.

Stel dat we een dure sportauto willen kopen. We denken dat we echt gelukkig zullen zijn zodra die van ons is. Eerst moeten we hard werken om het geld te verdienen en als we de auto eenmaal gekocht hebben, moeten we hard werken om hem te onderhouden. Na enige tijd begint hij mankementen te vertonen en uiteindelijk zullen de reparatiekosten meer zijn dan de oorspronkelijke prijs van de auto. Zelfs voordat het zover komt, kan hij door een ongeluk kapotgaan. Als we vergelijken hoeveel geluk en tevredenheid we ervaren doordat we de auto bezitten met hoeveel problemen hij ons oplevert, kunnen we ons afvragen of het echt de moeite waard is. Toch jagen we nog steeds wereldse zaken na, ook al beseffen we dat een dergelijk streven meer moeilijkheden dan geluk met zich meebrengt. Dat komt doordat we onze gehechtheid eraan niet kunnen overwinnen. Voordat onze total loss gereden auto wordt weggesleept, denken we al aan het nieuwe model dat we gaan kopen. Verwachten dat je van vergankelijke dingen blijvend geluk zult krijgen is erg onlogisch. Amma zegt: "Blijvend geluk proberen te krijgen van de wereld is alsof je het hemelgewelf probeert op te rollen en het onder je oksel weg te stoppen. Het zal nooit lukken. Tenzij we ons naar binnenkeren, zullen we nooit blijvend of eeuwig geluk verkrijgen."

We denken misschien dat we gelukkig zullen zijn als we bepaalde wensen hebben vervuld. Misschien denken we dat we maar tien verlangens hebben en dat we gelukkig en tevreden zullen zijn, zodra we die vervuld hebben. Als we het al voor elkaar krijgen om alle tien wensen te vervullen, zullen we tot onze verrassing ontdekken dat de lijst van tien is gegroeid naar vijftien. Dan zijn we er zeker van dat we eindelijk rust zullen hebben als we die vijftien wensen maar vervullen. En als we er op de een of andere manier in slagen om alle vijftien wensen te vervullen, zullen we ontdekken dat de lijst is gegroeid tot twintig. Het kost tijd om te proberen al deze wensen te vervullen. Ten slotte worden we oud en uiteindelijk sterven we in dit proces. Werelds geluk verwachten is hetzelfde als proberen het begin van een regenboog te bereiken. Het doet er niet toe hoe ver we reizen, we zullen steeds ontdekken dat hij altijd verder weg is.

Hoe komt het dat alle mensen instinctief op zoek zijn naar vreugde? Deze ingeboren drang ontstaat doordat mensen van het Hoogste Zijn afstammen, waarvan de aard oneindige gelukzaligheid is. De ervaring hiervan is diep ingeprent in het menselijk bewustzijn, hoewel we dit niet bewust ervaren, en daarom hebben we allen het diepe verlangen om het opnieuw te ervaren. Het verlangen naar vreugde is dus innig verbonden met ieder mens en bewust of onbewust streeft de mensheid alleen naar dit doel. Zoals water altijd naar beneden naar de zee stroomt en een vogel altijd zal proberen zijn kooi te ontvluchten, is het de aard van alle dingen om te proberen terug te keren naar hun natuurlijke staat. Het doel van de geschriften en van het leven van een Satguru is om mensen het pad te tonen om terug te keren naar hun oorspronkelijke staat, die oneindige en eeuwige vreugde is. We zoeken echter allemaal op de verkeerde plaats naar blijvend geluk. We denken dat het gemakkelijker is om in de wereld om ons heen te zoeken omdat onze geest op de eerste plaats naar buiten gericht is. De dingen om ons heen laten ons alleen een weerspiegeling van echt geluk zien, maar we beschouwen de weerspiegeling als de waarheid. We denken dat het buiten helder is en donker van binnen, maar Amma weet dat het andersom is. Zij leidt onze aandacht langzaam naar binnen om echt succes te vinden.

Alleen als we de inherente gebreken in de droom van werelds geluk zien, zullen we ons naar binnen kunnen keren. Ons niveau van bewustzijn is echter zo beperkt dat we ons niet altijd van de voorwerpen afwenden, zelfs als we geïnformeerd worden over de gebreken. In elke advertentie over sigaretten bijvoorbeeld is men verplicht te vermelden dat roken schadelijk is voor de gezondheid. De informatie werd aanvankelijk in kleine lettertjes vermeld, maar tegenwoordig staat er op ieder pakje sigaretten in het Westen in grote letters over een hele kant van het pakje 'Van Roken Ga je Dood'. Toch kopen veel mensen sigaretten met deze verpakking. Er is een mop over een kettingroker. Hij vertelde zijn vriend dat er een aantrekkelijke nieuwe advertentie in de krant stond over het sigarettenmerk van zijn voorkeur, maar het hele effect werd verpest door de wettelijk voorgeschreven waarschuwing dat roken schadelijk voor de gezondheid is. "Uiteindelijk," zei de roker tegen zijn vriend, "had ik er zo genoeg van dat ik ermee ben gestopt."

De vriend was verrast. "Je bent opgehouden met roken?"

"Nee," zei de kettingroker. "Ik ben opgehouden met het lezen van de krant."

Zelfs als het effect duidelijk wordt vermeld, zijn we niet in staat het object op te geven. Wat kunnen we dan zeggen over de tekortkomingen van werelds geluk, dat geen waarschuwingslabels heeft?

Ik probeer niet een pessimistisch plaatje van het leven te schilderen. De zienswijze van de geschriften, de spirituele zienswijze, is noch pessimistisch noch optimistisch, het is realistisch. Als we de aard van de wereld eenmaal echt begrijpen, zal het gemakkelijk voor ons zijn om onthechting te ontwikkelen. Op deze wijze zullen we niet getroffen worden door de wisselvalligheden en ontberingen van het leven, zelfs niet als we verwikkeld zijn in wereldse verantwoordelijkheden en relaties. We zullen weten dat de echte bron van geluk niet buiten ons ligt, maar binnen in ons, en we zullen onze toevlucht alleen tot Dat nemen.

Er was eens een koninkrijk met een erg ongebruikelijk regeersysteem. Iedereen die koning wilde worden werd aangenomen onder één voorwaarde. Na vijf jaar zou hij verbannen worden naar een verlaten eiland dat alleen werd bewoond door giftige slangen en wilde dieren en waar hij zeker zou sterven. Velen werden aangetrokken tot een leven van vijf jaar vol luxe en er was een lange wachtlijst om koning te worden. Onmiddellijk na de kroning echter, zag men elke koning depressiever en somberder worden dan de vorige. In het besef dat hun dagen als koning geteld waren en dat hen daarna alleen lijden en de dood wachtten, kon geen enkele koning zelfs maar een uur van hun vijf jaar als heer over het land genieten. De burgers van het land overwogen zelfs om hun regeringssysteem te herzien, tot ze zich realiseerden dat de jongste koning anders was. Hij glimlachte en lachte altijd, gaf geschenken, verleende gratie aan criminelen en organiseerde grote feesten. Ook toen de jaren voorbijgingen en het einde van de regeerperiode van de koning naderde, werden zijn enthousiasme en goede humeur nooit minder. Ten slotte kwam de dag dat het tijd was om zijn troon op te geven en in zijn eentje naar het verlaten eiland te vertrekken. De paleiswachten stormden de vertrekken van de koning binnen in de verwachting dat ze strijd moesten leveren, wat gewoonlijk nodig was op de dag dat de koning verbannen werd. Maar deze koning stond al bij de deur en hij was een en al glimlach toen hij de stad uitliep en op de boot stapte die hem naar het verlaten eiland zou brengen.

Toen de koning aan boord ging, vroeg een van de paleiswachten hem: "Waarom glimlachte u altijd, terwijl u wist wat uw lot was? Hoe kunt u zelfs nu zo gelukkig zijn?"

"De allereerste dag dat ik koning werd," vertrouwde hij hem toe: "zond ik schepen met mannen naar het eiland om het te ontdoen van alle gevaarlijke dieren en vervelende vegetatie. Toen dat klaar was, stuurde ik meer manschappen om een paleis met prachtige tuinen te bouwen, dat het paleis dat ik nu verlaat op een kerker doet lijken. Ik glimlach altijd omdat ik weet dat er een veel beter leven op me wacht, ook al word ik hier weggestuurd."

Zoals de koning in het verhaal moeten we onze energie niet verspillen door te piekeren over het feit dat we hier maar een korte tijd zijn. In plaats daarvan moeten we ons inspannen om datgene te bereiken wat blijvend is, de staat van Godrealisatie of de realisatie van ons Ware Zelf.

Hoofdstuk 19

Geïntegreerde groei is echte groei

Als we groei zeggen, verwijzen we meestal naar de groei van het lichaam. Alle levende wezens beginnen hun leven in een kleine vorm en met de tijd worden ze groter en sterker. In tegenstelling tot de groei bij mensen is de groei van alle andere levende wezens beperkt tot groei op het lichamelijke vlak. Tenzij ze door mensen worden getraind om een eenvoudige, speciale taak te verrichten, kunnen dieren niets anders dan hun voorouders. Vandaag zegt de kat 'miauw' zoals zijn voorouders dat duizenden jaren geleden deden. Ezels balken precies zoals hun voorouders deden. Een ezel kan niet zingen zoals een mens, ofschoon een mens kan balken als een ezel. Mensen zijn geëvolueerd. In het begin maakten we gebaren, toen gromden we en maakten primitieve geluiden en toen communiceerden we in een oertaal. Vervolgens begonnen we te schrijven, te zingen en zelfs te e-mailen.

De geschiedenis van de menselijke evolutie is de geschiedenis van onze groei op vier verschillende niveaus: fysiek, mentaal, intellectueel en spiritueel. Er was een tijd dat spierkracht als superieur aan alle andere menselijke kwaliteiten werd beschouwd. Door de technische revolutie en de ontwikkeling van het onderwijs en de cultuur wordt intelligentie het meest gewaardeerd in de wereld van vandaag. Tegenwoordig gebruiken mensen liever hun intellect dan brute kracht om vooruit te komen in de wereld. Is dat een teken van echte groei? Tenzij we systematisch groeien op alle vier de gebieden tegelijk, kunnen we niet beweren dat we echt evolueren. Amma zegt vaak: "Ons lichaam groeit alle kanten op, maar onze geest niet." Dat komt doordat iedereen fysiek groeit door voldoende te eten en te slapen; het vereist van ons geen extra inspanning. Het is niet mogelijk om de onwillekeurige processen in het lichaam te verbeteren, omdat het geen bewuste processen zijn. Het is voor ons niet mogelijk om onze lever beter te gebruiken, bloedsomloop te perfectioneren of om onze motorneuronfuncties te verbeteren. We kunnen deze functies alleen indirect verbeteren door gezond te blijven. Maar als er bewustzijn met een bepaalde functie gemoeid is, kunnen we hem verbeteren.

We kunnen bijvoorbeeld geduldiger, opmerkzamer en meedogender worden als we ons bewust inspannen. Dit toont aan dat bewustzijn de sleutel is als we mentaal, intellectueel of spiritueel willen groeien. Hoewel fysieke groei zijn beperkingen kent, is het groeipotentieel op de andere drie gebieden onbeperkt. Hoewel het oneindige potentieel van het Zelf in ons allen aanwezig is, zal de mate waarin het wordt uitgedrukt, natuurlijk variëren. Zowel een lamp van 100 watt als een van 10 watt brandt door de kracht van elektriciteit, maar door de eigenschappen van de lampen zal die van 100 watt veel helderder schijnen dan die van 10 watt.

Groei op deze niveaus is geen natuurlijk proces. Bewuste, volhardende inspanning is essentieel. We kunnen bijvoorbeeld zeggen dat boter in latente vorm in melk aanwezig is. We krijgen echter alleen boter, als we de melk de vereiste tijd karnen. Als we ons voortdurend inspannen, is op een vergelijkbare manier de hoeveelheid liefde en mededogen die we anderen kunnen geven, onbeperkt. We kunnen allesomvattende liefde en mededogen ontwikkelen en de hele schepping in onze armen sluiten. Amma is een levend voorbeeld van de mate waarin ons hart kan opengaan. Dat wordt mentale groei genoemd.

Denk eraan dat volgens de Vedanta de geest de zetel van de emoties is en het intellect de functie is waarmee we beslissingen nemen. Dus als we het over mentale groei hebben, omvat dat zowel het ontwikkelen van emotionele volwassenheid als het cultiveren van positieve eigenschappen als onvoorwaardelijke liefde, mededogen, vriendelijkheid, geduld enz. Alle deugden zijn een aanwijzing van een groeiende, gezonde geest.

Er is ook ruimte voor enorme groei op het intellectuele niveau. We kunnen doorgaan met het bestuderen van het universum van subatomaire deeltjes tot eeuwig uitdijende melkwegstelsels. De studiemogelijkheden voor mensen zijn zo talrijk dat een gemiddeld mens ze niet eens allemaal op kan noemen. Alleen al in het vakgebied natuurkunde is de beschikbare kennis zo uitgebreid, dat het voor één student niet meer mogelijk is om alles wat er over natuurkunde te weten valt tijdens zijn leven te leren. Hij zal zich moeten specialiseren in een klein onderdeel van de kennis. Onze mogelijkheden voor intellectuele groei zijn dus feitelijk oneindig. Ze worden alleen beperkt door de duur van ons leven.

De eigenlijke maatstaf van onze intellectuele groei is echter de ontwikkeling van ons onderscheidingsvermogen. Als we naar de universiteit gaan, ontwikkelt ons intellect zich aanmerkelijk, maar of we die ontwikkeling op een juiste manier gebruiken of niet hangt af van de mate waarin we tegelijkertijd onderscheid hebben leren maken. De kennis hoe we een atoom kunnen splitsen, kan gebruikt worden om een grote hoeveelheid elektriciteit op te wekken of om kernkoppen te maken die de hele aarde in as kunnen leggen. Als we de kracht van het onderscheidingsvermogen hebben ontwikkeld, zullen we onze intellectuele capaciteiten niet gebruiken om meer lijden te creëren maar om het te verminderen. Door manieren te vinden om voor de mensen om ons heen en de maatschappij als geheel van nut te zijn, verminderen we het lijden van anderen. Door ons onderscheidingsvermogen te gebruiken om het verschil te zien tussen het vergankelijke en het onvergankelijke, verminderen we het lijden in ons eigen leven. Het vierde niveau van groei is spirituele groei. Als positieve kwaliteiten mentale groei aangeven en het vermogen om onderscheid te maken intellectuele groei bepaalt, is het criterium voor spirituele groei de verruiming van het 'ik'-besef. Op dit moment zijn de meesten van ons zo geconditioneerd dat we onszelf zien als een fysiek lichaam met mentale en intellectuele functies. Onze ruimste definitie van het zelf omvat ook onze familie, beroep en land. We moeten de beperkingen van onze huidige conditionering herkennen en proberen de grenzen geleidelijk te verleggen totdat we de hele schepping als ons Echte Zelf kunnen omarmen. In feite is onze ware aard Brahman, die oneindig, alwetend, almachtig en allesdoordringend is. Als zodanig is er geen beperking aan onze spirituele groei. Als we de aard van ons Echte Zelf realiseren, beseffen we dat we inderdaad oneindig zijn.

Een Satguru is iemand die dit doel heeft bereikt en anderen kan helpen om het te bereiken. Natuurlijk hebben we allemaal het vermogen om dezelfde staat als Amma te bereiken, omdat we in essentie allemaal één en hetzelfde Bewustzijn zijn. Daarom spreekt Amma al Haar kinderen aan met 'Omkara divya porule', wat 'de essentie van Om' betekent. De Satguru begint aan ons te werken op de mentale en intellectuele niveaus en leidt ons langzaam naar ons eeuwige thuis van altijddurende gelukzaligheid. Op het mentale niveau helpt hij ons onze negativiteit te overwinnen en deugdzame kwaliteiten te ontwikkelen. Op het intellectuele niveau brengt de Satguru ons begrip bij van wat eeuwig en wat vergankelijk is en hoe we onderscheid tussen deze twee kunnen maken. Op het spirituele niveau lost de onbeperkte liefde en het mededogen van de Satguru ons ego op en laat ons de eenheid met de Satguru en met de hele schepping beseffen.

De taak van de Guru is in de eerste plaats om ons te helpen mentaal en spiritueel te groeien. Er zijn vele voorbeelden van welgestelde mensen die gericht waren op het vergaren van nog meer rijkdom voor zichzelf en hun familie, totdat ze Amma ontmoetten. Nadat ze Amma hadden ontmoet, gaven ze veel van het comfort op waaraan ze gewend waren. Ze leiden nu een leven in de geest van onthechting terwijl ze hun tijd en middelen schenken aan hen die in nood verkeren. Dit is een voorbeeld van mentale groei. Er zijn ook voorbeelden van mensen die een opvliegend karakter hadden en bij het minste of geringste erg kwaad werden. Na Amma ontmoet te hebben zijn dezelfde mensen kalm en beheerst, zelfs onder moeilijke omstandigheden.

Er was eens een dokter die naar de ashram kwam om gratis medische behandelingen te geven. Hij had echter een opvliegend karakter en hij voer vaak meedogenloos uit tegen de patiënten. De ashrambewoners klaagden bij Amma dat hij zó hardvochtig was, dat ze bang waren naar hem toe te gaan, zelfs als ze ziek waren. Amma vertelde de dokter over de klachten. Hij gaf toe dat hij opvliegend was. Hij legde uit dat hij zijn best had gedaan om het af te leren, maar dat al zijn pogingen tevergeefs waren. Amma zei tegen de dokter: "Mijn zoon, Amma kan je helpen om je opvliegendheid te overwinnen, maar je moet Haar één ding beloven." De dokter keek aarzelend. Amma zei hem zich geen zorgen te maken, omdat wat Ze hem ging vragen absoluut binnen zijn mogelijkheden lag. Toen de dokter Amma's geruststellende woorden hoorde, stemde hij ermee in alles te doen wat Amma hem zou vragen. Ze gaf hem een foto van Zichzelf, die was ingelijst met glas ervoor, en zei: "Mijn zoon, elke keer als je boos op iemand bent, wil Amma dat je deze foto zo hard slaat als je kunt." De dokter was geschokt door Amma's instructies, maar omdat hij het Amma beloofd had, besloot hij zijn best te doen.

De volgende dag werd de dokter zoals gewoonlijk boos op zijn patiënten. Elke keer dat hij boos werd, wachtte hij totdat de patiënt vertrokken was en gaf Amma's foto heel zachtjes een tik. Na een paar dagen vroeg Amma hem hoe het ging met het in bedwang houden van zijn opvliegendheid. Hij zei Haar dat er enige verbetering was, maar dat hij nog steeds boos werd. Amma vroeg hem of hij Haar foto zo hard sloeg als hij kon. De dokter bekende dat hij de foto slechts zachtjes sloeg, omdat hij zich er niet toe kon brengen om echt hard te slaan op een foto van Amma. Amma herinnerde hem eraan dat hij een belofte had gedaan, en vertelde hem opnieuw dat hij de volgende keer als hij boos werd de foto zo hard als hij kon moest slaan.

De dokter keerde terug naar de kliniek, vastbesloten om niet boos te worden. Hij herinnerde zichzelf eraan dat hij als hij boos werd, Amma's foto heel hard zou moeten slaan, iets waarvan hij zich niet kon voorstellen dat hij het zou doen. Uit gewoonte ging hij de volgende dag vreselijk tegen een patiënt tekeer, omdat deze zijn instructies niet had opgevolgd. Toen de patiënt weg was, ging hij naar Amma's foto die aan de muur hing. Hij vermande zich en sloeg Amma's foto heel hard, waarbij het glas voor de foto brak. Toen hij zich realiseerde wat hij had gedaan, was hij er onmiddellijk kapot van. Hij voelde zoveel wroeging dat hij drie dagen lang niet kon eten.

Daarna voltrok zich een grote verandering in de dokter. Zijn patiënten begonnen zelfs zijn opmerkelijke vriendelijkheid en geduld te prijzen. Een paar maanden later ontsloeg Amma hem van zijn belofte met de waarschuwing dat hij altijd op zijn opvliegendheid zou moeten blijven letten. Het lijkt misschien dat Zij in dit geval een drastische maatregel nam, maar Amma wist dat het de enige manier was om de dokter te helpen om zijn opvliegendheid te overwinnen. Zo hielp Amma hem om mentaal te groeien.

Spirituele groei betekent het zich eigen maken van spirituele principes zoals onthechting, onbaatzuchtigheid en overgave. Amma belichaamt al deze kwaliteiten volmaakt. We kunnen deze kwaliteiten ontwikkelen door naar Amma te kijken en door Haar voorbeeld en instructies te volgen.

Vele jaren terug verzochten de autoriteiten van een tempel in een dorp bij de ashram mij om er een programma te komen houden. Zoals gewoonlijk vroeg ik Amma toestemming voordat ik hun antwoord gaf. Amma stemde ermee in dat ik ging en we planden de satsang voor de volgende week.

De dag dat de satsang gepland was, kwam ik om halfvijf 's middags aan. Er was niemand. Ik maakte me geen zorgen want het programma zou pas om vijf uur beginnen. Ik wachtte geduldig. Om vijf uur was er echter nog niemand gekomen om de satsang bij te wonen. Ik besloot om nog enige tijd te wachten. Het werd kwart over vijf, halfzes en kwart voor zes, maar er was nog steeds niemand.

Tegen zes uur verschenen er twee mensen die uitsluitend voor de verering in de tempel waren gekomen. Ze zagen me daar zitten en gingen zitten om te horen wat ik te zeggen had. Toen ze gingen zitten, begon ik de openingsgebeden te reciteren. Gewoonlijk duren deze gebeden een minuut of twee, maar in de hoop dat er meer mensen zouden komen om de satsang te horen, voegde ik er regel na regel aan toe, terwijl ik heimelijk naar buiten loerde om te zien of er meer mensen waren gekomen. Op deze wijze verlengde ik de openingsgebeden tot tien minuten.

Uiteindelijk zag ik een groepje mensen dichterbij komen en beëindigde ik de gebeden. Toen ik begon te spreken, zag ik echter dat ook deze mensen niet echt gekomen waren om mij te horen spreken. Ze stonden enkele minuten in het voorportaal en gingen toen de tempel in om te bidden. Ik had een lange toespraak voorbereid, maar gezien de omstandigheden sprak ik maar een paar minuten. Toen sloot ik mijn ogen en begon bhajans te zingen. Ik bleef met gesloten ogen zingen totdat ik de tempelpriester voorbereidingen hoorde treffen om met de *arati* (verering door het rondzwaaien van brandende kamfer voor het beeld van een godheid) te beginnen. Tegen die tijd waren er ongeveer twintig mensen in de hal. Of ze gekomen waren voor het programma of voor de tempelarati, weet ik niet. Toen de tempelarati voltooid was, zong ik Amma's arati en keerde toen terug naar de ashram.

Erg ontdaan door de manier waarop het programma was verlopen ging ik met een chagrijnig gezicht naar Amma. Ik wist dat Amma natuurlijk had geweten, hoeveel mensen het programma zouden bijwonen. Ik vertelde Haar dat Ze me onder die omstandigheden geen toestemming had moeten geven om te gaan. Ze antwoordde: "Amma zei dat je satsang moest geven, niet het aantal toehoorders tellen. Hoewel de mensen niet naar de tempel kwamen voor het programma, werd het uitgezonden via de tempel luidsprekers. Je weet niet hoeveel mensen binnen in hun huizen luisterden. Velen van hen wachtten op de satsang. Je had het programma moeten beginnen op de afgesproken tijd en de hele satsang moeten geven."

Amma vervolgde: "Als Amma je zegt iets te doen, moet je leren het te doen zonder je te bekommeren om het resultaat." Toen Amma me dat vertelde, besefte ik mijn fout. Als de Satguru ons zegt iets te doen, is er absoluut een reden voor, zelfs als die op dat moment ons niet duidelijk is.

Vele jaren later, tijdens een van mijn bezoeken aan Colombia, was er gepland dat ik een Devipuja in Bogota zou doen. Rond het middaguur ging ik naar de zaal om te helpen alles in orde te maken voor het programma. Hoewel ik volgens de planning pas om zes uur zou beginnen, begonnen zich al vanaf twee uur mensen te verzamelen. De opbouw was om drie uur gereed en ik keerde terug naar het huis waar ik verbleef. Toen ik naar buiten ging, zag ik dat er al een behoorlijk grote menigte in de zaal was. Ik nam aan dat er een andere plechtigheid die middag zou zijn. Toen ik even voor zessen naar de zaal terugkeerde, was ik zeer verrast een lange rij mensen buiten te zien staan. Mijn eerste gedachte was dat er een of ander probleem in de zaal was en dat iedereen was gevraagd om buiten te wachten. Maar toen ik de zaal binnenkwam, zag ik dat hij helemaal vol was. De mensen stonden buiten te wachten omdat er binnen geen ruimte meer was. Ik dacht dat er een fout was gemaakt in de advertentie voor het programma en dat iedereen verwachtte dat Amma er zelf zou zijn.

Ik sprak onmiddellijk met een van de organisatoren van het programma en vroeg hem of er een vergissing was gemaakt met de advertentie. Hij zei: "Nee," en gaf toe dat hij ook erg verbaasd was over de opkomst. Ik begon zenuwachtig te worden. Als al deze mensen Amma verwachtten, hoe kon ik ze dan nog tevredenstellen? Ik kon alleen een lezing geven, een paar bhajans zingen en een puja verrichten. Ik voelde me totaal hulpeloos. Ik begon te bidden: "Amma, hoe kan ik deze mensen gelukkig maken? Uit eigen kracht kan ik dat niet. Alleen door Uw genade zullen deze mensen zich tevreden voelen met dit programma."

Op die manier biddend, begon ik met het programma zoals gepland. Ik gaf een lezing, zong een paar bhajans en deed de puja. Ik had echter niet het gevoel dat ik het zelf deed. Het voelde alsof iemand anders door mij het programma leidde. Hoewel het mij maar vijf minuten leek, duurde het programma drie uur. In die tijd verliet niet één persoon de zaal. Aan het einde van het programma werd ik omringd door mensen. De mensen haastten zich naar voren om me aan te raken of me met hun sieraden aan te raken. Ze zeiden dat ze iets van de spirituele energie wilden opnemen die van mij afkwam. Ik was heel verbaasd door hun gedrag. Hoe konden ze zo'n gevoel voor mij krijgen? Toen realiseerde ik me dat het uitsluitend Amma's genade was.

Toen ik Amma over dit voorval vertelde, zei Ze: "Als je jezelf leegmaakt, kan Amma volledig bij je binnen komen. Omdat je je zo hulpeloos voelde, kon je je volledig aan Amma overgeven. Dat zorgde ervoor dat Amma's energie door je heen kon stromen." Als we dus al onze handelingen met het juiste spirituele begrip verrichten, kunnen we een volmaakt instrument worden om goddelijke genade te ontvangen.

Als ik het programma in Bogota vergelijk met het programma dat ik hield in het dorp bij de ashram, kan ik zien dat Amma me door de jaren heen geholpen heeft om een beter begrip van spirituele principes te ontwikkelen.

Als we intellectueel niet volwassen zijn, weten we misschien niet wat de juiste handeling is. Als we mentaal niet volwassen zijn, kunnen we het misschien niet opbrengen de juiste handeling te verrichten. En het is spirituele volwassenheid die ons helpt die handeling te verrichten zonder gehecht te zijn aan het resultaat. Zo is spirituele volwassenheid de basis van alle andere aspecten van groei. Zelfs als we intellectuele en mentale volwassenheid bezitten, maar gehecht zijn aan de resultaten van onze daden, kunnen we gefrustreerd of depressief worden en ons enthousiasme verliezen om de wereld te dienen en te volharden in onze spirituele oefeningen. Daarom is geïntegreerde groei zo belangrijk.

In plaats van alleen fysiek te groeien, moeten we proberen om ook mentaal, intellectueel en spiritueel te groeien. Alleen dan zullen we in staat zijn het doel van dit menselijk leven te vervullen.

Hoofdstuk 20

Waarom Venus heter is dan Mercurius: het belang van ontvankelijkheid

As we naar Amma komen, mag ons doel niet eenvoudig het vervullen van onze wereldse verlangens zijn. Dat zou zijn alsof we naar de koning gaan, die klaar staat om ons zijn hele koninkrijk te geven, en dan om een wortel vragen. Amma staat klaar om ons naar het ultieme doel van het leven te leiden en we moeten met niets minder genoegen nemen. Om echter te kunnen ontvangen wat Amma ons aanbiedt, moeten we ontvankelijk worden.

Amma leidt ons voortdurend en geeft ons wat we nodig hebben, maar we halen niet het volledige voordeel uit wat Ze ons geeft, omdat we niet ontvankelijk zijn. Louter fysiek dichtbij de Guru zijn is niet genoeg. Onze ontvankelijkheid is het belangrijkst.

In het zonnestelsel is Mercurius de planeet die het dichtst bij de zon staat, dus zou hij logisch gezien ook het heetst moeten zijn. Maar Venus is het heetst. Hoe komt dat? Omdat er iets speciaals is met de atmosfeer rond Venus die ervoor zorgt dat zij meer hitte van de zon absorbeert. Op dezelfde manier is het niet alleen de nabijheid van de Guru die telt, maar ook de ontvankelijkheid van de leerling.

Als we de juiste ontvankelijkheid missen, zullen we de woorden van de Guru niet horen zoals ze bedoeld zijn. Ze zullen altijd gekleurd en verdraaid worden door onze eigen inzichten en neigingen. Iedereen zal de woorden van de Guru op zijn eigen manier interpreteren.

Als Amma bijvoorbeeld darshan geeft, fluistert Ze verschillende dingen in iemands oor. Dat kan in de moedertaal van die persoon zijn of in Haar eigen taal, het Malayalam. Ze zegt bijvoorbeeld: 'mon kutta' wat 'lieve zoon' betekent, of 'mutte, mutte, mutte', wat 'mijn dierbaar kind, mijn dierbaar kind' betekent.

Maar ongeacht de taal die Amma spreekt, als er tien mensen zijn, zullen ze tien verschillende dingen horen. Iemand kwam naar me toe en zei dat hij Amma 'morgen, morgen, morgen' in zijn oor had horen fluisteren. Dit kwam doordat hij hoopte dat hij succes zou hebben bij zijn sollicitatiegesprek de volgende dag. Een andere vrouw voelde zich schuldig over haar slechte eigenschappen, dus toen Amma 'mijn dochter, dochter, dochter' zei, zei ze dat ze 'ondeugd, ondeugd, ondeugd' had gehoord. Een andere man had een stronk bananen voor Amma gekocht, maar had ze in zijn kamer laten liggen. Toen hij voor darshan kwam, zei Amma in zijn oor 'ponnu mone, ponnu mone', wat 'mijn geliefde zoon' betekent, maar op de een of andere manier verstond hij het als 'banaan, banaan, banaan'. Omdat de geest van deze mensen volledig in beslag genomen was, konden ze niet horen wat Amma hun probeerde te vertellen.

Er was eens een man van 92 die naar de dokter ging om zich te laten onderzoeken. Een paar dagen later zag de dokter de oude man op straat lopen met een prachtige jonge vrouw aan zijn arm. De dokter was geschokt en voegde de man toe: "Jeetje! Het gaat echt goed met je, hè?"

De oude man antwoordde: "Ik doe precies wat u gezegd hebt dokter. 'Zoek een sexy vrouw en wees vrolijk'. Dat klopt toch?"

De dokter zei: "Nee, dat heb ik niet gezegd!" Ik zei: 'Je hebt een hartgeruis, dus wees voorzichtig.'"

Zo wordt de echte betekenis van de woorden van de Meester vaak overschaduwd door onze eigen voorkeuren, angsten en verlangens. Als dit onze situatie is, kan de Meester ons niet echt helpen. Om profijt te hebben van de woorden van de Meester moeten we zo open en ontvankelijk mogelijk worden voor wat er werkelijk gezegd wordt, zo open en ontvankelijk als een onschuldig kind.

Er is een verhaal over vier vrienden. Drie van de vier vrienden spanden bij allerlei meningsverschillen altijd samen tegen de vierde. Op een dag bracht de vierde vriend tijdens een gesprek een zeer steekhoudend punt naar voren. Zoals gewoonlijk wezen de eerste drie vrienden zijn idee met minachting van de hand. De vierde vriend raakte zo gefrustreerd en verdrietig dat hij hardop tot God begon te bidden: "O Heer, geef mijn vrienden alstublieft een teken dat ik gelijk heb." Onmiddellijk begonnen zich donkere wolken boven hun hoofden samen te pakken in een lucht die kristalhelder was geweest. De vierde vriend wees naar de lucht en zei: "Kijk, God heeft een teken gestuurd dat ik gelijk heb!" De drie vrienden spotten met zijn bewering en zeiden dat het zuiver toeval was. De vierde vriend werd nog gefrustreerder en smeekte God om een nog krachtiger teken te geven om zijn vrienden te overtuigen. Onmiddellijk begon het te donderen en de bliksem flitste langs het donker wordende hemelgewelf. De vierde vriend riep blij uit: "Nu kan er geen twijfel zijn. God staat aan mijn kant!"

De drie vrienden waren nog steeds niet onder de indruk. "O, dat is niets. Als donkere wolken zich samenpakken, is donder en bliksem heel gewoon," zeiden ze schouderophalend.

175

De vierde vriend schreeuwde wanhopig tot God: "O Heer, geef hun alstublieft een onaanvechtbaar teken dat U aan mijn kant staat!"

Als antwoord bulderde een zware stem van boven: "Hoor, jullie moeten luisteren naar jullie vriend. Zijn punt is juist."

Toen ze de stem van God hoorden, zeiden de drie vrienden: "Dus God staat aan jouw kant. Maar het is nog steeds drie tegen twee."

Dit verhaal laat zien dat sommige mensen aan hun eigen ideeën vasthouden, hoe belachelijk of onmogelijk die ook zijn. Ze zijn absoluut niet open of ontvankelijk. Zelfs als Amma zelf aan zulke mensen advies geeft, zullen ze hun eigen weg gaan. Daarom zegt Amma dat het gemakkelijk is om iemand die slaapt wakker te maken, maar het is heel moeilijk om iemand die doet alsof hij slaapt, wakker te maken. Laten we proberen niet te zijn als de drie vrienden uit het verhaal. We moeten altijd open en ontvankelijk proberen te zijn voor wat Amma ons probeert te leren. Als we denken dat we alles weten, zullen we niets kunnen leren.

Hoofdstuk 21

Hoe ontwikkelen we echte devotie?

H et ontwikkelen en intensiveren van devotie voor God, voor onze Guru of voor ons spirituele doel is heel belangrijk voor onze spirituele vooruitgang. Devotie voor de Guru en devotie voor God is hetzelfde. Een Satguru is één met God. Hoewel hij een menselijke vorm heeft, heeft de Satguru niet het gevoel van individualiteit of van 'ik ben die en die en ik heb dat en dat gedaan'. De universele kracht van God werkt door de Satguru. Alles wat van de Satguru komt, komt van God. Als Amma of welke Mahatma dan ook 'mij' of 'ik' zegt, bijvoorbeeld wanneer Krishna in de Bhagavad Gita zegt: "Ik ben de basis van alles," verwijzen zij niet naar hun lichaam of hun individuele vorm, maar naar het Hoogste Bewustzijn waarin zij gevestigd zijn.

Amma zegt dat wanneer we devotie ontwikkelen, we er zeker van moeten zijn dat het *tattva bhakti* is, devotie gebaseerd op juist begrip en kennis. Anders zal onze devotie niet standvastig zijn. We zullen een sterke devotie hebben als de dingen goed gaan in ons leven, maar als ons iets vervelends overkomt, zal onze devotie afnemen. Als we devotie hebben die gebaseerd is op kennis, zullen we tot God bidden omdat we van God houden en we de Waarheid willen realiseren. We zullen God niet zien als een instrument dat onze wensen vervult.

Tattva bhakti betekent het inzicht dat alles wat er met ons gebeurt, of het nu goed of slecht is, een gevolg is van onze eigen daden uit het verleden, in dit of in vorige levens. Het betekent dat we begrijpen dat de slechte dingen die ons overkomen, niet door Gods gebrek aan mededogen komen, en als goede dingen gebeuren, dat niet betekent dat God ons voortrekt. Zo is het niet. Alles wat er gebeurt, is in overeenstemming met het persoonlijke prarabdha van iemand. In dit proces is God alleen een getuige. Amma zegt: "Vereenzelvig je devotie niet met de ervaringen die je hebt. Al je ervaringen worden gecreëerd door je eigen daden uit het verleden. God heeft hier niets mee te maken. Hij heeft een aantal kosmische wetten voorgeschreven. Als je die wetten volgt, zul je goede ervaringen hebben, en als je de wetten overtreedt, zul je overeenkomstig slechte ervaringen hebben. Natuurlijk zijn er enkele moeilijkheden die verwijderd kunnen worden door oprecht te bidden, maar andere ervaringen kunnen niet worden vermeden. In dat geval moeten we om kracht bidden om de moeilijkheden met gelijkmoedigheid tegemoet te treden."

Dit betekent niet dat we alles toe kunnen schrijven aan ons prarabdha. Stel dat ik iemand in elkaar sla. Als de politie komt en me in de gevangenis stopt, kan ik niet mijn prarabdha de schuld geven. Ik weet heel goed dat ik niemand in elkaar mag slaan en als ik het toch doe, zal ik gestraft worden. Als ik iemand in elkaar heb geslagen, hoe kan ik dan mijn prarabdha de schuld geven als ik de gevangenis in moet? Dat is geen prarabdha. Het is een direct gevolg van een daad van mij.

Ons prarabdha is verantwoordelijk voor wat er gebeurt ondanks onze inspanningen. Als we in een boom klimmen en dan naar beneden springen, weten we dat we hoogstwaarschijnlijk een been zullen breken. Als we springen en een been breken, kunnen we niet zeggen dat het ons prarabdha was om een been te breken. Als we ons been niet breken, kunnen we zeggen dat het een gevolg is van ons goede prarabdha. Met andere woorden, er gelden een paar algemene regels voor het leven op aarde. Als de algemene regel in een bepaalde situatie niet op ons van toepassing is, kunnen we denken dat het door ons goede prarabdha komt. Maar we kunnen ons prarabdha niet overal de schuld van geven. Als we ondanks hard werken voor onze studie toch slecht scoren op een examen, dan kunnen we zeggen dat het ons prarabdha is. Als we niet studeren, kunnen we onze slechte resultaten niet aan prarabdha toeschrijven.

Ik herinner me een volgeling die vele jaren bij Amma was. Amma gaf hem vele prachtige ervaringen. Ondanks die gedenkwaardige ervaringen kon hij geen standvastige devotie voor Amma ontwikkelen en uiteindelijk kwam hij niet meer bij Haar. We kunnen veel van dit verhaal leren.

Toen Amma begon met het manifesteren van *Krishna Bhava*, herkenden sommige mensen Amma's goddelijkheid onmiddellijk. Anderen waren erg sceptisch. Ze vroegen zich af hoe Krishna zich kon manifesteren in een menselijk lichaam.

Een van de sceptici was geen atheïst. Hij was eigenlijk een volgeling van Heer Krishna. Wanneer er een bijzondere gelegenheid zoals een verjaardag of een bruiloft was, nodigden de mensen deze volgeling uit om bij hen thuis te komen voorlezen uit de *Srimad Bhagavatam*, een heilige tekst die het goddelijke spel van Heer Krishna beschrijft.

Zijn vrienden die Amma al tijdens Krishna Bhava hadden gezien, zeiden hem naar Amma te gaan omdat hij een toegewijde van Heer Krishna was. Hij weigerde te gaan. Hij was totaal niet bereid om te geloven dat Heer Krishna zich zou manifesteren in het lichaam van deze jonge vrouw.

Zijn vrienden bleven erop aandringen dat hij Amma moest ontmoeten. Uiteindelijk stemde hij in, maar hij zei dat hij een bewijs wilde dat Amma Krishna manifesteerde, voordat hij het zou geloven.

Op een Krishna Bhava dag gaf Amma darshan aan Haar volgelingen in de ashram. Plotseling kwam Ze de tempel uit en begon te lopen zonder iemand te vertellen waar Ze heen ging. De volgelingen waren erg verbaasd over Haar plotselinge vertrek. Veel mensen volgden Haar gewoon. Amma bleef maar lopen. Ze liep zo snel dat iedereen moest rennen om Haar bij te houden.

Amma ging meteen naar het huis van Krishna's volgeling, hoewel Ze er nooit eerder was geweest en niemand Haar aanwijzingen had gegeven of Haar gevraagd had daarheen te gaan. Ze liep de hele afstand van zeven of acht kilometer. Ze ging de gebedsruimte in, pakte een schaal met zoete pudding van het altaar en at er een klein beetje van.

De man was stomverbaasd toen hij Amma dit zag doen. Het was zijn dagelijkse gewoonte om zoete pudding te koken en die in zijn gebedsruimte als offer voor Heer Krishna neer te zetten. Nu zag hij dat Amma gekomen was en het offer had aangenomen. Vanaf die dag werd hij een overtuigd volgeling van Amma.

Later zei hij dat hij op die bepaalde dag, toen hij de zoete pudding voor Krishna's foto op zijn altaar neerzette, zichzelf had beloofd dat hij alleen zou geloven dat Amma Heer Krishna was, als Ze zou komen en zijn offer aan Krishna zou accepteren.

Bij een andere gelegenheid ging dezelfde volgeling naar een vijver om te baden en waagde zich per ongeluk op een plek in de vijver die te diep voor hem was. Hij kon niet zwemmen en hij begon te verdrinken. Door Amma's genade wist hij zich Haar te herinneren terwijl hij voor zijn leven vocht. Hij begon te schreeuwen "Amma, Amma!" Plotseling zag hij vlak voor hem Amma boven het water staan. Amma toonde hem hoe hij zijn armen en benen moest gebruiken om te blijven drijven en uit het water te komen. Hoewel hij niet geloofde dat hij Amma's aanwijzingen op zou kunnen volgen, voelde hij een kracht van buiten die zijn armen en benen bewoog om hem drijvend te houden. Op deze manier werd zijn leven gered. Hij zou deze diepe ervaringen nog vaak aan anderen vertellen. Deze volgeling had een weesjongen als zoon aangenomen. Amma gaf de jongen toestemming om een klein theewinkeltje op het terrein van de ashram op te zetten. Er waren in die tijd geen restaurants of eethuizen bij de ashram. Omdat honderden volgelingen zijn theewinkeltje op weg naar Amma bezochten, ging het zijn zaak voor de wind. Hij verdiende veel geld en gaf een groot deel van de winst aan zijn adoptiefvader. De volgeling hoefde zelfs niet te werken door het geld dat hij uit de verdiensten van zijn geadopteerde zoon kreeg. Zij waren beiden zeer gelukkig met de situatie.

Enige jaren gingen voorbij en steeds meer mensen bezochten Amma. Er was vaak een grote menigte in de ashram en er waren niet genoeg faciliteiten om het toenemende aantal volgelingen te huisvesten. Amma wilde meer kamers voor hen bouwen en ook een gebedshal en een eetzaal. Amma legde de situatie aan de jongen uit en vroeg hem zijn winkel te verplaatsen zodat het stuk grond van de ashram dat hij voor zijn theehuis in gebruik had, kon worden gebruikt om meer faciliteiten voor de volgelingen te bouwen. De jongen vertelde zijn adoptiefvader wat Amma gezegd had. Toen de man dit nieuws hoorde, raakte hij erg overstuur en zei: "Waarom moet Amma mijn zoon vragen om zijn winkel te verplaatsen?" Omdat ze allebei zoveel geld aan het theewinkeltje verdienden, vond hij het niet prettig te horen dat Amma het wilde verplaatsen.

Vermeld dient te worden dat de meeste mensen, vooral zij die in die tijd in de nabijgelegen dorpen woonden, anders over Amma dachten dan de mensen nu. De dorpelingen wisten dat Amma op bepaalde dagen van de week *Devi Bhava* en *Krishna Bhava*[6]

---

[6] Amma gaf regelmatig een speciale darshan waarbij Ze in de stemming en de kleding van Devi verschijnt. Op dat moment was Ze volledig geïdentificeerd

manifesteerde. Ze dachten dat Amma alleen op die dagen God, Devi of Krishna kon worden. Ze dachten dat Amma alleen op die bepaalde dagen door uiterlijke goddelijke krachten bezocht werd en dat Amma op de andere dagen zoals ieder ander gewoon mens was. Dat was hun geloof. Dus toen deze volgeling hoorde dat Amma zijn zoon gevraagd had om de winkel te verplaatsen, was zijn eerste vraag: "Wanneer zei Amma dat?" Hij vroeg zich af of het tijdens Devi Bhava of tijdens de 'gewone tijd' was. Hij zei verder: "Ik moet Devi hierover raadplegen."

Tijdens Devi Bhava of Krishna Bhava noemden de mensen Amma 'Amma' of 'Krishna'. Op andere tijden verwezen ze naar Haar als 'kunju', wat 'kind' betekent, of 'mol', wat 'dochter' betekent of ze noemden Haar bij Haar geboortenaam Sudhamani. Sommige brahmachari's die ook dachten dat Amma en Devi verschillend waren maar Amma toch als hun Guru beschouwden, noemden Haar Amma bij gewone gelegenheden en Devi Amma tijdens Devi Bhava. Soms gingen we overdag naar Amma kijken en schonk Ze ons geen aandacht. Ze was dan met een andere volgeling aan het praten of Ze was in meditatie verzonken. Als dit gebeurde, gingen we tijdens Devi Bhava bij Amma klagen: "Devi Amma, Amma heeft me vandaag niet eens aangekeken.

---

met God in de vorm van de Goddelijke Moeder. Vroeger gaf ze ook darshan in Krishna Bhava. Over deze bijzondere bhava's (stemmingen) zei Amma eens: "Alle goden van het hindoepantheon, die de talloze aspecten van de het Ene Hoogste Zijn vertegenwoordigen, bestaan binnen in ons. Iemand die Goddelijke Kracht bezit, kan door zijn wil ieder van hen manifesteren voor het welzijn van de wereld. Hier is een gekke meid die het kleed van Krishna aantrekt en na enige tijd dat van Devi, maar beiden bestaan in dezelfde gekke meid.

Waarom versieren we een olifant? Waarom draagt een politieman een uniform en een pet? Al deze uiterlijke hulpmiddelen zijn bedoel om een bepaalde indruk te wekken. Net zo trekt Amma de kleding van Krishna en Devi aan om kracht te geven aan de devotionele houding van de mensen die voor darshan komen."

Zeg Haar alstublieft dat Ze me in de toekomst meer aandacht geeft." Amma (in Devi Bhava) zei dan: "Maak je geen zorgen. Ik zal met Amma praten." Omdat onze houding was dat Amma en Devi verschillend waren, gedroeg Amma zich alsof dat waar was. Deze volgeling kwam dus tijdens Devi Bhava naar de darshan en zei tegen Amma: "Devi, is het waar dat Kunju mijn zoon heeft verteld dat hij zijn winkel van het ashramterrein moet verwijderen?"

Amma legde uit: "Luister, Kunju heeft jouw zoon gevraagd om de winkel te verplaatsen omdat de ashram het stuk grond hard nodig heeft. Veel volgelingen hebben niet eens een plaats om te rusten. Sommigen van hen zijn oud en ziek en hebben goede huisvesting nodig."

Toen de volgeling Amma's woorden hoorde, vergat hij dat hij op dat moment tegen Devi sprak. Hij werd zo kwaad dat hij de ashram onmiddellijk verliet en nooit meer bij Amma terugkwam. Omdat zijn toewijding niet op kennis was gebaseerd, kon hij geen gebruik maken van alle prachtige ervaringen die hij met Amma had gehad. Toen Amma iets zei dat hem niet beviel, verdween al zijn vertrouwen en toewijding ogenblikkelijk.

Hij dacht dat Amma alleen maar een instrument was om zijn wensen te vervullen. Amma noemt dit soort toewijding 'zakenbhakti'. Zulke toewijding kan nooit standhouden. Als we zakenbhakti hebben, zal onze liefde en toewijding voor God elke keer toenemen als God onze gebeden verhoort. Als we vinden dat onze gebeden niet verhoord worden, zal onze liefde en toewijding afnemen.

Echte toewijding wordt door niets wat er in het leven gebeurt, beïnvloed. Als we Amma's levensverhaal lezen, kunnen we zien dat Amma altijd een standvastige toewijding voor God had, ongeacht de ervaringen die Ze moest meemaken. In Haar jeugd werd Amma alleen maar beledigd en slecht behandeld door Haar familieleden, Haar buren en de dorpelingen uit de buurt, maar Haar toewijding wankelde door deze vervelende ervaringen nooit. Elke keer als Ze tegenslag ondervond, dacht Amma: "God geeft me een gelegenheid om uithoudingsvermogen en verdraagzaamheid te ontwikkelen." Dit is de houding van een echte toegewijde. Als we een dergelijke houding kunnen ontwikkelen, zal er nooit een reden zijn om boos op God te worden, zelfs als de dingen niet gaan zoals we wensen. We kunnen dan onplezierige ervaringen accepteren als kansen om spirituele eigenschappen als geduld, acceptatie en gelijkmoedigheid te cultiveren.

Als Amma's brahmachari's fouten maken, is Ze erg streng voor hen, omdat ze uitsluitend naar Amma zijn gekomen om God te realiseren. Dus wil Ze dat de brahmachari's elke handeling verrichten met dat doel voor ogen. Toen een brahmachari in de ashram op een keer een vergissing beging, zei Amma hem: "Ik praat niet meer met je." Toen hij dat hoorde, was hij heel ontdaan. Dat is de ergste straf die je van Amma kunt krijgen. Zelfs als Amma ons een uitbrander geeft, zal het ons niet veel doen, maar als Amma niet tegen ons wil praten, is dat heel pijnlijk voor ons. Iedere morgen probeerde deze brahmachari Amma zijn excuses aan te bieden, maar Amma weigerde te luisteren. Meer dan een week ging op die manier voorbij. Ten slotte werd het hem te veel. Op een dag, na Haar ochtenddarshan, volgde hij Amma op de voet op weg naar Haar kamer. Voordat de deur dichtging, glipte hij de kamer binnen zonder dat Amma het doorhad. Toen Amma de deur dichtdeed, ontdekte Ze de brahmachari in de kamer.

Zonder een woord te zeggen nam Amma hem bij de arm en wees hem de deur. De brahmachari wachtte een poosje buiten en kwam toen de trap af. Ik liep hem tegen het lijf toen hij wegging. Hij vertelde me wat er zojuist was gebeurd. Toen voegde hij eraan toe: "Maar ik ben niet ongelukkig. Eigenlijk ben ik erg gelukkig nu."

"Amma heeft nog steeds niet met je gesproken, hoe kun je nu gelukkig zijn?" vroeg ik hem.

"In ieder geval heeft Amma me aangeraakt," antwoordde hij. "Hoewel Ze me de deur heeft gewezen, hield Ze mijn arm vast. Dat is genoeg voor me."

Toen ik Amma later vertelde wat de brahmachari me had gezegd, was Ze erg blij om zijn houding. De volgende dag begon Amma weer met hem te praten. Ze legde hem uit dat Ze nooit echt kwaad op iemand kon zijn en dat de manier waarop Ze hem behandeld had, alleen maar een toneelstukje was geweest dat Ze opgevoerd had, om hem van zijn fout bewust te maken.

Als we echte devotie hebben, zullen we nooit aanmerkingen op God of de Guru hebben. Om te verzekeren dat onze devotie nooit wankelt of vervaagt, moet het gebaseerd zijn op een stevig fundament van kennis. Een dergelijke standvastige toewijding zal onze spirituele groei zeker versnellen en onze band met God of de Guru verstevigen.

Hoofdstuk 22

De visie van de geschriften

H et is nuttig om basiskennis van de geschriften van Sanatana Dharma te krijgen, vooral voor een spirituele zoeker. De geschriften geven ons een helder beeld van het doel van het menselijk leven en de middelen om dat doel de bereiken. Kennis van de geschriften helpt ons ook om Mahatma's enigszins te begrijpen.

Zelfs als we de geschriften niet kunnen bestuderen, kunnen we het spirituele doel bereiken door nauwlettend de daden en woorden van een Satguru te observeren en zijn aanwijzingen onvoorwaardelijk te volgen. Omdat Mahatma's in de Hoogste Kennis gevestigd zijn, is alles wat ze zeggen gelijk aan de woorden uit de geschriften. Daarom wordt er naar Mahatma's zoals Amma verwezen als 'de levende geschriften.'

Toen we besloten dat we een logo voor Amma's ashram moesten hebben, bespraken de brahmachari's welk citaat we zouden kiezen. Uiteindelijk konden we niet tot een beslissing komen, dus gingen we naar Amma en vroegen Haar: "Amma, we hebben Uw hulp nodig. Geef ons alstublieft een citaat dat we onder het ashramlogo kunnen zetten." Aanvankelijk zei Ze: "Kies maar een citaat dat jullie mooi vinden." We probeerden het, maar we konden het niet eens worden. Op een dag waren we wat met Amma aan het praten en onverwachts zei Ze: "Kinderen, bevrijding kan verkregen worden door onthechting." Natuurlijk was het niet in het Sanskriet. Ze sprak deze woorden in het Malayalam. Meteen herinnerde een brahmachari zich een zinsnede uit de Upanishaden met dezelfde betekenis: '*tyagenaike amrtatvamanasuhu*'. Amma heeft nooit de geschriften gelezen, maar Ze gaf een citaat met dezelfde betekenis als deze uitspraak uit de geschriften. Met Amma's toestemming hebben we dit citaat uit de geschriften in het ashramlogo opgenomen.

De oudste van alle geschriften, de Veda's, werden niet samengesteld door een schrijver, maar werden 'geopenbaard' aan de oude *rishi's* of zieners. De mantra's die de Veda's vormen waren er al in de vorm van subtiele trillingen in de natuur. De rishi's bereikten zo'n diepe staat van rust dat ze deze mantra's waar konden nemen. De ideeën in de Veda's worden in twee delen verdeeld. De *Karma Kanda* (het rituele deel) beschrijft veel rituelen om specifieke wensen te vervullen. Stel dat je een kind wil hebben, dan is daar een ritueel voor. Als je naar de hemel wilt gaan, is er een ander ritueel. Reeds duizenden jaren geleden voerden mensen deze rituelen uit om hun wensen doeltreffend te vervullen. Om een bepaalde wens te vervullen moet je je aan veel specifieke voorschriften houden. Je moet uit je bed opstaan met je gezicht naar een bepaalde richting, je moet bepaalde mantra's reciteren voor, tijdens en na het bad, voor het eten enz. Dan zijn er tijdens de uitvoering van het ritueel zelf vele stappen die gevolgd moeten worden, elk vergezeld van bepaalde mantra's en gebeden. Sommige van deze rituelen duren meerdere dagen. Deze mantra's zijn niet alleen effectief in het vervullen van speciale wensen, maar hebben ook een subtiel positief effect op degene die ze reciteert. Als iemand een paar van zulke rituelen uitvoert, wordt de geest steeds zuiverder en afgestemd op God. Dankzij deze positieve invloed bestaat zelfs de mogelijkheid dat deze persoon een spirituele zoeker wordt. De Karma Kanda helpt gewone mensen om gewone wensen te vervullen en tegelijkertijd activeert het hun belangstelling voor spiritualiteit.

Het tweede deel van de Veda's wordt de *Jnana Kanda* (kennisdeel) genoemd. Dit deel van de Veda's richt zich uitsluitend op Brahman, de Ultieme Waarheid. Vergeleken met het rituele deel, dat duizenden bladzijden bevat, is de Jnana Kanda erg kort. Dit toont aan dat er veel wensen zijn, maar dat de Waarheid, die de grondslag van al het andere vormt, slechts één is.

Hoewel Amma een Gerealiseerde Meester is, vragen de meeste mensen niet om spirituele kennis. In plaats daarvan gaan we naar Amma met onze dagelijkse problemen en zorgen. Stel dat ik niet alleen tienen voor mijn examen gehaald heb, ik heb één negen gekregen. Voor mij is dat heel belangrijk, omdat ik de beste van de klas wilde zijn. In werkelijkheid zal mijn leven er niet onder lijden dat ik tweede was. Maar als ik mijn verdriet met Amma deel, zal Ze zeker Haar betrokkenheid laten zien en me aanmoedigen en zegenen voor de toekomst.

Mensen komen soms naar Amma om Haar te vertellen dat hun koe niet genoeg melk geeft en vragen of Zij alstublieft de koe wil zegenen zodat ze meer melk zal geven. Of iemand zegt: "Er staat geen water in mijn put. Amma, help me alstublieft." Ze zal hun wat *vibhuti* (gewijde as) geven en hun vertellen het door het voedsel van de koe te doen of in de put te strooien. Ofschoon deze dingen vanuit het standpunt van een Gerealiseerde Ziel erg onbetekenend zijn, weet Amma dat deze problemen voor de mensen in die situaties heel reëel zijn. Ze besteedt veel aandacht aan het luisteren naar zulke problemen en het bieden van oplossingen.

Stel je voor dat Amma ons, toen we Haar voor het eerst ontmoetten, had gezegd: "Alles wat jullie wensen is *mithya* (vergankelijk). Alleen God is onvergankelijk. Vraag alleen maar om Godsrealisatie. Ik kan jullie helpen Dat te bereiken." De meesten van ons zouden dan weggelopen zijn. We hebben allemaal veel wensen en we willen dat die wensen vervuld worden. Als we bij Amma blijven komen om onze wensen te laten vervullen, worden we ook op een subtiele wijze door Amma's onvoorwaardelijke liefde en spirituele energie beïnvloed. Geleidelijk beginnen we ons op spiritualiteit te richten. Zo kunnen we zien dat Amma inderdaad de geschriften in levende vorm is. Ze functioneert precies zoals de Veda's. Degenen die alleen kennis van de Hoogste Waarheid willen, zal Ze helpen om Dat te verwezenlijken. Degenen die wereldse verlangens hebben, zal Ze helpen om die te vervullen, vooropgesteld dat het eerlijke doelen zijn.

Amma zegt dat we om het maximale resultaat uit de geschriften te halen de taken die ze voorschrijven, moeten uitvoeren. Het is niet voldoende de geschriften alleen te lezen zoals we de krant lezen. We moeten de taken en verantwoordelijkheden vervullen die de geschriften ons hebben gegeven. Onze plicht doen is niet altijd plezierig, omdat we allemaal onze eigen voorkeuren hebben. Toch staan de geschriften erop dat we onze plichten vervullen en onze verantwoordelijkheden op ons nemen. Wat levert het op als we deze voorschriften naleven? Als we trouw de voorschriften uit de geschriften of van de Guru naleven, zullen we langzamerhand onze voorkeur en afkeer kunnen overwinnen.

De Veda's zeggen ons: '*Satyam vada*' wat betekent: 'Spreek de waarheid'. We willen misschien niet altijd de waarheid spreken, maar als we het onderricht van de Veda's willen volgen, zullen we de waarheid proberen te spreken, ook al hebben we daar niet altijd zin in. Zo zullen we onze neiging om leugens te vertellen als het ons uit komt, kunnen overwinnen.

We vermijden altijd dingen die we niet mogen of waarvan we denken dat we ze niet mogen. Maar als we het juiste begrip niet hebben, zullen we uiteindelijk dingen uit de weg gaan die nuttig of goed voor ons kunnen zijn. Het volgen van de voorschriften uit de geschriften zal altijd in ons voordeel zijn.

De geschriften hebben alle mogelijke handelingen in vijf hoofdcategorieën verdeeld en ons verschillende voorschriften voor elke categorie gegeven. De eerste categorie handelingen wordt *kamya karma* genoemd, of de handelingen die we verrichten om onze vele wensen te vervullen. De geschriften verbieden dit soort handelingen niet, maar herinneren ons eraan dat op die manier handelen ons niet naar het ultieme doel van Zelfrealisatie zal leiden (De rituelen zoals weergegeven in de Karma Kanda vallen in de categorie kamya karma.)

Over kamya karma zegt Amma dat er niets verkeerd is aan handelingen om onze wensen te vervullen, mits deze handelingen juist zijn, maar dat we moeten begrijpen dat deze wensen ons geen blijvend geluk zullen brengen en dat het misschien niet mogelijk is om alles wat we wensen te bereiken.

De tweede categorie handelingen wordt *nitya karma* genoemd. Nitya karma gaat over onze dagelijkse activiteiten en over de handelingen of plichten die we elke dag horen te doen. Zelfs voor routinematige handelingen zoals tandenpoetsen, douchen en eten worden er specifieke mantra's voorgeschreven die ons eraan herinneren dat het niet onze kracht is waarmee we de handelingen verrichten, maar de kracht van Brahman, die het hele universum in stand houdt. Als we zo denken zal dat ons ook helpen het spirituele doel van het leven te herinneren. Voor degenen die een Guru hebben, is het volgen van de aanwijzingen van de Guru voor de dagelijkse oefeningen hun nitya karma. Amma vraagt ons elke dag onze mantra te reciteren en te mediteren. Mensen met een spirituele inslag kunnen ook de Honderd en acht of Duizend Namen van de Goddelijke Moeder (of de God of Godin van hun voorkeur) reciteren.

Handelingen die verricht worden bij speciale gelegenheden worden *naimithika karma* genoemd. Er is een speciale

191

naamgevingsceremonie als een pasgeboren baby zijn naam krijgt, een speciaal ritueel als het zijn eerste vaste voedsel krijgt, een ritueel op zijn eerste verjaardag enz. Elk jaar moeten we offers brengen aan de overledenen, aan onze voorouders. En ieder jaar houden brahmanen een plechtigheid waarbij ze de oude gewijde draad verwijderen en een nieuwe omdoen. Er zijn veel van dergelijke rituelen die bij speciale gelegenheden worden uitgevoerd. Dit zijn slechts een paar voorbeelden.

Amma vraagt ons om anderen te helpen en te dienen wanneer we maar de gelegenheid krijgen. Ze zegt zelfs dat als we geen gelegenheid hebben om te dienen, we er een moeten creëren. Natuurlijk krijgen we niet elke dag de gelegenheid om anderen van dienst te zijn, maar als we ons best doen, kunnen we ongetwijfeld wegen vinden om anderen te helpen. We kunnen regelmatig ziekenhuizen, bejaardenhuizen, weeshuizen of gelijksoortige instellingen bezoeken en hulp bieden waar het nodig is.

Daar komt bij dat veel mensen niet in de gelegenheid zijn om dagelijks de archana in een groep te reciteren. In dat geval kunnen zij eens per week of eens per maand samenkomen met andere volgelingen en deelnemen aan de groepsarchana, meditatie en bhajans. Deze vorm van satsang samen met onbaatzuchtige dienstverlening kan beschouwd worden als het naimithika karma van Amma's kinderen.

Dan zijn er enkele dingen (*nishiddha karma*) die we nooit mogen doen. De geschriften zeggen ons niet te liegen, niet te stelen, anderen geen pijn te doen of te haten, en anderen niet te bedriegen of kwaad over hen te spreken. Maar als we ons leven analyseren, zullen we toch zien dat we een paar van deze verboden op zijn minst af en toe overtreden. Dat betekent dat we deze negatieve neigingen versterken en in plaats van het krijgen van goede, positieve vibraties door het naleven van de voorschriften uit de geschriften, krijgen we alleen negatieve vibraties. Deze negativiteit wordt op zijn beurt een obstakel voor onze spirituele oefeningen.

Amma zegt heel duidelijk dat als we slechte bedoelingen met een ander hebben, we ons moeten herinneren dat Amma ook in die persoon is. Of als we boos zijn op iemand, moeten we proberen te denken aan iets goeds dat diegene voor ons in het verleden heeft gedaan. Amma doet deze suggesties om ons voor nishiddha karma, of de handelingen die door de geschriften worden verboden, te behoeden.

Ten slotte zijn er de helende handelingen die we kunnen verrichten om de negatieve gevolgen van schadelijke handelingen die we met opzet hebben verricht, op te heffen of te verminderen. Deze handelingen worden *prayaschitta karma* genoemd.

De geschriften beschrijven verschillende soorten prayaschitta karma, afhankelijk van het type en de gradatie van de schadelijke handeling. Hieronder vallen bepaalde rituelen en voorschriften en ook het weggeven van bepaalde dingen uit liefdadigheid. Er wordt gezegd dat de gevolgen van schadelijke handelingen die we hebben verricht, ook verminderd of geëlimineerd kunnen worden door tapas te doen onder leiding van een Guru of door de genade van God.

Er zijn veel gevallen van volgelingen van wie de horoscoop voorspelde dat hen gedurende een bepaalde periode van hun leven een zekere tragedie zou overkomen. Natuurlijk was deze gebeurtenis onderdeel van hun lotsbestemming vanwege een of andere negatieve daad die ze in het verleden hadden begaan, in dit leven of in een vorig leven. In zulke gevallen gaf Amma vaak een bepaalde richtlijn zoals vasten of een gelofte van stilte in acht nemen op een bepaalde dag in de week gedurende een aantal maanden of jaren. Als de volgeling de prayaschitta karma trouw volgens Amma's richtlijnen deed, zou de ramp afgewend worden.

De geschriften vragen ons ook om de *panchamahayagna* (vijf grote offers) uit te voeren. Als we het woord offer horen, denken we misschien aan het doden van een dier als een offer voor God. In Sanatana Dharma heeft offeren niets te maken met doden. In dit verband betekent offeren delen. We offeren onze eigen gemak en zelfzuchtige verlangens op om de geest van delen met iedereen te ontwikkelen: zowel met mensen, dieren als planten. Dit zal helpen om de harmonie in de natuur en de wereld te bewaren. Iedereen doodt levende wezens, bewust of onbewust. Als we lopen kunnen we onbedoeld insecten doden of andere kleine diertjes. Ook leven er veel insecten in de schors van brandhout. Als we brandhout gebruiken om te koken of ons huis te verwarmen, zullen veel insecten sterven. Als een mug op ons gaat zitten, doden we hem. Als we op de snelweg hebben gereden, is onze voorruit bedekt met dode insecten. We kunnen zelfs een hert raken of een ander dier aanrijden. Onbedoeld hebben we zoveel wezens gedood in ons leven. Daarom geven de geschriften ons vijf verschillende soorten *yagna's* die we kunnen doen om de negatieve effecten van de onbedoelde schadelijke handelingen ongedaan te maken en om onze dankbaarheid tegenover God, de vijf elementen, andere mensen, dieren en onze voorouders uit te drukken. Ons leven is alleen mogelijk dankzij de hulp die we ontvangen van deze vijf bronnen.

De eerste yagna die de door de geschriften wordt voorgeschreven, is de *Brahma yagna*. Deze yagna is het bestuderen van Brahman of God door studie van de geschriften en het aan anderen doorgeven van wat wij hebben geleerd. De Brahma yagna wordt voorgesteld als een uitdrukking van dankbaarheid aan Brahman of God. Omdat Brahman de bron van alles is, danken we ons bestaan aan Brahman. We doen deze yagna niet voor God. Het herinneren van onze afhankelijkheid van God kan ons helpen nederigheid te ontwikkelen en het delen van de morele en spirituele waarden die in de geschriften zijn neergelegd, helpt om harmonie in de samenleving te bewaren. God heeft onze verering niet nodig. Hij is volledig en volmaakt. Amma zegt dat de zon de hulp van een kaars niet nodig heeft. De zon geeft licht aan de hele wereld. Welk nut heeft een kaars voor de zon? Evenzo heeft God onze verering niet nodig. Het is alleen in ons eigen voordeel dat we God vereren.

In vroegere tijden waren alleen de brahmanen (priesterkaste) gemachtigd om deze yagna te doen, omdat alleen zij de geschriften hoorden te bestuderen, maar veel van Amma's kinderen doen deze yagna iedere dag. Als we onze vrienden tegenkomen, praten we gewoonlijk over Amma. Omdat Amma één is met God hebben we het eigenlijk over God als we over Amma praten.

De volgende yagna die de geschriften ons vragen te verrichten is de *pitr yagna*, of de rituelen die we uitvoeren voor onze overleden voorouders. In India is de meest gangbare manier om deze yagna uit te voeren het offeren van een rijstballetje of ander hoofdvoedsel aan de kraaien met het voornemen dat onze overleden voorouders profijt zullen hebben van onze gebeden en gevoed zullen worden door het eten dat we hebben geofferd. Wellicht denken we dat het dwaas is om voedsel te offeren aan iemand die dood is, omdat hij het niet op kan eten. Volgens de Veda's leven de geesten van de overledenen in een tussengebied genaamd *pitr loka* (wereld van de overledenen) totdat ze een nieuw lichaam aannemen. Als ze in dit tussengebied zijn, hebben ze honger en dorst maar kunnen uit zichzelf niets tot zich nemen. De subtiele vibraties van het voedsel dat we aan hen offeren is voedsel voor hun subtiele lichaam. Onze gebeden bevorderen hun spirituele vooruitgang en helpen hen om een betere geboorte te bereiken.

De pitr yagna met al zijn rituelen zoals beschreven in de Veda's wordt in het algemeen slechts één keer per jaar gedaan. In sommige streng orthodoxe families doen ze dit ritueel elke maand, maar het is voldoende dit één keer per jaar te doen. Als Amma de Devi Puja of de Atma Puja verricht, vraagt Ze ons om te bidden voor de rust van onze overleden voorouders. Op die wijze voldoen we dus ook aan de voorschriften van deze yagna. De derde yagna is de *deva yagna*. In de traditie van Sanatana Dharma zijn er goden verbonden met elk element en aspect van de schepping zoals aarde, lucht, spraak, handelen, geest, intelligentie enz. Zoals elektriciteit verschillende apparaten van energie voorziet, worden al deze goden als verschillende aspecten van één God beschouwd. Hoewel God één is, wordt zijn kracht aan onze geest doorgegeven door middel van diverse namen en vormen om aan onze verschillende dagelijkse behoeften tegemoet te komen. Elke naam of vorm heeft een verschillende toepassing of uitdrukking.

De deva's die vereerd worden tijdens de deva yagna zijn de goden die over de natuurkrachten heersen. We krijgen lucht, water, licht en land van de natuur, allemaal gratis. Misschien moeten we de regering betalen voor water en elektriciteit, maar de natuur brengt ons niets in rekening. Omdat we op die wijze verplicht zijn aan deze natuurkrachten, horen we uitdrukking te geven aan onze dankbaarheid tegenover de heersende goden door de deva yagna.

Aan het begin van de Devi Puja doet Amma de deva yagna namens ons. Ze brengt alle vijf elementen samen: Ze neemt de pot die zuiver water bevat, heiligt deze met gewijde as (vertegenwoordigt aarde) en zwaait met brandende kamfer (vertegenwoordigt vuur), terwijl Ze met een bel rinkelt (geluid vertegenwoordigt ruimte). Dan ademt (vertegenwoordigt lucht) Ze in het water waarbij Ze Haar *prana shakti* (levenskracht) overbrengt.

De vierde yagna wordt *bhuta yagna* genoemd. Dit is dienstbaarheid aan andere levende wezens. In India wordt er speciaal voor de koeien gezorgd, omdat de koe als een heilig dier beschouwd wordt. Ook wordt de tulasiplant (basilicum) als heilig beschouwd en toegewijde gezinsleden betuigen hem dagelijks eer. In het Westen zijn er in veel gezinnen een of twee katten of een hond. Natuurlijk kunnen we niet ieder dier helpen. Elke hulp die we kunnen bieden aan ieder dier of elke plant waarmee we in contact komen, is genoeg. De geschriften zeggen dat zelfs als je geen dier in huis hebt, het genoeg is om andere dieren zoals vogels, herten, vee of eekhoorns eten te geven of om een plant water te geven of een boom te verzorgen. Veel verschillende dieren spelen een rol in het mogelijk maken van ons leven. Het verzorgen van een of twee in de steek gelaten of gewonde dieren of vogels of het meewerken aan de bescherming van bedreigde soorten zijn allemaal verschillende manieren waarop we onze dankbaarheid kunnen tonen en onze schuld aan andere levende wezens kunnen terugbetalen. Amma's internationale GreenFriends-initiatief biedt Haar kinderen de gelegenheid om de bhuta yagna te doen.

Ten slotte is er *nara yagna*, of dienstbaarheid aan onze medemensen. Steeds wanneer we iemand zien die hulp nodig heeft, moeten we hem helpen zonder er iets voor terug te verwachten. Als je een ouder iemand tegenkomt die het moeilijk heeft met het oversteken van de weg, help hem dan met oversteken. Het wezen van yagna is offeren of onbaatzuchtigheid. Alles wat we doen zonder er iets voor terug te verwachten is een yagna. Als ik iemand help en ik verwacht geen beloning voor mijn hulp, wordt het een echt offer, het wordt een yagna.

Veel van Amma's kinderen helpen op de een of andere manier met het ondersteunen van Haar humanitaire activiteiten. We kunnen geld schenken of andere assistentie bieden bij Amma's charitatieve werken door als vrijwilliger bij Haar huizenbouwproject in India (Amrita Kutiram) te werken of bij Haar project om armen eten te geven (in de Verenigde Staten Moeders Keuken genaamd). We kunnen meewerken bij een van de andere talrijke projecten die Amma heeft opgezet om het lijden van de armen en behoeftigen te verlichten. In al deze gevallen verrichten we nara yagna.

Het doel van al deze activiteiten is niet domweg doen wat de geschriften ons voorschrijven. Al deze yagna's zijn voor ons eigen welzijn. Als we deze plichten oprecht vervullen, worden we ruimer van geest. We groeien spiritueel. Als we deze handelingen verrichten uit plichtsbesef, net zoals we naar ons werk gaan omdat het nu eenmaal moet, zullen we er niet het maximale profijt van krijgen. Amma geeft een goed voorbeeld om dit te illustreren. Als iemand iets aan een tempel of een andere charitatieve of spirituele organisatie geeft, wil hij anderen vaak laten weten wie de donatie gedaan heeft. Amma grapte dat als iemand zelfs maar een tl-buis geeft, hij op de buis schrijft 'gedoneerd door die en die' en de helft van het licht dat de lamp kan geven, wordt geblokkeerd door hun geschilderde verklaring. Dit soort giften wordt natuurlijk gedaan vanuit een motivatie om te helpen, maar het wordt ook gedaan om naam en faam te verwerven. In zulke gevallen doneert iemand iets aan de tempel met de gedachte dat het een daad van verering is, maar begrijpt hij de ware aard van verering niet. Als we geld aan een charitatief of humanitair doel schenken, moeten we kunnen denken dat we het geld van God gekregen hebben en dat we het gewoon aan Hem teruggeven.

Alles wat de Meester ons adviseert of instrueert, is in volmaakte overeenstemming met de geschriften. We hebben gezien dat Amma heldere instructies heeft gegeven over de vijf soorten handelingen en de vijf grote offers, die volmaakt in lijn zijn met de geboden uit de geschriften. We hoeven ons geen zorgen te maken dat we ons niet alle vijf soorten handelingen kunnen herinneren of dat we de vijf grote offers niet kunnen onthouden. De geschriften zeggen dat het oprecht volgen van de aanwijzingen van een Meester de tekortkomingen bij het volgen van de aanwijzingen in de geschriften goed zal maken.

Natuurlijk is kennis van de geschriften op zichzelf niet genoeg. Amma zegt dat we de visie van de geschriften en de kracht van de spirituele oefening allebei nodig hebben om onze negativiteit te elimineren en ons stevig aan God vast te houden.

Hoofdstuk 23

Spiritualiteit in activiteit

Verering is niet iets wat alleen op speciale tijdstippen of op bepaalde dagen gedaan moet worden. Evenzo betekent sadhana (spirituele oefening) niet alleen meditatie en recitatie. Zoals Amma het stelt moet iedere handeling in ons leven sadhana worden. Anders zullen onze spirituele oefeningen slechts beperkt blijven tot de ochtendmeditatie of de avondgebeden. Bij Amma waren zelfs de spelletjes die Ze met Haar vriendjes deed toen Ze erg jong was, sadhana. Toen Ze vijf of zes jaar oud was, speelde Amma in de backwaters met Haar vriendjes. Ze speelden vaak een spelletje waarbij ieder kind zijn hoofd onder water hield om te zien wie zijn adem het langst in kon houden. Wie het langst kopje onder kon blijven, zou winnen. Amma ging onder water met het vaste voornemen om pas naar de oppervlakte te komen nadat Ze Haar mantra een bepaald aantal keren had herhaald, misschien honderd of honderd vijftig keer. Soms bleef Ze langer dan twee minuten onder water. De andere kinderen werden bang omdat ze dachten dat Amma misschien verdronken was. Voor alle toeschouwers leek het erop dat Amma alleen het spel probeerde te winnen. Maar eigenlijk deed Ze door dat spel te spelen Haar spirituele oefening.

Ze speelden ook verstoppertje. Soms klom Amma boven in een boom, zodat de anderen Haar niet konden zien. Dan stelde Ze zich voor dat Ze Heer Krishna was en dat al Haar vriendjes Krishna's jeugdvriendjes waren, de gopi's (melkmeisjes) en gopa's (koeienherders). Ook door dit spel kon Ze aan God denken.

In het dorp waar Amma opgroeide, had niemand thuis stromend water. Iedereen was afhankelijk van de paar openbare waterkranen. In die tijd was er zelfs geen pomp om het water omhoog te halen. In plaats daarvan was men afhankelijk van een windmolen die aan de put was bevestigd. Als het waaide, ging het wiel draaien en kwam er water uit de kraan, maar als het niet waaide, zat er niets anders op dan te wachten. Als dit het geval was, werden de dorpelingen die in de rij voor de pomp stonden erg rusteloos en ongeduldig, waarbij ze op en neer liepen en zelfs hardop vloekten. Alleen Amma die er was om voor het hele gezin water te halen, bleef kalm. Ze gebruikte deze tijd als een gelegenheid om aan God te denken, waarbij Ze Haar ogen sloot en in stilte Haar mantra herhaalde. Door deze houding werd alles wat Ze deed een spirituele oefening.

Natuurlijk hoefde Amma niet echt sadhana te doen, omdat Ze verlicht werd geboren. Ze handelde zo alleen om anderen als voorbeeld te dienen. Als we op deze manier oefenen, in plaats van elke dag slechts één of twee uur sadhana te doen, kunnen we de meeste van onze dagelijkse activiteiten in sadhana veranderen.

Er is een volgeling die vaak naar Amritapuri komt. Altijd als hij komt, biedt hij zich vrijwillig aan om het ashramterrein schoon te maken. Nadat Amma aan een grote menigte darshan heeft gegeven, is het terrein vaak bezaaid met de plastic wikkels van de snoepjes die Ze als prasad geeft. Deze volgeling is uren bezig met het oprapen van de papiertjes. Toen een andere volgeling dit zag, bood hij hem een bezem aan en zei: "Waarom gebruik je geen bezem? Zo zal het veel sneller gaan." De eerste volgeling glimlachte en wees het aanbod beleefd af. "Als ik die papiertjes op de grond zie, beschouw ik dat niet als afval. Deze papiertjes zijn Amma's prasad. Amma heeft elk papiertje in Haar hand gehad. Wanneer ik zo denk, kan ik ze niet met een bezem wegvegen. Het kan me niet schelen hoelang ik bezig ben met oprapen. Als ik ze van de grond oppak, herinner ik me dat elk papiertje door Amma is aangeraakt en gezegend."

Amma zegt dat wat we ook zeggen, wat we ook doen, wat we ook denken, als we het op de juiste manier doen, is het spiritualiteit.

Als we onze levensduur vergelijken met de levensduur van het universum, is ons leven erg kort. We moeten niet zelfingenomen denken dat we zestig of tachtig jaar hebben om sadhana te doen en ons doel te bereiken. In feite hebben we niet zo veel tijd. Van deze zestig tot tachtig jaar van ons leven brengen we bijna eenderde deel slapend door. Dus van die tachtig jaar slapen we er bijna zevenentwintig, en meer dan vijfentwintig jaar brengen we door met kinderspelletjes en bezigheden van de jeugd. De meest mensen werken veertig jaar acht uur per dag. Dat is nog eens dertien jaar dat we niet echt spirituele oefeningen kunnen doen. Ten slotte zijn we aan het einde van ons leven zwak en niet in staat om lange uren sadhana te doen, dus dat is nog eens tien jaar weg. Dat betekent dat zelfs als we tachtig worden, we maar vijf jaar hebben waarin we spirituele oefeningen kunnen doen, en zelfs in die tijd zijn er zoveel problemen en afleiding. Daarom is het zo belangrijk dat we al onze handelingen om leren zetten in sadhana. Of we nu zorgen voor onze echtgenote of kinderen of werken, we moeten een houding proberen te ontwikkelen die ons in staat stelt om al deze handelingen als sadhana te verrichten. Zelfs onze problemen in het leven kunnen sadhana worden, als we door deze moeilijkheden aan God kunnen denken. Daarom zegt Amma dat alle moeilijkheden in Haar leven Guru's voor Haar waren.

De gemakkelijkste manier om onze handelingen in sadhana te veranderen is om onze daden in een geest van verering te verrichten. Dit betekent dat we ons beste beentje voorzetten en de resultaten van onze handelingen aan de voeten van de Heer overgeven. Als we met dit begrip handelen, weten we dat we ons best gedaan hebben en dat het aan God is om het resultaat te bepalen.

De geschriften zeggen dat we niet karmisch gebonden zullen worden door het resultaat van de handeling, als we alles wat we doen aan de voeten van de Heer overgeven. Anders zullen we de reactie of het gevolg moeten ervaren. Als we bijvoorbeeld iemand kwaad doen of iets stelen, is het resultaat vanzelfsprekend dat we de gevangenis in gaan. Als we in dit leven toevallig aan de straf ontkomen, zal deze zeker in een volgend leven op ons afkomen. Daarom zien we zoveel mensen lijden in de wereld. Ze hebben misschien niets verkeerd gedaan in hun huidige leven en toch overkomen er hen zoveel onfortuinlijke dingen. Dat komt door de daden die ze in vorige levens hebben verricht. Ze ervaren eenvoudig de gevolgen van hun eigen daden.

Het huidige leven is een vervolg op onze vorige levens. De gevolgen van de daden uit ons verleden die we nog niet hebben ervaren, zullen we eens moeten ervaren, nu of in de toekomst. Sommige mensen worden bijvoorbeeld onder zeer moeilijke omstandigheden geboren. Iemand die in zo'n pijnlijke situatie wordt geboren, moet een of andere slechte daad in een vorig leven hebben verricht. Anders zouden we moeten zeggen dat God wreed is. Natuurlijk betekent dit niet dat mensen die veel moeilijkheden in hun leven hebben, zich schuldig moeten voelen over schadelijke of kwetsende dingen die ze in een vorig leven hebben gedaan. We hebben allemaal veel levens op deze aarde doorgemaakt, we hebben allemaal slechte daden verricht en als gevolg daarvan lijden we allemaal. Totdat we ons Echte Zelf realiseren, zijn we niet volmaakt.

In werkelijkheid is God onpartijdig. Elke activiteit die we verrichten komt bij ons als reactie terug. Dat is de wet van karma. Als we een daad verrichten met de houding van 'ik doe het', zal het gevolg daarvan, goed of slecht, natuurlijk bij ons terugkomen. Het zal niet naar onze buurman gaan. Ieder van ons heeft een karmische schuld die afgelost moet worden. Natuurlijk kunnen Mahatma's zoals Amma ons lijden verlichten door het probleem te verwijderen of te verminderen of door ons de kracht te geven om het te doorstaan. Belangrijk voor ons is dat we ons best doen niet meer negatief prarabdha te veroorzaken. Daarom herinnert Amma ons er altijd aan om erg voorzichtig te zijn met al onze gedachten, woorden en daden. Het zijn onze huidige gedachten, woorden en daden die onze ervaringen in de toekomst bepalen. Als je veel lijdt in dit leven, probeer er dan aan te denken dat je veel van je overgebleven prarabdha oplost.

Het leven van ieder levend wezen is een permanente strijd om pijn te verminderen en geluk te vermeerderen. In onze pogingen om persoonlijk geluk te verwerven, veroorzaken we soms verdriet en pijn bij anderen, opzettelijk of onopzettelijk. Ieder levend wezen wordt omgeven door een aura, een subtiele laag waarin al onze gedachten, woorden en daden worden opgeslagen. We brengen deze aura met ons mee als we geboren worden en hij zal ons na onze dood vergezellen. Als we met opzet leed of pijn bij anderen veroorzaken, wordt dat opgeslagen in onze aura en het zal ons te zijner tijd ellende en lijden brengen. Aan de andere kant, als we vreugde en vrede aan anderen geven, zullen deze handelingen ongetwijfeld meer zegen en geluk in ons leven brengen. Dit is weer de wet van karma. Door deze wet beweegt ons leven zich als een slinger, schommelend tussen pijn en plezier.

Een spirituele aspirant die zich wil bevrijden van de cyclus van geboorte en dood, moet leren om elke handeling als een offer aan de Heer te verrichten. Voor een spirituele aspirant zal zelfs de verdienste van een goede daad tot gebondenheid leiden als hij zich hecht aan het resultaat. Het is alsof je met een gouden ketting vastgebonden bent. Of we nu vastgebonden zijn met een gouden ketting of een ijzeren ketting, we zijn vastgebonden. Zelfs als we alleen maar goede daden hebben verricht, zullen we, zolang we gehecht zijn aan de resultaten, nog een leven door moeten maken alleen om die goede resultaten te ervaren. Zowel goede als slechte handelingen zullen ons altijd binden, zolang we ze verrichten met een ikbesef of het besef 'ik doe het'. Als we van deze gehechtheid af willen, moeten we elke handeling uitvoeren met een geest van aanbidding en overgave.

Natuurlijk kunnen we alleen goede daden aan de Heer offeren. We kunnen niet een moord plegen of een andere misdaad begaan en denken dat we kunnen ontsnappen aan de gevolgen van onze daden door de handeling aan God te offeren. Als we een slechte daad verrichten, zullen we zeker het resultaat ervaren.

Als we zonder enige verwachting iets aan God offeren is het echte verering. Als we verwachten er iets voor terug te krijgen, is het geen echte verering. Dan is het als een zakentransactie; we zijn aan het onderhandelen. Als we al onze handelingen als offer aan God verrichten, accepteren we de gevolgen van onze handelingen als Gods gave aan ons. We zullen niet overstuur zijn door het resultaat van onze handeling, wat dat ook mag zijn. We zullen het kunnen accepteren als een geschenk van God. Als onze handelingen niet het gewenste resultaat opleveren, raken we over het algemeen overstuur of in de put. Als we echter een houding van overgave en aanvaarding hebben en het resultaat niet is wat we ervan verwachtten, zullen we niet overstuur zijn. De juiste houding is "Okay Heer, U heeft me de kracht en de energie gegeven om deze handeling te verrichten. Nu heb ik het gedaan en ik leg het aan Uw voeten. Ik eis niets. Wat ook Uw wil is, laat me het aanvaarden." Als we zo denken, zullen we de hoogtepunten en dieptepunten van het leven met gelijkmoedigheid kunnen aanvaarden.

In de *Bhagavad Gita* verklaart Heer Krishna:

karmaṇy evādhikāras te mā phaleṣu kadācana

Je hebt alleen controle over je handelingen,
Niet over hun vruchten (resultaten). (2,47)

Dit betekent niet dat de Heer wil dat we werken zonder beloning te verwachten. Krishna legt hier een fundamentele natuurwet uit, net zo objectief als Newtons bewegingswetten. Hij zegt eenvoudig dat we geen volledige controle hebben over alle factoren die de uitkomst van onze handeling beïnvloeden. Daarom zullen de resultaten niet altijd datgene zijn wat we ervan verwachtten. De universele intelligentie, die ook wel God wordt genoemd, bepaalt het resultaat.

Amma geeft hier een mooi voorbeeld van. Stel dat we een handvol zaadjes nemen en terwijl we ze in onze handpalm houden vurig tot God bidden om ze te laten ontkiemen. Hoewel God almachtig is en ook als onze gebeden oprecht zijn, zullen de zaadjes niet ontkiemen zolang ze in onze handen blijven. Om de zaadjes te laten ontkiemen moeten we ze in goede, vruchtbare aarde planten. Alleen dan is er een kans dat ze zullen ontkiemen. Is er echter enige garantie dat al die zaadjes planten worden of dat elke plant dezelfde opbrengst zal geven? De resultaten zijn niet te voorspellen, omdat ze afhangen van veel factoren die we niet onder controle hebben. We hebben het recht om de zaadjes te planten, dat is alles. Als de Heer zegt dat we ons moeten concentreren op de handeling en het resultaat aan Hem moeten overlaten, is dat een praktisch advies.

Overgave is een positieve manier van leven. Het is geen pessimisme of fatalisme. Als we een houding van overgave en aanvaarding ontwikkelen, kunnen we onze energie behouden. Als er nu iets mis gaat in ons leven, hebben we de neiging erover te piekeren. Op deze manier verspillen we veel energie en tijd. Als we alles wat er gebeurt met een positieve houding aanvaarden en denken dat het Amma's wil of Gods wil is, kunnen we onze tijd en energie creatief gebruiken.

Als kinderen van Amma is het voor ons gemakkelijk om een houding van overgave en aanvaarding te ontwikkelen. Als we twijfel hebben of bezorgd zijn, kunnen we altijd Amma's hulp en leiding krijgen. Zonder een levende Meester is het moeilijker om zo'n houding te handhaven, omdat we dan geen directe leiding van God kunnen krijgen. Natuurlijk is God er altijd voor ons, maar we zijn niet altijd open genoeg om Gods leiding te ontvangen. In zo'n situatie is een levende Meester die naar ons niveau is afgedaald, een grote zegen voor ons.

Er zijn redenen waarom de geschriften zeggen dat we niet te bezorgd moeten zijn over de gevolgen van onze handelingen. Eén reden is dat we onze inspiratie en enthousiasme zouden kunnen verliezen. Als we ons te veel op het resultaat richten, worden we gespannen en verliezen we soms zelfs de kracht om door te gaan met onze pogingen.

Toen ik afgestudeerd was, solliciteerde ik naar een baan in een farmaceutisch bedrijf en werd ik uitgenodigd voor een gesprek. De functionaris die met mij sprak, stelde vragen die ik heel gemakkelijk kon beantwoorden. Ik vroeg me af waarom deze man me al deze eenvoudige vragen stelde. Ik had uitdagende vragen verwacht omdat het een aantrekkelijke baan was. Alle vragen waren echter ongecompliceerd. Daarom dacht ik dat hij al besloten had een andere kandidaat aan te nemen en dat het gesprek met mij alleen maar een formaliteit was. De gedachte dat ik de baan uiteindelijk niet zou krijgen veroorzaakte enige verwarring in mijn geest.

Opeens stelde de interviewer een onverwachte vraag: "Aan welke kant van de kikker zit het hart? Zit het aan de rechterkant of aan de linkerkant?" Het was zo'n simpele vraag. Ik had tijdens de dierkundelessen vele malen een kikker ontleed en zijn vaatstelsel nagetekend. Dus wist ik heel goed aan welke kant het hart zich bevond. Maar op dat ogenblik was mijn geest verdeeld en maakte ik me zorgen dat iemand anders misschien de baan had gekregen. Ik dacht eraan wat mijn volgende stap zou zijn als ik de baan niet zou krijgen. Toen de functionaris de vraag stelde, gaf ik het foute antwoord: "Het zit aan de linkerkant." Onnodig te vermelden dat ik de baan niet kreeg.

Waarom kon ik zo'n eenvoudige vraag niet beantwoorden? Ik kon geen correct antwoord geven omdat ik veel te bezorgd was over de uitkomst van het interview. Het gebeurt vaak dat we een taak slecht uitvoeren omdat we meer gericht zijn op het resultaat dan op de eigenlijke taak. Daarom zegt Amma altijd dat we ons meer moeten concentreren op de voorliggende handeling dan denken aan het resultaat. Als we bij het handelen zorgvuldiger en aandachtiger zijn , zal de toekomst vanzelf in orde komen.

Als we ons in omstandigheden bevinden waar we geen invloed op hebben, moeten we proberen de situatie als door God gegeven te zien en proberen om oprecht met onze verantwoordelijkheden om te gaan. Op die manier zullen we God vereren.

We moeten bijvoorbeeld goed voor onze kinderen zorgen. Dat is onze plicht. Als de kinderen onze liefde niet beantwoorden, moeten we hen dat niet kwalijk nemen. We moeten proberen alleen geïnteresseerd te zijn in het uitvoeren van onze plicht, niet in het resultaat van de handeling. Dat is de juiste geest van verering.

Stel dat ik bij Amma in Haar ashram in India wil wonen, maar dat ik niet kan gaan omdat ik zoveel verantwoordelijkheden voor mijn gezin heb. Veel mensen bevinden zich in die situatie. Tegen hen zegt Amma: "Wat je plicht tegenover je gezin ook is, doe het als verering. Denk dat je familie je door Amma is gegeven en dat Amma jou de verantwoordelijkheid heeft gegeven om voor hen te zorgen. Dit is net zo goed als het vereren van Amma."

Vele jaren geleden toen ik in een bank werkte, wilde ik mijn baan opzeggen en de hele tijd in de ashram zijn, maar ik kon dat niet omdat ik financiële verplichtingen tegenover mijn familie had. Ik dacht dat ik mijn tijd verspilde door in de bank te werken, maar Amma zei me: "Zo moet je houding niet zijn. Je moet proberen van je baan te houden. Als de klanten naar je toe komen, denk dan dat Ik ze naar je zend. Door hen oprecht te dienen, vereer je Amma en zul je je tijd niet verspillen."

Steeds wanneer je je in een onplezierige situatie bevindt waaruit je niet kunt ontsnappen, probeer dan niet verontrust te zijn over je omstandigheden. Denk dat dit voorlopig door Amma aan je is gegeven en probeer de situatie tegemoet te treden met oprechtheid en toewijding. Probeer eraan te denken dat Amma ons door ons in verschillende situaties en omstandigheden te brengen tot een volmaakt instrument vormt om Haar genade te ontvangen. Handelen in een geest van verering en overgave zal uiteindelijk ons ego uitschakelen en ons helpen onze aangeboren goddelijkheid te realiseren, onze eenheid met de Ultieme Waarheid.

Hoofdstuk 24

Een Mahatma herkennen

E r was eens een wereldberoemde leeuwentemster. Ze kon trucs uithalen met de wildste katachtigen die geen andere circusartiest ooit had geprobeerd. Waar ze ook heen reisde, de zaal zat altijd propvol met een door ontzag vervuld publiek dat zich verwonderde over haar gewaagde kunsten.

Eerst demonstreerde ze de woeste aard van de leeuw waarbij ze hem wenkte dat hij moest brullen en doen alsof hij zich op haar wierp. Dan deed ze een serie trucs met de leeuw om te laten zien dat ze helemaal niet bang van het beest was. Op het hoogtepunt van haar act legde ze een suikerklontje op haar tong en liet ze de leeuw het eraf likken. Elke keer als ze deze stunt deed, werd het publiek uitzinnig.

Tijdens een voorstelling bevond de Mullah Nasruddin zich onder het publiek. De leeuwentemster begon met haar act en de menigte raakte opgewonden en klapte elke keer als ze de woeste leeuwen liet tonen wat ze konden. Uiteindelijk begon de finale. Ze knielde voor de grootste en wildste leeuw neer en legde een suikerklontje op haar tong. De leeuw haalde het suikerklontje voorzichtig weg. De menigte joelde van waardering voor haar moedige act. De stem van de Mullah kon echter boven de menigte uit gehoord worden: "Dat is niets! Iedereen kan dat!" De leeuwentemster hoorde zijn commentaar en liep de kooi uit naar de plaats waar de Mullah stond.

Ze daagde de Mullah uit en zei: "U zegt dat iedereen het kan doen. Kunt u het?"

211

De Mullah antwoordde: "Als de leeuw het kan, kan iedereen het." De Mullah miste waar het om ging. Hij vergeleek zichzelf met de leeuw in plaats van met de leeuwentemster, waarbij hij dacht dat het vanuit de leeuw gezien helemaal niet moedig was wat hij had gedaan.

Dit verhaal laat zien dat twee mensen naar hetzelfde kunnen kijken en heel verschillende dingen kunnen zien. Het hangt helemaal van het perspectief af. Daarom kunnen sommige mensen Amma's darshan ontvangen en Haar grootheid missen, terwijl veel anderen zich geïnspireerd en getransformeerd voelen.

Vele jaren geleden kwamen er twee zoekers naar de ashram om Amma te ontmoeten. Ze hadden veel ashrams bezocht en waren niet onder de indruk van de guru's die ze hadden ontmoet. Ze hoorden dat Amma een Gerealiseerde Meester was en besloten om dat zelf te gaan zien.

In die tijd had Amma overdag wat vrije tijd. Ze kon toen veel dingen doen waar Ze nu geen tijd voor heeft: Ze bracht iedere dag veel uren in samadhi door en Ze kwam vaak in de keuken helpen met eten koken voor de brahmachari's en de volgelingen. Ze speelde ook wel eens met de kinderen uit de buurt. Toen deze twee nieuwelingen aankwamen, zagen ze Amma heen en weer rennen waarbij Ze joelde en lachte bij een plaatselijk spelletje met de kinderen.

Een paar brahmachari's en ik stonden aan de kant te genieten van Amma's *lila* (goddelijk spel). De nieuwkomers kwamen naar me toe en stelden me een paar vragen over mijzelf. Ik vertelde hun dat ik in een nabijgelegen bank werkte, maar dat ik in de ashram woonde. De mannen vroegen me waar ze de Guru van de ashram konden vinden. "Ze is hier," zei ik, terwijl ik naar Amma wees.

"U bedoelt dat meisje dat met de kinderen speelt?" vroegen de mannen me ongelovig. In die tijd was Amma middentwintig en als Ze met de kinderen speelde, kon Ze er zelfs jonger uitzien.

"Ja. Ja," verzekerde ik hun. "Zij is onze Guru." Ik zei de mannen een paar minuten te wachten en dan zouden ze Amma kunnen ontmoeten en Haar darshan kunnen krijgen.

De mannen overlegden een paar minuten met elkaar en vertrokken toen zonder een woord te zeggen.

Twintig jaar later kwamen dezelfde mannen terug naar de ashram. Ze hadden naar mij gevraagd en kwamen naar mijn kamer. "Herinnert u zich ons, Swamiji?" vroegen ze. Ik moest toegeven dat dat niet het geval was. Ze herinnerden me aan de korte conversatie die we zo lang geleden hadden gehad en legden uit dat ze twintig jaar geleden gekomen waren met vooropgezette ideeën over hoe een Guru moet zijn. Omdat Amma niet handelde zoals zij van een Guru verwachtten, vertrokken ze eenvoudigweg in de veronderstelling dat Amma maar een gewoon meisje was. Door de jaren hadden ze steeds meer over Amma gehoord en uiteindelijk waren ze overtuigd genoeg om weer naar de ashram te gaan.

Toen ze Amma's darshan ontvingen, barstten ze beiden in tranen uit omdat ze zich realiseerden hoe dom ze geweest waren. Een van de twee mannen kon zijn verdriet lange tijd niet in bedwang houden. Het inzien van zijn vergissing was te veel voor hem.

Er is een oud spreekwoord over de heilige rivier de Ganges. Het zegt dat er zoveel mensen zijn die door heel India trekken om in zijn heilige water te baden, terwijl sommigen die aan zijn oevers wonen, er de voorkeur aan geven om thuis te douchen. Op dezelfde manier waren deze twee mannen zo dichtbij Amma in een tijd dat ze veel persoonlijke en langdurige aandacht van Haar hadden kunnen krijgen. Helaas konden ze in die tijd Haar grootheid niet herkennen.

Iets anders wat Amma vaak deed toen Ze meer tijd had, was helpen met de bouwwerkzaamheden en het schoonhouden van de ashram. In die dagen woonden we in hutten met een dak van palmbladen. Ieder jaar moesten we de palmbladen vervangen, omdat ze maar één seizoen de zware moessonregens konden doorstaan. De paar brahmachari's die in die tijd in de ashram woonden, hadden nooit in hutten gewoond voordat ze naar de ashram kwamen, en wisten niet veel over het vlechten van een palmbladendak. Amma werkte altijd met ons samen en begeleidde onze pogingen. We hadden veel toezicht nodig om er zeker van te zijn dat we de daken op de juiste manier bouwden. Toen we op een dag de daken aan het vervangen waren, kwamen er twee nieuwkomers naar de ashram. Ze zagen dat Amma meehielp, waarbij Ze luidkeels aanwijzingen gaf aan degenen die verder weg op het terrein aan het werk waren. Deze twee nieuwkomers sloegen Amma een poosje gade. Uiteindelijk vertrokken ze zonder Haar benaderd te hebben. Toen keerde Amma zich tot enkelen van ons en zei: "Ze kwamen hier naar een Guru zoeken. Ze verwachtten een Guru aan te treffen die heel waardig op een troon zat met bedienden die Haar koelte toewuifden en voor Haar klaar stonden. In plaats daarvan zagen ze een Guru die in vuile kleren met Haar handen aan het werk was en instructies schreeuwde. In de overtuiging dat Amma maar een eenvoudig dorpsmeisje was, vertrokken ze. Als ze echt dorstig naar een Guru waren geweest, zouden ze gebleven zijn en op me gewacht hebben. Ze zullen echter terugkomen als de tijd rijp is." Een paar jaar later kwamen die twee terug. Nu zijn ze vurige volgelingen van Amma.

Ik herinner me een grappig verhaaltje dat ons eraan herinnert dat we niet altijd een nauwkeurige conclusie uit uiterlijkheden kunnen trekken. Er was eens een professor die onderzoek deed naar kakkerlakken. Uiteindelijk was hij klaar om zijn bevindingen tijdens een live demonstratie openbaar te maken. Hij zette een kakkerlak op een tafel en zei hem te rennen. De kakkerlak rende over de tafel. De professor ving hem op voordat hij over de rand rende en terwijl hij hem op zijn oorspronkelijke plek zette, verwijderde hij een van zijn poten. Toen instrueerde hij de kakkerlak opnieuw te rennen en liet hem op de tafel los. De kakkerlak rende. Hij pakte hem weer op en verwijderde nog een poot. De kakkerlak kon nog steeds rennen, hij bleef rennen en toen hinkte hij en toen sleepte hij zich voort over de tafel terwijl de professor een voor een zijn poten eraf haalde. Uiteindelijk plukte hij zijn laatste poot eraf en zei de kakkerlak opnieuw te rennen. Deze keer bewoog de kakkerlak niet. Waar kon hij heen gaan zonder poten? De professor keek glimlachend naar het nieuwsgierige gehoor om trots zijn revolutionaire ontdekking aan te kondigen: "Als een kakkerlak geen poten heeft, kan hij niet horen." De professor had het gedrag van de kakkerlak geobserveerd en een volledig onjuiste conclusie getrokken. Op dezelfde manier kunnen we het gedrag van een Mahatma observeren en er niet in slagen hem te herkennen.

Als we bij een Mahatma komen moeten we proberen open en ontvankelijk te zijn zonder zijn uiterlijke daden te beoordelen. Niet iedereen die Amma ziet, kan een Mahatma in Haar zien, tenminste niet onmiddellijk. Degenen onder ons die in staat zijn geweest om in ieder geval een klein beetje van Amma's grootheid te herkennen, zijn echt gezegend.

Hoofdstuk 25

Klank, blik, aanraking, gedachte: de inwijdingsmethodes van een Meester

Inwijding door een Echte Meester in een speciale mantra of spirituele oefening kan onze vooruitgang op het spirituele pad aanzienlijk versnellen. Soms heeft de inwijding onmiddellijk resultaten. Vaker geeft hij duidelijke resultaten na een wat langere periode. Een van de meest gebruikte, maar niettemin belangrijke methodes van *diksha* (inwijding) is met een mantra. Velen van ons hebben mantra diksha van Amma ontvangen. Satguru's kunnen ons echter afhankelijk van onze ontvankelijkheid op verschillende andere manieren inwijden. Als we er open voor staan, kan een Meester ons inwijden door eenvoudigweg naar ons te kijken. We noemen dat *nayana* diksha of inwijding door middel van de ogen.

Een jongeman kwam voor de eerste keer bij Amma. Amma was op dat moment in Devi Bhava. Hij ging niet de tempel in om darshan te krijgen, maar wachtte buiten. Nadat hij daar een paar minuten gestaan had, begon hij plotseling te rillen, schudden en springen alsof hij een stroomdraad had vastgepakt. Alle andere volgelingen bleven op afstand, omdat ze dachten dat hij bezeten was. Toen begon hij enige onsamenhangende woorden te uiten

alsof hij tegen iemand praatte die alleen hij kon zien. Toen Devi Bhava was afgelopen, kwam Amma de tempel uit en sprak deze jongeman nog steeds warrige woorden. Amma bedekte zijn mond met Haar hand en zei hem niet meer te spreken over wat hij zag. Korte tijd later kreeg hij zijn normale bewustzijn terug. Hij vertelde ons dat hij een vreemde kracht van Amma uit had voelen gaan, die bij hem binnenkwam toen Ze naar hem keek. Toen had hij de gestalte van Kali voor hem zien staan. Hij probeerde dit allemaal uit te leggen, maar niemand begreep wat hij zei, omdat zijn woorden nog steeds onsamenhangend waren. Deze jongeman werkte in die tijd op een kantoor en na dit voorval kon hij een week lang niet werken. Een hele week leek het alsof hij in een andere wereld was. Hij schreef veel devotionele liederen en filosofische gezangen in deze tijd. Dit is een voorbeeld van nayana diksha. (Later gaf Amma hem ook een mantra-inwijding.)

Een andere manier van inwijding is *sparsa* diksha of inwijding door aanraking. Sommige mensen voelen een soort schok door hun lichaam gaan en ervaren een innerlijke transformatie zodra Amma hen aanraakt. Misschien zegent Amma iedereen die bij Haar komt met dit soort inwijding zonder dat men zich ervan bewust is. Amma zegt dat Ze nu de zaadjes zaait. Als het juiste seizoen komt, zullen ze ontkiemen en resultaat geven.

Er is een ander soort inwijding die *pada* diksha wordt genoemd ofwel inwijding door het aanraken met de voeten. Deze inwijding is heel zeldzaam. Ik ken één geval waarbij Amma pada diksha gaf, maar het is helemaal niet gebruikelijk dat Ze dat doet. Toen deze volgeling voor darshan bij Amma kwam, sloot Ze Haar ogen. Niemand had verwacht wat Ze vervolgens deed. Ze zette Haar rechtervoet op de borst van deze volgeling. Ik was vele jaren bij Amma geweest, maar had Amma dit nooit zien doen. Het was de eerste keer dat ik Haar een volgeling met Haar voet zag aanraken. De volgeling sprong onmiddellijk op en begon te rillen alsof een sterke elektrische stroom door hem heen ging. Een andere volgeling wilde hem vasthouden maar Amma zei: "Stoor hem niet, hij verkeert in gelukzaligheid. Laat hem doen wat hij wil." Het schudden duurde bijna twintig minuten. Toen ging hij op de grond liggen. Amma zei dat Ze een sterk gevoel had gehad dat Ze deze volgeling met Haar voet moest aanraken en dat hij hiervoor lange tijd intens tot Amma had gebeden.

Kabir was een groot heilige uit noord India die geboren was in een moslimfamilie. Kabir had een sterk verlangen om leerling van Ramanand te worden, die een bekende Meester was in die tijd, maar Kabir was een moslim en Ramanand een hindoe.

In die tijd was er zo'n onenigheid tussen deze twee religies dat de leerlingen van Ramanand het idee niet konden verdragen dat een moslim in hun midden werd ingewijd, evenmin zou de moslimgemeenschap Kabir toelaten om een inwijding te ontvangen van een hindoe Guru. Kabir was echter zo vastbesloten om door Ramanand ingewijd te worden dat hij uiteindelijk een plannetje bedacht.

Kabir wist dat Ramanand elke morgen voor zonsopgang naar de rivier ging om te baden. Op een ochtend ging Kabir naar de ghat waar men gewoon was te baden, voordat Ramanand kwam en ging liggen op een van de vele traptreden die naar de heilige rivier de Ganges leidden. Omdat het nog helemaal donker was, wist Kabir dat de Guru hem daar niet kon zien liggen en dat hij per ongeluk op hem zou stappen. Als we in India iemand met onze voet aanraken, raken we die persoon aan en brengen we onze hand naar ons voorhoofd als teken van respect. Ook zeggen we dan 'Ram, Ram' of 'Krishna, Krishna' zoals mensen bij ons 'Oeps!' zeggen.

Toen Ramanand de trap afkwam, stapte hij zoals verwacht op Kabir. Zodra hij op Kabir stapte, besefte hij dat hij op een mens was gestapt en bood onmiddellijk zijn verontschuldigingen aan door de naam van de Heer aan te roepen. Terwijl hij 'Ram, Ram' riep, stond hij nog steeds op Kabir. Kabir interpreteerde deze gunstige combinatie als een inwijding van Ramanand. Hij legde zich nederig aan Ramanands voeten en ging weg. Kabirs plan werkte. Hij was zo toegewijd aan Ramanand en de Ram-mantra die hij van hem had ontvangen, dat hij uiteindelijk Zelfrealisatie bereikte. Zijn gedichten ter ere van de kracht van de mantra en de genade van de Guru worden zelfs vandaag de dag door mensen in heel India gekoesterd.

Er is nog een soort inwijding die *smarana* diksha wordt genoemd. Smarana betekent denken of herinneren. Om smarana-inwijding te geven denkt de Guru alleen maar aan de leerling. Hoewel de leerling ver van de Guru weg kan zijn, zal de leerling de inwijding ontvangen.

Vele jaren geleden bezocht een volgeling van Amma de Himalaya's. Hij wilde zo hoog mogelijk de bergen in gaan. De reis zou vele dagen te voet vergen. Onderweg kwam hij langs een hut en omdat het donker werd, overwoog hij toestemming te vragen om daar de nacht door te brengen. Toen de volgeling op de deur klopte, kwam er geen reactie. Hij wachtte een tijdje, maar er kwam niemand naar de deur. Omdat er geen andere hut in de buurt was, wachtte hij tien tot vijftien minuten. Uiteindelijk kwam er een jongeman uit de hut tevoorschijn en vroeg de volgeling wat hij wilde. Hij antwoordde dat hij op pelgrimstocht was en een slaapplaats nodig had. De jongeman antwoordde: "Ik ben alleen, je bent welkom." De jongeman zag er ook als een spirituele aspirant uit; er hing een gloed over zijn gezicht. En het was waar, want nadat hij een bed voor de volgeling had geregeld, ging hij zitten mediteren.

De volgeling was zo moe dat hij meteen in slaap viel, maar toen hij een paar uur later wakker werd, zag hij dat de jongeman nog steeds mediteerde. Later op de ochtend vroeg de volgeling de jongeman naar zijn spirituele oefeningen. Hij zei dat hij vaak vijf of zes uur achtereen mediteerde waarbij hij in dezelfde houding zat. De volgeling was ook verrast een kleine foto van Amma in de hut aan te treffen. Amma was toen niet erg bekend in die plaatsen, dus vroeg hij zich af hoe Amma's foto in dit afgelegen gebied terecht was gekomen. Hij vroeg de jongeman van wie de foto was zonder te onthullen dat hij een volgeling van Amma was. De jongeman antwoordde: "Een monnik bezocht Amma's ashram in zuid India. Hij ontving Amma's darshan en was heel erg onder de indruk, dus kocht hij een kleine foto van Amma. Toen hij hier kwam, vertelde hij me over Amma en ik werd zo tot Haar aangetrokken dat hij Haar foto hier bij me achterliet."

De jongeman vervolgde: "Dezelfde avond voelde ik tijdens mijn meditatie Amma's aanwezigheid. Ze fluisterde een mantra in mijn oor en sindsdien herhaal ik die mantra. Ik beschouw Amma als mijn Guru. Na deze ervaring verbeterde de kwaliteit van mijn meditatie echt." De volgeling was erg onder de indruk omdat deze jongeman zo'n intensieve spirituele oefening deed.

Toen de volgeling terugkwam naar Amritapuri, vertelde hij Amma over deze ervaring. Amma zei: "Ik heb veel van zulke leerlingen die in verre uithoeken zitten. Ik kan niet naar hen toegaan en zij kunnen nu niet naar mij komen, dus leid ik hen op deze manier."

Een brahmachari in Amma's ashram was heel ziek toen Amma in Europa was. Men dacht dat hij dood zou gaan. Hij dacht ook dat zijn leven tot een einde aan het komen was. Hij huilde en bad: "Amma, U bent ver weg in Europa, maar voordat ik sterf moet ik U in levenden lijve zien. Alstublieft, wees mij genadig." In Europa ontvingen we een telefoontje van een brahmachari in India over het gebed van de zieke brahmachari. Amma antwoordde: "Hij gaat niet dood. Neem van Mij aan dat hij beter zal worden." De brahmachari die ons vanuit India opbelde, huilde ook, omdat hij zo bezorgd was over de toestand van de zieke brahmachari. Hij smeekte Amma: "Geef hem alstublieft Uw darshan. Zelfs als hij de volgende dag zou sterven, zou hij zo blij zijn dat hij Uw darshan ontvangen heeft."

Twee dagen later ging er een volgeling van Europa naar India. Amma vroeg deze volgeling om een bloemenkrans die Zij had gedragen, naar India mee te nemen en hem aan de zieke brahmachari te geven. Nadat de zieke brahmachari de bloemenkrans ontvangen had, begon hij, zoals Amma had gezegd, beter te worden. Amma's zegen bereikte de brahmachari door middel van de bloemenkrans. Dat was de enige manier waarop Ze naar hem toe kon gaan, omdat de brahmachari niet zodanig was gegroeid dat hij Amma in een subtiele vorm kon waarnemen.

Of een Satguru deze verschillende soorten inwijding bij ons gebruikt, hangt af van onze ontvankelijkheid en ons niveau van spirituele groei. Als ons bewustzijnsniveau niet subtiel genoeg is om de inwijding te ontvangen, zal de Meester niet op die manier aan ons werken. Daarom zegt Amma: "Maak gebruik van de mantra die ik jullie heb gegeven." Nu is onze geest niet subtiel. Als we een half uur zitten te mediteren, kunnen we ons misschien maar een paar minuten concentreren. Zelfs die paar minuten concentratie krijgen is heel, heel moeilijk. Totdat we subtiele niveaus van de geest en concentratie bereiken, is het meestal beter om ons te richten op het zingen van devotionele liederen en het reciteren van onze mantra. Als we eenmaal een mantra van een Satguru krijgen, ontstaat er een persoonlijke relatie tussen de Guru en ons. De mantra is de schakel die ons verbindt met de Guru. Deze schakel of band zal duren totdat we het doel bereiken, totdat we ons Zelf realiseren.

Amma zegt dat Ze met veel van Haar volgelingen een band uit een vorig leven heeft. De enige reden waarom Ze steeds weer opnieuw op deze aarde incarneert is ons te helpen het doel van het menselijk leven te bereiken. Ze wint er zelf niets bij. Ze heeft reeds alles bereikt wat er te bereiken valt. We zijn zeer fortuinlijk dat we door een Spiritueel Meester als Amma ingewijd zijn.

De mantra is als een voertuig dat ons veel sneller naar het doel zal brengen dan wanneer we de hele afstand te voet af moeten leggen. Voordat we een mantra ontvingen, was onze spirituele vooruitgang misschien heel langzaam en onstabiel. Als we mantra diksha krijgen, wordt een deel van de prana shakti van de Guru overgebracht op de leerling. Nadat we de *prana shakti* ontvangen hebben, zal onze spirituele vooruitgang in een hogere versnelling komen afhankelijk van de inspanningen die we ons getroosten.

Je kunt je afvragen: "Is het herhalen van een mantra niet gewoon een andere gedachte van de geest? Hoe kunnen we dan de toestand van gedachteloosheid bereiken?"

Amma zegt: "Door *japa* kunnen we het aantal gedachten verminderen. Als we een bord op de muur hangen waarop staat 'niet aanplakken', voorkomen we dat er andere boodschappen of graffiti op de muur worden geschreven. Deze twee woorden voorkomen honderden andere woorden. Evenzo zal het geconcentreerd herhalen van de naam van God het aantal andere gedachten in onze geest verminderen."

Zelfs als we geen concentratie krijgen bij het herhalen van onze mantra, moeten we doorgaan met hem te herhalen. Amma zegt dat de klank van de mantra positieve spirituele trillingen bevat, die een gunstig effect op ons hebben ongeacht ons niveau van concentratie.

Als een Satguru als Amma een mantra geeft, gaat die samen met Haar krachtige sankalpa dat de ontvanger hiervan zal profiteren. De Satguru gaat een verplichting aan om ons naar het doel van het menselijk bestaan te leiden. Om maximaal profijt te ontvangen moeten we op een gelijke manier handelen of antwoorden door dezelfde verplichting aan te gaan: wij van onze kant moeten trouw de aanwijzingen van de Guru opvolgen.

Hoofdstuk 26

Drie manieren waarop Amma ons beschermt

Door de handelingen die we in het verleden hebben verricht, zijn we allemaal voorbestemd om in dit leven te lijden. Uit Haar oneindig mededogen zal Amma ons voor een groot deel tegen ons lot beschermen. Afhankelijk van het soort prarabdha dat de ervaring doet ontstaan, zal Amma ons op drie verschillende manieren beschermen. Ze zal ons volledig behoeden voor een ervaring die we door hadden moeten maken of Ze kan ons gedeeltelijk beschermen, waarbij Ze de ernst van het lijden dat we moeten ondergaan vermindert, of Ze kan ons de kracht geven om de ervaring te ondergaan. Persoonlijk heb ik alle drie soorten hulp ervaren toen ik in mijn leven met diverse moeilijkheden geconfronteerd werd.

Het eerste voorval vond plaats toen Amma vergezeld van de brahmachari's een serie programma's in noord Kerala gaf. Onderweg van plaats naar plaats stopten we vaak tegen de schemering bij een rivier. We namen allen een bad en zwommen in de rivier. Dan ging Amma ons voor met het reciteren van de Gayatri-mantra terwijl we tot ons middel in het water stonden. Soms reciteerden we ook de duizend namen van de Goddelijke Moeder. Dan mediteerden we en zongen we bhajans aan de oever terwijl de zon onderging. Ten slotte zette Amma thee voor ons voordat we onze reis vervolgden. Toen we op een avond uit de rivier gekomen waren, ontdekte ik dat ik mijn mala in het water had verloren.

Ik was erg ontdaan omdat Amma de mala had gezegend en aan mij had gegeven. Ik dacht ook dat het misschien een voorteken was dat er iets slechts met me zou gebeuren. Zodra ik ontdekte dat ik hem verloren had, rende ik naar Amma en vertelde Haar wat er was gebeurd. Onmiddellijk haalde Ze Haar eigen mala om Haar nek vandaan en gaf hem aan mij. Ik was heel erg blij met deze onverwachte zegening. Deze mala had Amma een hele tijd gedragen. Niet alleen dat, maar de mala die ik had verloren, had maar vierenvijftig kralen terwijl de nieuwe er honderd acht had. Ik dacht niet meer aan de oorspronkelijke mala. Ik dacht zelfs dat het goed was dat ik hem in de rivier was verloren. We vervolgden onze reis en maakten de tournee af.

Een paar maanden later ging ik zelf op tournee om programma's te geven in Tamil Nadu. Ik reisde per auto met twee andere volgelingen. Ik zat op de achterbank achter de chauffeur. Toen we op weg waren naar het eerste programma, week een tegemoetkomende vrachtauto uit en schampte onze auto met zeer hoge snelheid. Beide deuren aan de kant van de chauffeur waren volledig ingedeukt, de ramen waren verbrijzeld en overal lagen glassplinters verspreid. De vrachtwagenchauffeur was natuurlijk ongedeerd, omdat hij in zo'n groot voertuig zat, maar het was een wonder dat alle vier de passagiers in onze auto er zonder letsel vanaf kwamen, vooral als we de toestand van de auto na het ongeluk in ogenschouw nemen.

Ik belde Amma zo snel mogelijk op om Haar te laten weten wat er was gebeurd en toen ging ik, omdat niemand gewond was, volgens plan verder met de tournee. Ik keerde een maand later terug naar de ashram. Een paar dagen na mijn terugkomst had ik de gelegenheid Amma in Haar kamer op te zoeken. Terwijl ik bij Haar zat en de details van het ongeluk vertelde, keek Amma aandachtig naar de mala die Ze me had gegeven. Ik vroeg me af wat Ze deed, toen Ze plotseling zei dat ik de mala aan Haar terug moest geven. Ik was geschokt door Haar verzoek. Ik gaf de mala niet terug en hield mijn mond. Ze vroeg me opnieuw om hem aan Haar te geven. Omdat ik hem echt niet af wilde staan, smeekte ik Amma: "Amma, het is niet aardig om een geschenk terug te vragen nadat je hebt gegeven hebt. U hebt zoveel andere mala's, wat wilt U met deze doen? Laat me alstublieft deze mala houden." Amma vroeg me weer de mala terug te geven. "De mala die ik je heb gegeven, heeft zijn doel gediend. Je hebt hem niet meer nodig." Ik begreep dat Amma verwees naar het auto-ongeluk en gaf de mala aan Haar terug. In ruil daarvoor gaf Ze me een andere mala die ik kon dragen.

Natuurlijk hoefde Ze mij geen mala of een ander voorwerp te geven om me tegen kwaad te beschermen. Alleen Haar sankalpa zou genoeg zijn geweest. Ze koos ervoor om mij tegen dit ongeluk te beschermen en het geschenk van de mala was Haar spontane manier om deze bescherming te bieden.

Het tweede soort hulp of bescherming die we van een Satguru kunnen krijgen is een gedeeltelijke bescherming of een vermindering van de ernst van het lijden dat we moeten ondergaan. Vele jaren terug reed ik vaak in de bestelbus van de ashram. Toen we tijdens de Tamil Nadutournee in Chennai waren, ging ik naar Amma's kamer om Haar iets te overhandigen. Toen ik mijn arm naar Haar uitstrekte, ontdekte Ze uitslag op mijn onderarm. Na de rode vlekken onderzocht te hebben, zei Ze dat ik waterpokken had en dat Ze een andere chauffeur zou zoeken die de rest van de tournee zou rijden, omdat Ze wilde dat ik meteen terugging naar de ashram. Ze voegde eraan toe: "Maak je geen zorgen, je zult niet echt last hebben van deze ziekte."

De volgende dag ging ik afscheid nemen van Amma voordat ik terugging naar de ashram in Amritapuri. Toen toonde Ze me Haar arm. Ze had uitslag die erg leek op de mijne. "Kijk," zei Ze,

"Ik heb jouw waterpokken overgenomen. Je zult geen blaren van de pokken meer krijgen."

En dus keerde ik terug naar de ashram, terwijl Amma en de overige brahmachari's verder gingen met de tournee. Ongeveer tegelijkertijd hadden een paar andere mensen in de buurt van de ashram waterpokken opgelopen en ze ontwikkelden allemaal blaren over hun hele lichaam. Maar nadat Amma me had verteld dat Zij mijn ziekte op zich genomen had, kreeg ik niet één blaar. Op dezelfde manier neemt Amma de ziektes van vele anderen op zich. Als Ze darshan geeft, kan Ze op één dag de kwalen van veel mensen op zich nemen. Ik vroeg Haar eens: "Amma, hoe kunt U zoveel ziekte en pijn op U nemen? Voelt U zich niet overstelpt?" Amma antwoordde dat als iemand anders tien jaar aan een ziekte moet lijden, Zij hetzelfde prarabdha in minder dan tien minuten kan uitwerken als Ze die ziekte op zich neemt.

Voor elke handeling die wordt verricht, moet iemand het resultaat van die handeling ervaren. Als wij de handeling verricht hebben, zullen wij gewoonlijk het gevolg ondervinden. Mahatma's zoals Amma kunnen echter de gevolgen van de negatieve daden van vele anderen in hun eigen lichaam opnemen, waardoor ze ons prarabdha uitwerken en ons lijden verlichten. Amma heeft zelfs gezegd dat Ze ongeacht de ernst of de hoeveelheid prarabdha die Ze van anderen overneemt, het in een enkel ogenblik kan verbranden in het vuur van Haar Kennis[7].

Twee jaar geleden moest ik een knieoperatie ondergaan. Amma had me tevoren al gezegd dat het een slechte tijd voor me was en dat ik voorzichtig met mijn gezondheid moest zijn. Omdat Ze niet duidelijk zei voor welke gezondheidsproblemen ik op moest passen, maakte ik me er geen zorgen over. Ik gaf het

---

[7] Hier verwijst Amma naar *Brahmajnana* of de Kennis van de alwetende, almachtige en allesdoordringende Brahman, de grondslag van het universum. Het verkrijgen van deze kennis betekent één worden met Brahman.

probleem, wat dat ook mocht zijn, aan Amma over. Kort daarna begon ik ernstige pijn in mijn knieën te krijgen. Toen ik Haar dit vertelde, vroeg Amma me onmiddellijk naar het ziekenhuis te gaan. Nadat de dokters me onderzocht hadden, stelden ze voor dat ik een corrigerende operatie zou ondergaan. Hoewel het een kleine operatie was, voelde ik me angstig omdat ik in mijn leven nooit enige serieuze verwondingen of ziektes had gehad. Amma zei me dat ik de operatie moest ondergaan, dus maakte ik afspraken om de operatie te regelen. Ik was op dat moment in de Verenigde Staten en ik was zo ontdaan en bang voor de aankomende operatie dat ik Amma bijna elke dag opbelde en Haar smeekte me op de een of andere manier te helpen om de operatie te vermijden. Elke keer als ik met Amma sprak, stelde Ze me gerust: "Maak je geen zorgen mijn zoon, wees niet bang. Alles zal goed komen." Uiteindelijk brak de dag van de geplande operatie aan en omdat mijn toestand niet was verbeterd, had ik geen andere keus dan de operatie te ondergaan. Tijdens de operatie zelf voelde ik helemaal geen angst. Naderhand vertelde Amma me dat Ze tijdens de operatie bij me was geweest, ook al had ik Haar niet kunnen zien. In dit geval hielp Amma me niet op de manier die ik had verwacht. Ze nam het probleem niet weg. In plaats daarvan gaf Ze me de moed om de ervaring met gelijkmoedigheid onder ogen te zien.

Om een nog duidelijker voorbeeld te geven: een man met twee jonge kinderen kwam naar Amma's darshan in Australië. Hij vertelde Amma dat zijn vrouw een terminale vorm van kanker had, waarbij ze regelmatig bloed opgaf en flauwviel. Toen de twee kleine kinderen van vijf en zeven jaar hun moeder in die conditie zagen, werden ze eerst bang en begonnen te huilen. Maar toen ze Amma ontmoet hadden, kwam er een verandering in hun karakter. Hun vader had ze verteld hoe Amma voor de zieken en ouderen zorgde, toen Ze nog maar een klein meisje was,` en de kinderen werden geïnspireerd door Haar voorbeeld. Ten slotte aanvaardden de kinderen de situatie en begonnen ze zelfs voor hun moeder te zorgen. Ze zetten haar overeind als ze in elkaar zakte, brachten haar een glas water of belden de ambulance als dat nodig was. Ze waren heel sterk en moedig geworden. "Ze wilde Amma zo dolgraag zien," zei de man over zijn vrouw, "maar ze is zelfs niet sterk genoeg om te lopen, dus kon ze hier vanavond niet komen." Toen Amma hun verhaal hoorde, overgoot Ze hen eindeloos met moederlijke genegenheid. Ze gaf hun zoveel aandacht waarbij Ze naar ieder klein detail van hun leven vroeg, met de kinderen speelde, naar hun school vroeg en hen herhaaldelijk omarmde. Dit gebeurde allemaal tussen het darshan geven aan duizend of meer andere mensen door. Amma was zo vastbesloten liefde te geven aan dit gezin, dat Ze hen niet wilde laten gaan. Ze handelde alsof Ze alle tijd van de wereld had. Uiteindelijk namen ze afscheid van Haar en legden uit dat hun moeder thuis op hen wachtte.

Toen de vader wegging zei hij: "Nu kan ik het lijden in mijn leven aan. Amma heeft mij en de kinderen de kracht en de liefde gegeven die we nodig hebben om deze uitdaging aan te kunnen. Heel veel dank daarvoor." Eerst door het voorbeeld van Haar leven en vervolgens door de liefde en genegenheid die Ze hun persoonlijk gaf, hielp Amma dit gezin om een verschrikkelijke beproeving te doorstaan. In plaats van overstelpt te zijn door verdriet waren ze in staat hun moeder te helpen en te zorgen voor alles wat ze nodig had.

Amma zegt dat er drie soorten prarabdha zijn. De eerste soort is als een goedaardige vorm van kanker en kan volledig verwijderd worden door genezende activiteiten als spirituele oefeningen en goede daden in combinatie met Gods genade. De tweede soort kan gedeeltelijk worden verwijderd, maar we zullen toch in bepaalde mate moeten lijden. Het is als kanker die behandeld kan worden, maar in de toekomst terug kan komen. De derde soort is als kwaadaardige kanker die niet verwijderd kan worden. We moeten het gewoon aanvaarden. Deze drie soorten prarabdha komen overeen met de drie soorten hulp die Amma ons biedt. In situaties die ontstaan uit de derde soort prarabdha en als een kwaadaardige, ongeneeslijke vorm van kanker zijn, grijpt Amma niet in ons prarabdha in, maar laat het zijn beloop hebben. Dit betekent niet dat Amma ons in de steek laat. Als we een pijnlijke ervaring hebben waarbij er geen andere optie is dan hem te ondergaan, geeft Amma ons de kracht om de situatie met moed en kalmte onder ogen te zien.

Hoofdstuk 27

Is Amma een Avatar?

Als een gewoon persoon op de wereld komt, wordt het volgens Sanatana Dharma *janma* (geboorte) genoemd. Meestal zal het niet de eerste geboorte van die persoon zijn, dus kan het ook *punarjanma* (wedergeboorte) worden genoemd. Als een verlicht persoon echter een leven aanneemt op grond van zijn eigen sankalpa om anderen te helpen, wordt hij een *Avatar* of Incarnatie genoemd. In veel religies accepteren de gelovigen slechts één persoon als Incarnatie van God. Sanatana Dharma is in die zin uniek dat het vele individuen als Avatars erkent. Sanatana Dharma verklaart ook ondubbelzinnig dat God zich overal zal manifesteren, in elke tijd en in iedere vorm in overeenstemming met de heersende situatie en de toewijding van de volgelingen.

Het Sanskriet woord 'avatar' stamt van *ava-tarati*, neerdalen, een lichaam aannemen. Dit betekent dat God, het Vormloze, naar ons niveau afdaalt waarbij Hij een menselijke vorm aanneemt in de wereld van namen en vormen om ons op het spirituele pad te leiden. God doet dit om dharma te herstellen, om de harmonie te handhaven en om de wereld te beschermen.

In de *Bhagavad Gita* verklaart Heer Krishna:

yadā yadā hi dharmasya glānir bhavati bhārata
abhyutthānam adharmasya tadātmānaṁ sṛjāmy aham

Arjuna, telkens als er verval van dharma is en een
toename van adharma, breng ik Mezelf tot leven
(neem een fysiek lichaam aan). (4.7)

paritrāṇāya sādhūnāṁ vināśāya ca duṣkṛtām
dharma-saṁsthāpanārthāya sambhavāmi yuge yuge

Om hen te beschermen die zich wijden aan dharma
en om hen te vernietigen die adharma volgen, en voor
het grondvesten van dharma word ik in ieder tijdperk
geboren. (4.8)

Als alles probleemloos verloopt, is het niet nodig dat er een Avatar komt. Alleen als er chaos en verwarring heerst, komt de Heer. Om een wat vertrouwder voorbeeld te geven: als alles in een buurt vreedzaam is en er geen rellen of ruzies zijn, zal de politie niet worden ingezet. Ze komen alleen als er een probleem is.

Soms ontstaat er gevaar voor dharma en wordt de harmonie in de schepping verstoord. In het algemeen ontstaat de dreiging of overtreding alleen door mensen. Planten en dieren verstoren de harmonie in de schepping niet, want zij leven hun leven volgens hun natuurlijke instinct. Alleen mensen schenden dit kosmische ritme door hun arrogantie, ego en verlangen naar macht.

Als dharma wordt bedreigd, manifesteert de Heer zich als Avatar. Om de demon Ravana te doden incarneerde de Heer als Rama in een menselijke vorm. Ravana had een gunst ontvangen dat geen demon, god of dier hem zou kunnen vernietigen. Ravana had niet om de bescherming tegen mensen gevraagd, omdat hij dacht dat een mens hem geen kwaad kon doen. Dus manifesteerde de Heer zich als mens, wat de enige manier was om Ravana te doden en dharma in dat tijdperk te herstellen.

Op een vergelijkbare manier had de demon Hiranyakashipu een gunst ontvangen dat hij door geen enkel wapen kon worden gedood, niet door een mens en niet door een dier, niet overdag of 's nachts, niet op aarde of in de lucht, niet in of buiten zijn paleis. Om Hiranyakashipu te doden moest de Heer incarneren als Narasimha, die voor de helft mens en voor de helft leeuw was, en hem aanvallen tijdens de zonsondergang (als het noch dag noch nacht was). De Heer pakte de demon op en zette hem op zijn schoot, zodat hij niet op aarde en niet in de lucht was, en bracht hem naar de deuropening van zijn paleis zodat hij niet binnen en niet buiten was en doodde hem met zijn leeuwenklauwen (die technisch gezien geen wapens waren).

Als een gewoon mens wordt geboren is dat om twee redenen. De eerste is zijn individuele prarabdha. De tweede reden is het collectieve prarabdha van de wereld. Het prarabdha van de wereld bestaat uit grote groepen individuele prarabdha's. Als de wereld alleen bestaat uit goede, rechtvaardige mensen, is er goed prarabdha dat resulteert in vrede en harmonie. In een tijd dat er veel onrechtvaardige mensen problemen voor anderen veroorzaken, heeft de wereld slecht prarabdha en zal er geweld en disharmonie zijn.

Als de Heer of een reeds Gerealiseerde Meester in deze wereld wordt geboren, komt dit niet door zijn eigen prarabdha, maar door zijn eigen sankalpa om de wereld te helpen. In feite hebben Gerealiseerde Meesters geen eigen prarabdha. Prarabdha ontstaat uit een besef van 'doener zijn' of het gevoel 'ik doe'. Gewone mensen identificeren zich meer met het lichaam, de geest en het intellect dan met het Atman. In Sanatana Dharma wordt deze verkeerde vereenzelviging *avidya* (onwetendheid) genoemd. Omdat we ons Echte Zelf niet kennen, zullen we als we een handeling verrichten, denken 'ik heb dit gedaan en ik wil de resultaten krijgen'. Aan de andere kant zullen we ons schuldig voelen of spijt hebben als we iets slechts gedaan hebben. In beide gevallen zullen we de gevolgen van ons handelen moeten ervaren.

237

In werkelijkheid doet het Zelf of het Atman niets. Het is zonder activiteit. Daarom weten Gerealiseerde Meesters, die hun eenheid met het Hoogste Bewustzijn hebben gerealiseerd, dat zij niets doen, maar dat alles gewoon in hun aanwezigheid gebeurt. Door deze kennis hebben zij niet het gevoel dat ze 'doener' zijn. Daarom kunnen zij geen prarabdha hebben.

Waarom verschijnen ze dan? Als er voorheen een Avatar verscheen, doodde hij de demonen en de slechte mensen die goede en onschuldige mensen hadden gemarteld en vermoord. Daarom kon de Avatar worden beschouwd als het resultaat van het goede prarabdha van de rechtvaardige mensen in de wereld en het resultaat van het slechte prarabdha van de demonen en de onrechtvaardige mensen. Krishna en Rama waren koningen en het was hun dharma om het land tegen zulke slechte mensen te beschermen. Maar Amma's dharma is anders dan dat van een koning. Zij ziet Zichzelf als de moeder van alle wezens. In tegenstelling tot Rama en Krishna vecht Amma natuurlijk met niemand. In plaats daarvan doodt Amma door Haar liefde en mededogen het slechte in ieder van ons.

Volgens de geschriften zijn er bepaalde kenmerken die alle Avatars met elkaar gemeen hebben. Zulke Grote Zielen koesteren jegens niemand haat. Hun onderricht is universeel. Ze zullen zelfs de grootste zondaar niet afwijzen. Zonder aan iemand gehecht te zijn houden ze van iedereen evenveel. Door een leven van gerechtigheid te leiden inspireren ze anderen om hun voorbeeld te volgen.

Sommigen vragen zich misschien af: als Amma een Avatar is, waarom verricht Ze dan geen wonderen?

In de eerste plaats moeten we ons realiseren dat het tonen van bovenmenselijke vermogens geen overtuigend bewijs vormt dat iemand een Avatar is. Sommige Avatars, zoals Heer Krishna, lieten bovenmenselijke vermogens zien. Om zijn vrienden uit zijn kindertijd, de *gopa's* en *gopi's*, tegen stortregens en bliksem te beschermen tilde hij bijvoorbeeld de Govardhanaheuvel op en hield hem alleen met zijn pink zeven dagen lang boven hun hoofd. Zelfs als klein kind doodde Krishna flink wat machtige demonen. Maar de demon Ravana en alle andere demonen die in de Purana's worden beschreven, demonstreerden ook mystieke en wonderbaarlijke vermogens. Andere Avatars zoals Heer Rama, vertoonden daarentegen niet dat soort bovenmenselijke krachten. Toen Sita werd ontvoerd, zocht Rama naar Sita en huilde als een gewoon mens. Het tonen van mystieke of occulte vermogens kan niet als overtuigend bewijs beschouwd worden bij het vaststellen of iemand een Avatar is.

Afgezien hiervan missen degenen die vragen of Amma wonderen verricht, het meest duidelijke: Amma's hele leven is een wonder. Er is zoveel dat we voor gewoon aannemen. De laatste dertig jaar heeft Amma persoonlijk aan miljoenen mensen inwijding met een mantra gegeven. Ze heeft duizenden brahmachari's en brahmacharini's in het kloosterleven ingewijd en meer dan vierentwintig miljoen mensen in Haar armen genomen. Ze omhelst vaak twintigduizend mensen of meer op een dag. Als Ze in India reist, zijn de aantallen veel groter. Op de laatste dag van *Amritavarsham50*, de viering van Amma's vijftigste verjaardag, zat Ze bijna vierentwintig uur op het podium en omhelsde meer dan vijfenveertigduizend mensen. Ten slotte verliet Amma het podium, niet uitgeput maar met een stralende glimlach op Haar gezicht. Hoeveel mensen kunnen wij op onze schouder nemen voordat we van uitputting instorten? Dit betekent ook dat Ze vijftien tot twintig uur per dag op één plek zit. Hoe lang kunnen wij op één plaats zitten? Eén of twee uur? De hele tijd gaat Ze zelfs niet naar het toilet.

Iedereen die zijn hoofd op Amma's schouder legt, heeft zijn gezicht zo dichtbij Haar gezicht, dat Ze hun uitgeademde lucht inademt. Dit gebeurt elke dag duizenden keren. Veel dokters hebben gezegd dat als een gewoon iemand dat zou doen, hij vreselijke infecties op zou lopen. Amma omhelst mensen ongeacht hun netheid of gezondheidstoestand. Ze aarzelt zelfs niet om melaatsen en mensen met andere besmettelijke huidziektes te omhelzen. Vervolgens wil iedereen die bij Amma komt zijn hart bij Haar luchten. Zelfs getrainde psychologen kunnen maar naar de problemen van tien of twintig mensen per dag luisteren. Amma luistert elke dag naar de problemen van duizenden en geeft evenveel liefde en aandacht aan iedereen.

Veel mensen hebben het verkeerde idee dat Ze gaat slapen als Ze klaar is met het geven van darshan en naar Haar kamer gaat. De waarheid is dat Ze het net zo druk heeft als altijd als Ze in Haar kamer is. Ze doet Haar best om alle brieven die Ze krijgt te lezen, honderden per dag. In tegenstelling tot eerdere Mahatma's zijn Amma's activiteiten niet beperkt tot spiritualiteit. Haar activiteiten omvatten ook onderwijs, gezondheidszorg en sociale, technische en milieuzaken. Ze geeft persoonlijk leiding aan elk humanitair project en elke onderwijsinstelling die Haar ashram heeft opgericht. Aan het einde van de dag gaat Ze één of twee uur liggen. Wie heeft er zo weinig slaap nodig en kan zoveel werken?

De meeste mensen werken acht uur per dag, vijf dagen per week en krijgen twee tot zes weken vakantie per jaar. Amma werkt twintig uur per dag of meer en neemt nooit vakantie. De laatste dertig jaar heeft Ze nooit een dag vrij genomen.

Er is een bronzen standbeeld van Sint Petrus in Rome. Pelgrims raken de voet van het standbeeld elke dag aan en als gevolg daarvan is de linkervoet van het standbeeld bijna helemaal afgesleten. Als zelfs de lichte aanraking van de pelgrims een bronzen standbeeld kan afslijten, wat moet er wel niet gebeuren met een mens die het volle gewicht van zoveel miljoenen heeft gedragen?

We beseffen nog niet half wat Ze heeft bewerkstelligd op sociaal gebied. Is het geen wonder dat deze laag opgeleide vrouw zonder financiële steun van de zakenwereld, mondiale dienstverlenende organisaties, de regering, politieke partijen of religieuze groeperingen in de afgelopen vijftien jaar zo'n uitgebreid netwerk van medische, onderwijskundige en op dienstverlening gerichte instellingen heeft opgezet? In een wereld waarin vrouwen in het algemeen op de laatste rij zitten, heeft Amma door Haar voorbeeld bewezen dat mannen en vrouwen even belangrijk zijn als de twee vleugels van een vogel, wil de maatschappij echt vooruitgang boeken.

Er zijn natuurlijk de bekende verhalen van de wonderen die Amma heeft verricht: de genezing van de melaatse Dattan met Haar eigen speeksel, het transformeren van een potje gewoon water in genoeg *panchamritam* (zoet mengsel van honing, melk, yoghurt, geklaarde boter en kandijsuiker) om honderden mensen te eten te geven en het gebruik van gewoon water om een olielamp brandend te houden[8].

Gedurende mijn omgang met Amma zijn alle beweringen die ik van Haar over de toekomst heb gehoord, altijd uitgekomen, hoe onwaarschijnlijk ze in die tijd ook leken. Toen ik Amma zevenentwintig jaar geleden ontmoette, vertelde Ze me dat in de toekomst mensen uit de hele wereld naar Haar toe zouden komen en dat Ze over de hele wereld zou reizen om mensen te leiden, een hart onder de riem te steken en te troosten. In die tijd woonde er zelfs niet één brahmachari bij Haar. Ze had niet eens een dak boven Haar hoofd. Ze sliep in de buitenlucht voor het huis van Haar ouders. Hoe kon Ze weten dat er in de toekomst

---

[8] Meer van deze gebeurtenissen kunt u lezen in *Ammachi: Een biografie van Mata Amritanandamayi* door Swami Amritaswarupananda Puri, of *Op het scherp van de snede* door Swami Ramakrishnananda Puri.

zo'n uitgebreid netwerk van spirituele en humanitaire activiteiten om Haar heen zou ontstaan?

Als we goed naar Amma's leven kijken, zullen we ons nooit afvragen waar de wonderen zijn, want ze zijn overal, in elk aspect van Haar leven. Er zouden boekdelen volgeschreven moeten worden om elk wonder uit Amma's leven op te sommen. Ieder van de miljoenen mensen die Amma heeft ontmoet, zal zijn eigen wonderbaarlijke ervaringen kunnen delen, variërend van een verandering in het karakter tot het helen van innerlijke wonden of een 'verlenging van het leven', maar ook de onverwachte genezing van een ziekte. Dit is een encyclopedie die nooit op papier zal worden gezet. Het staat geschreven in de harten van Amma's kinderen.

Amma heeft zelf gezegd: "Ik ben er niet in geïnteresseerd om van iemand een gelovige te maken door een wonder te verrichten. Mijn doel is om mensen te inspireren met het verlangen naar bevrijding door de realisatie van hun Eeuwige Zelf. Wonderen zijn een illusie. Ze zijn niet de essentie van spiritualiteit. Niet alleen dat, maar wanneer er een wonder plaatsvindt, willen jullie ze steeds opnieuw zien. Ik ben hier niet om wensen te scheppen maar om ze te verwijderen."

Soms volbrengen mensen bijna bovenmenselijke prestaties zoals het fietsen van buitengewoon lange afstanden of vele uren op één voet staan, maar dat is alleen maar om hun naam in de boeken met records te krijgen. Amma vestigt iedere dag opnieuw een wereldrecord en toch schenkt Ze nooit enige aandacht aan wat anderen over Haar zeggen. Ze doet niet wat Ze doet om geprezen te worden, maar Ze handelt in het belang van de wereld.

Een journalist vroeg Amma eens: "Miljoenen mensen vereren U als Devi. Hoe voelt U zich daarbij?"

Amma antwoordde: "Ik voel niets. Mensen die me vandaag Devi noemen, kunnen me morgen Duivel noemen. Het maakt me niet uit. Ik weet wie Ik ben. Ik hecht geen belang aan loftuitingen of kritiek. Ik stroom als een rivier. Mensen maken daar naargelang hun aard verschillend gebruik van. Sommigen lessen hun dorst, sommige mensen zitten op de oevers om van de koele bries te genieten, anderen zullen een bad nemen en sommigen spugen misschien zelfs in de rivier. Maar de rivier stroomt alleen maar." Amma vertelt ons dat Ze altijd het diepe inzicht heeft gehad dat alles God was. Bij een paar gelegenheden heeft Ze onthuld dat Ze verlicht geboren is. We weten ook dat niemand in de geschiedenis van de wereld ooit heeft gedaan wat Amma de laatste dertig jaar elke dag heeft gedaan en niemand heeft ooit bereikt wat Zij bereikt heeft. Uit nederigheid echter zal Amma nooit zeggen dat Ze een Avatar is. Dat is een vraag die we voor onszelf zullen moeten beantwoorden.

Hoofdstuk 28

Je moet het licht aandoen: genade en inspanning

Een toegewijde vroeg eens aan Amma: "Amma, als de ziel in ieder van ons hetzelfde is, moet iedereen dan niet tegelijk realisatie bereiken, als één persoon de Waarheid realiseert en gerealiseerd wordt?"

Amma gaf een prachtig antwoord: "Mijn zoon, als je de hoofdschakelaar in een huis aanzet, bereikt de elektriciteit alle kamers: de woonkamer, de keuken, de slaapkamers. Als je echter licht in je kamer wil, dan moet je de moeite nemen om de schakelaar in die kamer aan te doen. Alleen als iedereen de moeite neemt om de schakelaar aan te zetten, zal het licht van binnen zichtbaar worden."

Het is dus aan ons om onze rol te spelen. We moeten ons echt inspannen om vooruitgang te boeken op het spirituele pad, we moeten onze spirituele oefeningen elke dag oprecht doen en proberen goddelijke eigenschappen als geduld, aanvaarding, nederigheid en liefde te cultiveren en Amma's aanwijzingen opvolgen.

We moeten nooit ontmoedigd raken in onze pogingen. Zoals Amma zegt: "Gods genade is de factor die al onze inspanningen bestuurt en al onze handelingen zoet en volledig maakt."

Er is een schitterend verhaal dat laat zien hoe onze inspanningen en de genade van God of de Guru elkaar aanvullen. Een moeder die de vorderingen van haar zoon op de piano wilde stimuleren, nam haar jongen mee naar een concert van een wereldberoemde pianist. Nadat ze waren gaan zitten, zag de moeder een vriendin tussen het publiek en liep naar het gangpad om haar te begroeten. De kleine jongen greep de gelegenheid aan om de wonderen van de concertzaal te onderzoeken. Hij stond op en ging op zijn ontdekkingstocht een deur door waar 'geen toegang' op stond. Toen de lichten in de zaal dimden en het concert ging beginnen, keerde de moeder naar haar plaats terug en ontdekte dat haar kind weg was.

Plotseling gingen de gordijnen open en werden de schijnwerpers op de indrukwekkende piano op het podium gericht. Vol ontzetting zag de moeder haar kleine jongen achter de piano zitten en vol onschuld 'Klein, klein kleutertje' spelen. Op dat moment kwam de grote maestro op. Hij ging snel naar de piano en fluisterde in het oor van de jongen: "Niet ophouden. Blijf spelen."

De maestro boog voorover en begon met zijn linkerhand een baspartij te spelen. Spoedig ging hij met zijn rechterhand achter het kind om naar de andere kant en voegde meer muziek toe. Samen transformeerden de oude meester en de jonge leerling een angstaanjagende situatie naar een schitterende creatieve ervaring en het publiek was gefascineerd.

Wat onze situatie in het leven ook is, hoe afschuwelijk, hoe wanhopig dan ook, welke lege periode onze geest ook doormaakt, we kunnen er zeker van zijn dat Amma diep binnen in ons fluistert: "Geef niet op. Blijf spelen. Je bent niet alleen. Samen zullen we de brokstukken omvormen tot een meesterwerk van creatieve kunst. Samen zullen we de wereld met ons lied betoveren."

Epiloog

De Liefde van de Meester

'Zoals geur niet van de bloem gescheiden kan worden,
zoals licht niet van vuur kan worden gescheiden,
zo kunnen liefde en mededogen niet los gezien worden
van de Meester'

— Amma

Als Amma de ashram verlaat, staat er altijd een rij met toegewijden langs de weg. Als de auto begint te rijden, doet Amma de ramen naar beneden en gooit prasad-snoepjes door beide ramen van de auto naar alle mensen die er staan: bezoekers, ashrambewoners, zelfs de dorpelingen uit de buurt en hun kinderen.

Toen ik een keer met Amma meereed, merkte ik dat Amma deze snoepjes bleef gooien zelfs nadat er geen toegewijden meer langs de weg stonden maar alleen dorpelingen die niet geïnteresseerd waren in Amma's prasad. Ze zagen Amma en gingen toen weg. Ze namen niet eens de moeite om de prasad die Amma had gegooid op te rapen. Ik zei tegen Amma: "Alle toegewijden hebben Uw prasad opgeraapt. Vanaf hier zijn er alleen maar dorpelingen. Ze komen alleen naar de weg om te kijken wat er aan de hand is. Ze rapen de prasad die U hun aanbiedt niet eens op."

"Het doet er niet toe," antwoordde Amma. "Als zij het niet oprapen, zullen de kinderen die hierlangs komen het oprapen. Als de kinderen het niet pakken, zullen een paar dieren het opeten of mieren zullen het eten. Maak je geen zorgen. Het zal niet verspild worden." Zelfs als we het niet waarderen, zelfs als we het niet aannemen, wil Amma toch Haar liefde en genegenheid over ons uitstorten.

Amma zal altijd zoveel geven als Ze kan, zoveel als de tijd toelaat. Toen Amma onlangs naar India terugkeerde van Haar tournee door de Verenigde Staten, kwamen er ongeveer veertienduizend mensen voor de eerste Devi Bhava darshan. Amma gaf darshan van halfacht 's avonds tot ongeveer halfelf de volgende ochtend. Een paar dagen eerder, tijdens de laatste Devi Bhava in de Verenigde Staten, begon de darshan om halfnegen 's avonds en duurde tot elf uur 's morgens. Hoewel er daar maar de helft van het aantal mensen was, trok Amma er bijna evenveel tijd voor uit. Ze had gemakkelijk om drie of vier uur 's morgens klaar kunnen zijn. In plaats daarvan koos Ze ervoor om meer tijd aan iedereen te geven. Ze denkt nooit: "Mooi, er zijn minder mensen hier. Laat ik de darshan snel beëindigen en wat rust nemen." Als wij zo'n gelegenheid hadden, zouden we die beslist te baat nemen, maar Amma doet dat nooit. Ze zal nooit een kortere weg nemen. Ze heeft keer op keer laten zien dat Ze wel meer dan vijftienhonderd mensen per uur kan omhelzen. Maar als Ze aan zevenhonderd vijftig mensen darshan geeft, houdt Ze er niet na een half uur mee op. Omdat Ze iedereen zoveel mogelijk tijd wil geven, neemt ze evenveel tijd als nodig zou zijn om tien keer zoveel mensen darshan te geven.

Op een keer kwam een verwarde man naar Amma's darshan met een fles van het een of ander in zijn hand. Voordat we wisten wat hij van plan was, had hij de fles boven Amma's hoofd omgekeerd. Vloeibare parfum spatte over Amma's hoofd en gezicht en liep in Haar ogen. De andere toegewijden waren woedend op de man en wilden hem bij Amma weghalen, maar Zij hield hen tegen en zei dat hij het alleen uit toewijding had gedaan. Ze kon zelfs Haar ogen niet opendoen, omdat de chemicaliën in de parfum zo brandden. Toch was Ze niet boos op hem. Ze wist dat de man door zijn onevenwichtige toestand niet had begrepen dat het pijnlijk voor Amma zou zijn als hij zoiets deed. Ze vroeg hem zelfs naast Haar te zitten en troostte hem omdat hij zich erg rot voelde door zijn vergissing.

Wat zouden wij in een dergelijke situatie doen? Toen ik Amma's oneindige geduld zag, werd ik herinnerd aan Haar uitspraak: "Als we per ongeluk op onze tong bijten, worden we niet kwaad op onze tanden en trekken we ze niet uit. We weten dat zowel de tong als de tanden bij ons horen en op hun eigen manier nuttig zijn. Evenzo beschouwt Amma niemand als gescheiden van Zichzelf. Voor Haar is zelfs de pijn van een plant of een mier even werkelijk als Haar eigen lijden".

Amma lijdt iedere dag veel voor Haar kinderen. Als mensen naar Amma komen om darshan te ontvangen, houden velen van hen Amma heel stevig vast. Ze knijpen zelfs met hun vingers in Haar rug of schouder. Maar als iemand probeert de hand van die persoon weg te halen, houdt Amma hem altijd tegen en zegt dat diegene zich bedroefd zal voelen als we hem Amma niet stevig vast laten houden. Andere keren drukken mensen met hun volle gewicht op Amma's knieën als ze opstaan na darshan te hebben ontvangen, of ze stappen op Haar voeten of trekken Haar aan Haar nek. Als we Amma vragen hoe Ze al deze lichamelijke beproevingen kan verdragen, antwoordt Amma met een vraag: "Wordt een moeder boos op haar kind als het op haar voet stapt terwijl het naar haar schoot toe komt rennen?" Of Amma ons nu ziet als Haar kinderen of als Haar eigen Zelf, Haar liefde voor ons is oneindig en onvoorwaardelijk.

Amma's liefde is niet beperkt tot mensen. Amma vertelt ons zelf een verhaal uit Haar kindertijd dat de reikwijdte van Haar liefde en mededogen voor alle schepselen laat zien.

Toen Amma jong was, stond Ze op een dag in de rij om water uit de dorpskraan te halen, toen Ze plotseling een sterke drang voelde om terug naar huis te gaan. Zonder zelfs Haar beurt om Haar emmers te vullen af te wachten ging Ze onmiddellijk naar huis. Al van verre kon ze een van de geiten van het gezin op de grond in haar eigen uitwerpselen zien liggen, kreunend van de pijn en met schuim op haar bek. Amma snelde naar het stervende dier en streelde het liefdevol en fluisterde verzachtende woordjes in zijn oor. Uiteindelijk ging Ze een stukje bij de geit vandaan zitten en ging mediteren. Toen Amma Haar ogen opende, zag Ze de geit met haar hoofd in Haar schoot liggen. Ze had zich met veel moeite over het erf gesleept om de plaats waar Amma zat te bereiken. Amma streelde het gezicht van de geit opnieuw met veel liefde en tederheid. Weldra blies de geit haar laatste adem uit. Amma's hart smolt toen Ze de grote inspanning van de geit om Haar te bereiken zag. Uit Haar oneindige mededogen schonk Amma de geit bevrijding.

Dankzij Amma's genade kon zelfs de geit op Haar erf datgene krijgen wat de mensheid altijd heeft nagestreefd.

Wat is er een groot verschil tussen onze liefde en de liefde van een Meester. Wij kunnen misschien van onze familie en vrienden houden, misschien zelfs van onze buren. Maar we zullen niet van iedereen kunnen houden. Er is misschien iemand die we niet mogen of voor wie we zelfs haat voelen. We weten zelf wat de beperkingen van onze liefde zijn.

Iedereen die Amma heeft ontmoet weet dat Haar liefde anders is. Amma accepteert iedereen zoals hij is. Ze wijst niemand af. Amma zegt nooit tegen iemand: "Je hebt een hoop negatieve eigenschappen en slechte gewoontes. Verwijder eerst je negativiteit en kom dan bij me." Amma zegt dat als Ze dat zou zeggen, het zou zijn alsof een rivier tegen iemand die op het punt staat een bad te nemen, zou zeggen: "Stap niet in mijn water. Je bent vies en stinkt naar zweet. Ga je eerst wassen en kom je dan hier baden." Hoe kan iemand schoon worden zonder een bad in de rivier te nemen?

Eén van Amma's Amerikaanse toegewijden was beroemd om zijn opvliegendheid. Enige jaren terug liepen we samen langs de boomgaard in Amma's ashram in San Ramon in Californië en zagen een vrouw die we niet kenden, perziken van de bomen plukken en in haar tas stoppen. Ze hield ook een paar vruchten in haar handen toen ze terugliep naar haar auto. Terwijl ze liep, vielen er een paar perziken uit haar handen en rolden de weg af. Toen de opvliegende toegewijde dit zag, rende hij de weg af achter de rollende vruchten aan, raapte ze op en stopte ze liefdevol in de tas van de vrouw. Toen ik dit tafereel gadesloeg, kon ik mijn ogen niet geloven. Bij vergelijkbare situaties in het verleden, zou je deze toegewijde hebben zien schreeuwen en de 'indringer' van het ashramterrein hebben zien wegjagen. Maar deze keer ging dezelfde man de hele weg naar beneden de heuvel af achter de perziken aan, om ze terug te geven aan de vrouw die ze had gestolen.

Toen ik hem er later naar vroeg zei hij: "O Swami, als dit voorval een paar jaar geleden plaatsgevonden zou hebben, zou ik de vrouw uitgescholden hebben omdat ze vruchten had gestolen die niet van haar waren. Maar na zoveel jaar bij Amma te zijn geweest, kan ik niets anders doen dan wat ik deed."

Het is Amma's onvoorwaardelijke liefde die deze toegewijde transformeerde en die zoveel van Amma's kinderen heeft getransformeerd. Onze ouders, vrienden en onze man of vrouw hebben van ons gehouden, maar we zijn niet door die liefde getransformeerd. Het is de liefde van de Meester die ons transformeert.

De kracht van onze oude gewoontes en vasana's maakt het ons moeilijk om positieve kwaliteiten in ons leven in de praktijk te brengen. Maar Amma heeft zoveel geduld met ons, Ze is zo liefdevol. Ze zegt dat Ze bereid is ontelbare levens voor Haar kinderen aan te nemen. Bovendien zegt Ze dat Ze bereid is om ons niet alleen in dit leven te helpen, maar ook in al onze toekomstige levens.

Op een dag ging ik in Amritapuri een beetje vroeg het podium op voor de avondbhajans. Op het podium zag ik een aardewerk pot voor Amma's *pitham* (kleine verhoging waarop Ze zit) staan. Ik vroeg de brahmachari die alles op het podium in gereedheid bracht: "Waarom staat die pot hier?" Hij vertelde me dat het de as was van een volgeling van Amma die onlangs was overleden. Ik voelde afschuw dat de as van een dode vlakbij de plaats werd gezet waar Amma zou zitten. Omdat ik opgegroeid was in een orthodoxe traditie van brahmanen, kon ik het niet verdragen een urn met de as van een dode bij Amma's pitham, die ik als een tempel beschouw, te zien. Ik vroeg de brahmachari onmiddellijk om de urn ergens anders neer te zetten. Ik wilde de urn niet zelf aanraken omdat ik die als onrein beschouwde. De brahmachari weigerde beleefd en zei: "Swamiji, Amma wilde hem op het podium hebben."

"Dan kun je hem aan de rand van het podium zetten in plaats van vlak voor Amma's pitham," zei ik. De brahmachari deed meteen wat ik vroeg.

Na een paar minuten kwam Amma voor de avondbhajans. Na voor de toegewijden een buiging gemaakt te hebben bleef Ze in plaats van meteen te gaan zitten, op Haar pitham staan en keek rond over het podium. Toen Ze de urn met de as van de volgeling ontdekte, stapte Ze onmiddellijk van de pitham af, liep naar de urn, bukte en pakte hem op. Toen draaide Ze zich om en nam de urn mee naar Haar pitham. Ik was verrast, zelfs een beetje geschokt omdat Amma zoveel respect toonde voor de urn met as. Door mijn orthodoxe opvoeding kon ik Amma's handelen gewoon niet begrijpen.

Amma bewaarde de urn onder de avondbhajans dichtbij Haar voeten, soms verschoof Ze hem zelfs een beetje. Ik werd steeds onrustiger en begon me schuldig te voelen over mijn reactie. Ik dacht dat het de as van een groot toegewijde moest zijn.

Na de bhajans stond Amma van Haar pitham op en bukte om de urn op te pakken. Tegen die tijd was mijn houding volledig veranderd. Ik voelde berouw over mijn eerdere gevoel over de as. Ik stond onmiddellijk op en wilde de urn oppakken om hem aan Amma te geven. Toen ik op het punt stond hem aan te raken, hield Amma me tegen en vroeg op een serieuze toon: "Waarom raak je hem nu wel aan? Raak hem niet aan." Ik voelde me alsof ik met een hamer op mijn hoofd werd geslagen. Opnieuw probeerde ik Amma te helpen om de urn op te tillen, maar Ze stond het niet toe. Ze pakte de urn zelf op, verliet het podium en liep naar het strand om de as in de oceaan uit te strooien.

Ik voelde me inmiddels vreselijk omdat ik geen respect had getoond voor de laatste overblijfselen van een groot toegewijde. Ik verontschuldigde me bij Amma en begon naast Haar te lopen. Ze zei me Haar niet te volgen en bleef doorlopen.

Spoedig daarna kreeg ik de gelegenheid om met Amma te spreken. Ik maakte opnieuw mijn excuses en vroeg Haar van wie de as in de urn was geweest.

Amma zei me dat het de as van een oudere toegewijde was die lang de droom had gekoesterd om Amma's pada puja uit te voeren. Voordat ze echter de gelegenheid kreeg, ging Amma naar het buitenland voor Haar tournee door de Verenigde Staten. De oudere vrouw troostte zich met het idee dat ze de pada puja kon doen als Amma van Haar tournee terugkwam. Maar het lot bepaalde dat de oudere vrouw overleed voordat Amma terug naar India kwam. Een paar dagen nadat Amma was teruggekeerd, kwam de zoon van de vrouw naar de ashram met de as van zijn moeder. Hij gaf de as aan Amma en zei dat het de wens van zijn moeder op haar sterfbed was geweest om Amma's voeten te wassen tijdens de pada puja plechtigheid. Hij vroeg Amma de ziel van zijn moeder te zegenen.

Zodra Amma dit hoorde, nam Ze de urn van de jongen en hield hem dicht tegen Haar hart en sloot een paar minuten Haar ogen. Toen zei Ze dat hij de urn voor de avondbhajans op het podium moest zetten. Hoewel Amma het op die dag druk had met het geven van darshan en later veel hoogwaardigheidsbekleders ontmoette, vergat Ze niet om een brahmachari te instrueren ervoor te zorgen dat de as van de oudere toegewijde op het podium werd gezet. Gedurende de hele avondbhajans had Amma de urn vlakbij Haar voeten gehouden, waarbij Ze zich voorstelde dat de vrouw pada puja voor Haar deed.

"Wat een gelukkige toegewijde", dacht ik bij mezelf. "Wat een meedogende Meester".

Ik laat het aan jullie over om de reikwijdte van Amma's onvoorwaardelijke liefde te bepalen. Amma zou eenvoudig de as van de moeder gezegend kunnen hebben en de zoon gevraagd hebben die in de oceaan uit te strooien. In plaats daarvan hield Ze de urn bij zich en toonde zoveel respect en liefde voor de as van deze toegewijde, dat Ze de as persoonlijk naar de oceaan droeg. Dit toont aan dat Amma klaar staat om onze wensen te vervullen, zelfs nadat we ons lichaam hebben verlaten. Daarom zegt Amma: "Onze eigen biologische moeder zal zorgdragen voor de dingen die we in dit leven nodig hebben, maar Amma zal niet alleen in dit leven maar ook in al onze toekomstige levens zorgdragen voor wat we nodig hebben."

Het is alleen de liefde van een Moeder voor Haar kinderen die Amma in Haar lichaam houdt. Ze kan in feite het lichaam opgeven wanneer Ze maar wil. Vele jaren geleden toen ik op een dag met Amma sprak, zag ik een insect over Haar hoofd kruipen. Toen ik hem probeerde weg te halen, kroop hij tussen Haar haren en verdween uit het zicht. Ik maakte me zorgen dat het insect Haar misschien zou bijten of steken, dus ging ik met mijn vingers in Haar haar om hem te pakken. Toen ik met mijn vingers door Haar haar ging, was ik verbaasd dat ik een zeer zachte plek boven op Haar hoofd ontdekte. Het was zo zacht dat ik dacht dat er een stuk van Haar schedel ontbrak. Om er zeker van te zijn dat Haar schedel in goede conditie was, probeerde ik nogmaals de plek op Haar hoofd te voelen.

Toen duwde Amma mijn hand weg en zei: "Wat ben je aan het doen?"

Ik zei: "Amma, er is iets mis met Uw hoofd. Ik denk dat er een stukje schedel ontbreekt."

Amma antwoordde: "Doe niet zo raar. Er is niets mis met mijn schedel."

"Waarom niet Amma? vroeg ik. "Mijn schedel is zo hard als steen."

Amma klopte bij wijze van grap boven op mijn hoofd en zei: "Ik zal het zacht voor je maken." Toen zei Ze ernstig: "Dat is de plek waardoor de yogi's hun levenskracht terugtrekken als ze deze wereld verlaten. (Ze verwees naar *Brahmarandra*.) Ze kunnen op elk moment dat ze dat willen hun lichaam verlaten."

Ik voelde me een echte domoor, maar ik was verbaasd door Amma's antwoord. Ik had dat in enkele boeken gelezen, maar ik had hier tot op deze dag geen bewijs van gezien. Dit laat zien dat Amma Haar lichaam op elk moment dat Ze wil kan verlaten. Het is alleen door Haar overweldigende liefde en mededogen voor ons dat Amma in het lichaam blijft. Het dient alleen om Haar kinderen te helpen bij het oplossen van hun problemen en het doel van het menselijk bestaan te verwezenlijken.

Amma biedt Haar liefde aan ons allen aan en die liefde heeft de macht om al onze innerlijke wonden te genezen. Het kan iedereen transformeren. Laten we allemaal proberen open te staan voor Amma's liefde. Hoe meer we er open voor staan, hoe meer we getransformeerd zullen worden.

Woordenlijst

adharma – onrechtvaardigheid, afwijken van de natuurlijke harmonie

ahamkara – ego of het 'besef van een zelf dat los van de rest van het universum bestaat'

Amrita Kutiram – het huisvestingsproject van de Mata Amritanandamayi Math waarbij gratis huizen aan heel arme gezinnen worden verstrekt. Tot nu toe zijn er dertigduizend huizen gebouwd en geschonken door heel India.

Amritapuri – het internationale hoofdkwartier van de Mata Amritanandamayi Math dat gelegen is in Amma's geboorteplaats in Kerala, India.

arati – het ronddraaien van brandende kamfer voor het portret van de godheid, waarmee meestal het einde van de plechtige eredienst wordt aangegeven.

archana – verwijst meestal naar het reciteren van de 108 of 1000 namen van een bepaalde godheid (bijvoorbeeld de *Lalita Sahasranama*).

Arjuna – een groot boogschutter die een van de helden uit het epos de *Mahabharata* is. In de *Bhagavad Gita* spreekt Krishna tot Arjuna.

Ashtavakra Gita – 'lied van Ashtavakra'. Het is een dialoog tussen koning Janaka en de Meester Ashtavakra over de wijze waarop Kennis van het Zelf bereikt kan worden.

Atman – het Zelf of Bewustzijn

AUM – ook 'Om'. Volgens de vedische geschriften is dit de oerklank van het universum en de bron van de schepping. Alle andere geluiden ontstaan uit Om en lossen weer op in Om.

Avatar – Goddelijke Incarnatie. Afgeleid van de Sanskriet wortel '*ava-tarati*' – 'neer beneden komen'.

avidya – onwetendheid die de oorzaak van alle lijden is

Ayyappa – de heersende god van de Sabarimalatempel in Kerala die wordt beschouwd als een incarnatie van Heer Shiva en Heer Vishnu

Bhagavad Gita – 'lied van de Heer'. Het onderricht dat Heer Krishna aan het begin van de Mahabharata-oorlog aan Arjuna gaf. Het is een praktische gids om crises in ons persoonlijke en sociale leven aan te kunnen en is de essentie van Vedische wijsheid.

bhajan – devotioneel lied

bhakti – devotie, toewijding, dienstbaarheid en liefde voor de Heer

bhava – stemming of houding (zie Devi Bhava)

bhiksha – aalmoes

Bhishma – stamvader van de Pandava's en Kaurava's. Hoewel hij tijdens de Mahabharata oorlog aan de kant van de Kaurava's vocht, was hij voorvechter van dharma en sympathiseerde hij met de zegevierende Pandava's.

bhogi – genieter van de zintuigen

bhuta yagna – dienst gewijd aan de bescherming van andere levende wezens

brahmachari – een celibatair levende mannelijke leerling die spirituele oefeningen doet onder leiding van een meester

brahmacharini – is het vrouwelijke equivalent van brahmachari

Brahmajnana – kennis van Brahman, directe ervaring van eenheid met Brahman

Brahman – de Ultieme Waarheid voorbij alle verschijnselen; ook de alwetende, almachtige, alomtegenwoordige basis van het universum

brahmanen – priesterklasse in India

brahmarandra – de subtiele opening in de kruin waardoor de yogi zijn levenskracht terugtrekt op het moment dat het lichaam sterft

Brahmasthanam-tempel – deze tempels die voortgekomen zijn uit Amma's goddelijke intuïtie, zijn voor iedereen toegankelijk ongeacht hun geloof. In het midden staat een vierkant beeld met een afbeelding van Ganesh, Shiva, Devi en de Slang, die de inherente eenheid in de verscheidenheid van het Goddelijke uitdrukken. Er zijn nu zestien van deze tempels in India en één in Mauritius.

brahma yagna – zelfstudie; beoefening en onderwijzen van de spirituele geschriften

Daksha – één van de prajapati's (stamvaders) van de mensheid; Vader van Sati, de bruid van Shiva

darshan – een audiëntie bij een heilige of een visioen van het Goddelijke

deva's – hemelse wezens

deva yagna – eredienst voor de heersende goden van de natuurelementen

Devi – Godin, de Goddelijke Moeder

Devi Bhava – 'de Goddelijke Stemming van Devi'. De toestand waarin Amma Haar eenheid en vereenzelviging met de Goddelijke Moeder laat zien.

dharma – in het Sanskriet betekent dharma 'dat wat (de schepping) in stand houdt'. Meestal geeft het de harmonie in het universum aan. Andere betekenissen zijn rechtvaardigheid, plicht, verantwoordelijkheid.

diksha – inwijding; overdracht van het zaad van spirituele kracht in subtiele vorm van de Guru naar de leerling

Gayatri mantra – de mantra waarmee iemand wordt ingewijd als hij brahmaan wordt en daardoor de bevoegdheid krijgt om allerlei yagna's te verrichten.

261

gopa – de gopa's waren koeienherders; zij waren de jeugdvrienden van Krishna

gopi – de gopi's waren melkmeisjes die in Brindavan woonden, de woonplaats van Krishna in Zijn jeugd. Zij waren vurige Krishna-aanhangers. Zij zijn een voorbeeld van intense liefde voor God.

Hiranyakashipu – een demon die een gunst ontving dat hij niet door een wapen gedood kon worden, niet door een mens of een dier, niet overdag of 's nachts, op aarde of in de hemel of binnen of buiten zijn paleis. Om de macht van deze gunst te omzeilen incarneerde de Heer in de halfmens-halfleeuw vorm van Narasimha, legde Hiranyakashipu op zijn schoot en doodde hem met zijn klauwen in de schemering, terwijl hij op de drempel zat.

irumudi – bundel van kokosnoten, ghi en rijst die op het hoofd wordt gedragen door volgelingen van Heer Ayyappa op hun pelgrimstocht naar Sabarimala

janma – geboorte

japa – herhaling van een mantra

jivanmukti – bevrijding terwijl men nog in het lichaam is

Jnani – iemand die God of het Zelf heeft gerealiseerd; iemand die de Waarheid kent.

karma – bewuste handelingen; ook de keten van gevolgen veroorzaakt door onze handelingen

Kaurava's – de honderd kinderen van koning Dhritarashtra en koningin Gandhari, van wie de kwaadaardige Duryodhana de oudste was. De Kaurava's waren de vijanden van hun neven, de deugdzame Pandava's, met wie zij in de Mahabharata-oorlog vochten.

Krishna – de belangrijkste incarnatie van Vishnu. Hij werd in een koninklijke familie geboren, maar groeide bij pleegouders op en woonde als jonge koeienherder in Brindavan waar hij werd bemind en vereerd door zijn toegewijde metgezellen, de gopi's en gopa's. Later stichtte Krishna de stad Dwaraka. Hij was een vriend en adviseur van zijn neven, de Pandava's, in het bijzonder van Arjuna, die hij diende als wagenmenner tijdens de Mahabharata-oorlog en aan wie Hij Zijn leer in de vorm van de *Bhagavad Gita* openbaarde.

Krishna Bhava – 'de Goddelijke Stemming van Krishna'. De toestand waarin Amma Haar eenheid en vereenzelviging met Krishna laat zien. Aanvankelijk gaf Amma Krishna Bhava onmiddellijk voorafgaand aan Devi Bhava darshan. Tijdens Krishna Bhava identificeerde Ze zich niet met de problemen van de toegewijden die naar Haar darshan kwamen, maar bleef er getuige van. Na vastgesteld te hebben dat de mensen in de moderne wereld voornamelijk de liefde en het mededogen van God als de Goddelijke Moeder nodig hadden, stopte Amma met het geven van Krishna Bhava in 1985.

Lalita Sahasranama – Duizend Namen van de Goddelijke Moeder, die dagelijks gereciteerd worden in alle ashrams en centra van Amma, door toegewijden in groepsverband en bij mensen thuis

lila – goddelijk spel

Mahabharata – een van de twee grote Indiase historische epische vertellingen. De andere is de *Ramayana*. Het is een grote verhandeling over dharma. Het verhaal gaat voornamelijk over het conflict tussen de rechtschapen Pandava's en de kwaadaardige Kaurava's en de grote slag bij Kurukshetra. Het bevat honderdduizend verzen en is de langste epische vertelling ter wereld. Het is geschreven rond 3200 voor Christus door de heilige Vyasa.

mahati vinashti – letterlijk 'het grote verlies'. Verwijst naar het falen om het Zelf in je leven te realiseren

Mahatma – letterlijk 'Grote Ziel'. Hoewel de term nu breder wordt gebruikt, verwijst Mahatma in dit boek naar iemand die verblijft in de Kennis dat hij één is met het Universele Zelf of de Atman.

mala – soort rozenkrans

mantra diksha – inwijding met een mantra

Mata Amritanandamayi Devi – Amma's officiële naam die 'Moeder van Onsterfelijke Gelukzaligheid' betekent, vaak voorafgegaan door het voorvoegsel Sri waarmee respect wordt aangeduid

mithya – veranderend en daarom niet blijvend. Ook illusoir of niet waar. Volgens de Vedanta is de hele zichtbare wereld mithya.

naimithika karma – rituelen die bij speciale gelegenheden worden uitgevoerd zoals huwelijken, begrafenissen enz.

Narasimha – halfleeuw-halfmens incarnatie van Vishnu (zie ook Hiranyakashipu)

nara yagna – dienstbaarheid aan onze medemensen

nayana diksha – inwijding door een blik

nishiddha karma – door de geschriften verboden handelingen

nitya karma – dagelijks te verrichten handelingen volgens de voorschriften uit de geschriften

Om Amriteshwaryai Namah – mantra voor Amma, die betekent 'wij groeten de onsterfelijke godin'

Om Namah Shivaya – krachtige mantra die betekent 'ik buig voor de Eeuwige, die altijd gunstig gezind is'

pada diksha – inwijding door aanraking met de voet

pada puja – plechtige wassing van de voeten van de Guru of van zijn sandalen als teken van liefde en respect. Gewoonlijk wordt de wassing met zuiver water, yoghurt, ghi, honing en rozenwater gedaan.

panchamahayagna – de vijf grote offers die een toegewijde dagelijks moet verrichten om zijn schuld aan de natuur en de natuurkrachten terug te betalen

panchamritam – zoet mengsel van honing, melk, yoghurt, geklaarde boter en kandijsuiker

Pandava's – de vijf zonen van koning Pandu en de helden van het epos de *Mahabharata*

Parvati – echtgenote van Shiva

pitham – kleine verhoging, zetel van de Guru

pitr loka – wereld van de overledenen

pitr yagna – rituelen die uitgevoerd worden voor de overledenen

prajapati – de eerstgeborene uit wie alle andere wezens, waaronder mensen, demonen en hemelse wezens zijn geboren

prana shakti – levenskracht

prarabdha – het resultaat van handelingen uit vorige levens dat we in dit leven voorbestemd zijn om te ervaren

prasad – gezegend offer of gave van een heilige of tempel, vaak in de vorm van voedsel

prayaschitta karma – helende handelingen die uitgevoerd worden om de negatieve resultaten van bewust schadelijke handelingen uit het verleden te elimineren

preyo marga – nastreven van materieel geluk zoals rijkdom, macht of beroemdheid

puja – rituele of plechtige eredienst

punarjanma – wedergeboorte

Purana's – het doel van de Purana's is om de leringen van de Veda's voor iedereen toegankelijk te maken door concrete voorbeelden, mythen, verhalen, legendes, levensbeschrijvingen van heiligen, koningen en belangrijke mannen en vrouwen, allegorieën en kronieken van grote historische gebeurtenissen.

Rahu – verwijst naar een zonsverduistering door de maan; wordt in de vedische astrologie als een schaduwplaneet beschouwd

rakshasa – demon

Rama – de goddelijke held uit het epos de *Ramayana*; een incarnatie van Heer Vishnu die beschouwd wordt als het ideaal van dharma en deugdzaamheid

Ravana – machtige demon. Vishnu incarneerde als Heer Rama om Ravana te verslaan en hierdoor de harmonie in de wereld te herstellen.

rishi's – gerealiseerde zieners of heiligen die mantra's schouwen

Sabarimala – tempel gewijd aan Heer Ayyappa aan de westelijke ghats in Kerala

sadhana – spirituele oefening

samadhi – eenheid met God; een transcendente toestand waarin men elk gevoel van individualiteit verliest

samsara – cyclus van geboorte en dood

sanatana dharma – 'eeuwige dharma', de oorspronkelijke en traditionele naam van het hindoeïsme

sankalpa – goddelijk besluit

sannyasin – een monnik die een formele gelofte van verzaking (sannyasa) heeft afgelegd. Een sannyasin draagt traditioneel een okerkleurig kleed dat het verbranden van alle verlangens symboliseert.

sannyasini – het vrouwelijke equivalent van sannyasin

Satguru – letterlijk 'Echte Meester'. Alle Satguru's zijn Mahatma's, maar niet alle Mahatma's zijn Satguru's. Een Satguru is iemand die ervoor kiest om naar het niveau van gewone mensen af te dalen om hen met hun spirituele groei te helpen, terwijl hij de gelukzaligheid van het Zelf blijft ervaren.

Sati – dochter van Daksha, de bruid van Shiva. Omdat Sati Daksha's kritiek op Shiva niet kon verdragen, offerde ze zich door innerlijk yogisch vuur op. Later werd ze wedergeboren als Parvati en werd ze de echtgenote van Shiva.

satsang – in vereniging zijn met de Opperste Waarheid; ook in het gezelschap verkeren van Mahatma's, luisteren naar een spirituele lezing of discussie of in groepsverband deelnemen aan spirituele oefeningen

seva – belangeloos dienen; het resultaat wordt aan God opgedragen

Shankaracharya – Mahatma die door zijn geschriften de superioriteit van de Advaita-filosofie van non-dualiteit herstelde in een tijd waarin sanatana dharma in verval was

Shiva – wordt vereerd als de eerste en belangrijkste in de afkomst van Guru's en als de vormloze basis van het universum in relatie tot de scheppingskracht Shakti. Hij is de Heer van vernietiging (van het ego) in de drie-eenheid van Brahma de schepper, Vishnu de instandhouder en Shiva. Hij wordt meestal voorgesteld als monnik met zijn lichaam ingesmeerd met as, slangen in zijn haar, alleen gekleed in een lendendoek, met een bedelnap en een drietand in zijn handen.

Sita – Rama's heilige echtgenote; in India wordt ze als de ideale vrouw beschouwd

smarana diksha – inwijding door een gedachte

sparsha diksha – inwijding door lichamelijke aanraking

sreyo marga – nastreven van ultiem geluk ofwel Zelfrealisatie

Sudhamani – Amma's geboortenaam die 'Juweel van Nectar' betekent

tapas – ascese, boete

tattva bhakti – devotie gebaseerd op kennis en juist begrip van de echte aard van de Guru of God

Tiruvannamalai – stad aan de voet van de heilige berg Arunachala in de Zuidindiase staat Tamil Nadu. De beroemde heilige Ramana Maharshi woonde daar.

Upanishaden – de delen van de Veda's die over de filosofie van het non-dualisme gaan

vairagya – onthechting, vooral onthechting van alles wat niet blijvend is, d.w.z. de hele wereld van verschijnselen

vasana's – latente neigingen of subtiele verlangens van onze geest die zich als activiteit en gewoontes manifesteren

Vedanta – 'het einde van de Veda's'; verwijst naar de Upanishaden, die gaan over Brahman, de Hoogste Waarheid, en de weg om die Waarheid te realiseren.

Veda's – Oudste van alle geschriften. De Veda's zijn niet samengesteld door een menselijke schrijver maar werden tijdens diepe meditatie aan de oude *rishi's* geopenbaard. De Veda's zijn samengesteld uit mantra's die altijd in de natuur aanwezig zijn in de vorm van subtiele vibraties; de rishi's bereikten zo'n diepe toestand van rust dat ze deze mantra's konden schouwen.

vedisch – komt uit of verwijst naar de oude Veda's

vibhuti – heilige as (vaak geheiligd door de zegen van de Guru)

viveka – onderscheidingsvermogen, vooral het onderscheid tussen blijvend en niet blijvend

yagna – offer in de betekenis van iets ter verering offeren of een handeling verrichten voor zowel persoonlijk als gemeenschappelijk welzijn

yoga – 'verenigen'; eenheid met het Hoogste Zijn; een ruim begrip dat ook verwijst naar de verschillende praktische technieken waarmee men eenheid met het Goddelijke kan verkrijgen; een pad dat naar Zelfrealisatie leidt

yogi – een beoefenaar of een deskundige in yoga